easy money 72

圖解　全面更新版

第一次
看懂經濟指標
就上手

李明黎 著

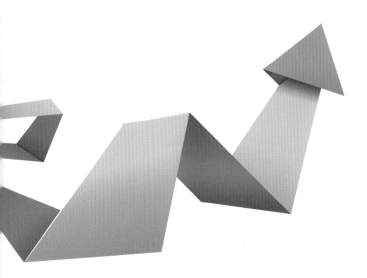

U0030207

目錄

1 透視經濟指標

2 景氣指標

產業指標 **3**

4 # 就業與所得指標

目錄

其他金融指標　8

9　我需要觀察
哪些經濟指標？

如何使用這本書？

　　《圖解第一次看懂經濟指標就上手》針對完全不懂經濟指標的初學者製作。本書共分為九個篇章，提供想要全盤掌握「經濟指標」知識的初學者一個循序漸進、由淺入深的學習過程。

　　為了避免初學者陷入文字的迷障，喪失學習的興趣，本書特別設計簡明易懂的學習介面，運用系統化的編排、大量的圖解和簡潔的文字來說明複雜的概念，透過本書，讓你可以「第一次看懂經濟指標就上手」！

篇名
依不同內容分類，每篇為學習者介紹各類型當中最重要的經濟指標。

大標&前言
每篇章必須認識、了解的重點，並針對大標主題，展開平易近人、畫龍點睛的說明。

內容
每篇設立系統性的子題，帶領讀者認識、判讀、運用各種指標。

step-by-step
如何輕鬆看懂經濟指標？跟著本書清晰明確的步驟，就能即刻上手。

info
重要數據或資訊，補充學習看懂經濟指標所需的相關知識。

6　物價指標

消費者物價指數（CPI）

　　消費者物價指數（Consumer Price Index, CPI）是反應一般民眾，也就是和消費者生活有關的產品、服務等價格變動程度的指標，也是觀察一個國家「通貨膨脹」程度的重要指標。當CPI愈高，意該該國通貨膨脹壓力愈高，民眾購買力會因為物價上揚而降低；相反地，若CPI愈低，該國通貨膨脹壓力愈低，民眾購買力也會因為物價下跌而增加。各國政府都會編製自己國家的消費者物價指數，用來追蹤自己國家的物價漲跌狀況，同時透過各種財經政策以控制通貨膨脹在合理的水準。

CPI的日常活用

　　CPI最常被用來判斷一國的通貨膨脹壓力大小，以及預測政府未來的利率政策方向，此外，企業調薪、政府加稅時，也會參考CPI年增率趨勢，來決定調整的幅度與方向。

活用1　由CPI預測央行的利率政策

　　CPI能夠反應國內一般的物價平均水準，是一國央行判斷當下通貨膨脹狀況的主要參考指標。

　　當CPI月增率與年增率持續走揚，走揚幅度愈多、時間持續愈久時，該國通貨膨脹壓力愈大，央行透過緊縮貨幣政策，如調升利率，來控制通貨膨脹的可能性愈大。

　　相反地，若CPI月增率與年增率持續走滑，且降幅愈來愈大、下滑時間持續愈久，該國通貨膨脹壓力愈小，在經濟成長趨緩下，政府透過寬鬆貨幣政策，如調降利率，來刺激景氣的可能性愈大。

INFO　**通貨膨脹與CPI的關係**

當一國的物價持續上揚，使得民眾手頭上的錢變薄，購買力下降，稱為通貨膨脹，而CPI反應了物價的變動，從消費者物價指數年增率可觀察物價的變動情形，衡量一國的通貨膨脹情況。

專欄

與主題、內容相關的重點觀念，進行較深入的說明。

顏色識別

同一篇章以統一顏色標示，方便閱讀及查找。

標籤索引

篇章中所有大標按順序排列，讀者可從色塊標示得知目前所閱讀的主題。

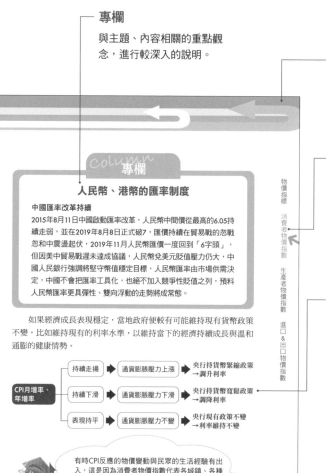

column
專欄

人民幣、港幣的匯率制度

中國匯率改革持續

2015年8月11日中國啟動匯率改革，人民幣中間價從最高的6.05持續走弱，並在2019年8月8日正式破7，匯價持續在貿易戰的忽戰忽和中震盪起伏，2019年11月人民幣匯價一度回到「6字頭」，但因美中貿易戰遲未達成協議，人民幣兌美元貶值壓力仍大，中國人民銀行強調將堅守幣值穩定目標，人民幣匯率由市場供需決定，中國不會把匯率工具化，也絕不加入競爭性貶值之列，預料人民幣匯率更具彈性、雙向浮動的走勢將成常態。

如果經濟成長表現穩定，當地政府便較有可能維持現有貨幣政策不變，比如維持現有的利率水準，以維持當下的經濟持續成長與溫和通膨的健康情勢。

物價指標　消費者物價指數　生產者物價指數　進口＆出口物價指數

持續走揚	通貨膨脹壓力上漲	央行持貨幣緊縮政策→調升利率
CPI月增率、年增率 持續下滑	通貨膨脹壓力下滑	央行持貨幣寬鬆政策→調降利率
表現持平	通貨膨脹壓力不變	央行現有政策不變→利率維持不變

有時CPI反應的物價變動與民眾的生活經驗有出入，這是因為消費者物價指數代表各城鎮、各種物品的平均價格變動情況，所以與一般民眾的生活感受多少會有出入。比如說，台北市某項商品漲價、但在高雄市是跌價的，所以兩相抵消，CPI沒有太大變化，如此對台北市民而言，便可能產生「與實際感受不符」的問題。

圖解

運用有邏輯的拆解式圖解輔助說明，迅速掌握核心概念。

dr. easy

針對實務部分，提供過來人的經驗訣竅和具體實用的建議。

透視經濟指標

經濟指標是以數字、數據的方式記錄經濟活動的種種變化,並加以統計製成可供觀察、比較經濟情況變動的指標,能夠反應出一國經濟狀態。

經濟活動和人們生活的好壞密切相關,因此無論是一般民眾、受薪階級、投資人,或者是企業經營者等,若能留意和自身需求、投資、生活上相關的經濟指標,以規律的觀察頻率找出指標的變化,了解背後所隱藏的意涵,即能做出正確的解讀和判斷,真正活用在生活上、投資上。

本篇教你

- ✓ 經濟指標的定義與四大作用
- ✓ 經濟指標常見的分類方式
- ✓ 經濟指標的四大迷思
- ✓ 經濟指標的四大正確觀念

什麼是經濟指標？

　　經濟指標已經是我們日常生活中常使用的詞彙了，比如像通膨、經濟成長率、失業率等，這些經濟指標反應出不同經濟活動的表現，一般民眾生活的各種經濟活動，無論是日常消費、就業、投資理財、購屋等，都與大環境整體的經濟環環相扣，並且相互影響。因此，持續觀察各領域具代表性的經濟指標、分析數據所隱含的經濟榮枯現象，即能放眼未來的景氣趨勢動向，做出最聰明適切的應對。

經濟指標的定義

　　經濟指標（economic indicator）是指將各項經濟活動以數字、數據的方式加以記錄、統計，最後編製成一指標，提供大眾觀察經濟活動的變化，經濟指標就像溫度計，可以用來觀察一個國家經濟活動的冷暖程度。

一般人對「經濟」一詞常有似懂非懂的感覺！簡單來說，「經濟」就是金錢、貨幣、金融、價格、商業等活動交織而成的種種現象。而「經濟學」就是一門研究這些活動的社會科學。至於「總體經濟」，則是從一個國家、社會的角度，關注經濟活動的總體現象。

　　和民眾生活緊密相連的經濟活動包含民眾的購買行為、企業的銷售價量、製造業與工業的生產力、服務業的活動力、就業市場的參與狀況、房地產市場的交投榮枯、資金的動能與流向、國際間經貿交易的頻率與價量等，這些每日持續進行著的經濟活動，環環相扣著影響國家的經濟成長力，直接影響到民眾們的財富增減與荷包重量，因此，計算、統計、並觀察這些經濟活動背後代表的價、量等數據，不但具體呈現民眾生活好壞，也是政府制定經濟政策的必要參考依據。

經濟活動

消費面	製造業／工業
民間消費、企業銷貨賺取利潤	製造業、工業接到訂單生產、出貨情形
就業市場	**國際經貿**
就業率高低影響人民所得	和國外經貿交易的頻率、價量關係
投資市場	**服務業**
資金的動能與流向	提供服務的熱絡程度

經濟指標

- 觀察經濟活動背後意涵
- 政府制定經濟政策必要參考策略

影響一國景氣榮枯

景氣愈好
民眾財富增加

景氣愈差
民眾財富減少

民眾關心指標變化

11

經濟指標的分類

　　全球的經濟隨著經濟活動的多元紛雜，以及各國編製需求上的差異，因此，種類數量相當繁多。一般來說，經濟指標大致可依據其預估效果分成先行指標、同期指標與落後指標；依據其編製內容分成景氣指標、就業指標、物價指標等；依據其編製單位又可分為官方編製指標與民間編製指標。

1 以反應整體經濟狀態區分

　　經濟指標依據其反應整體經濟景氣的狀態，可分為先行指標、同期指標與落後指標。先行指標是指能提前反應景氣位置的經濟指標；同期指標則是指同步反應景氣狀態的經濟指標；而落後指標則是較實際景氣狀態要晚一步展現的經濟指標。

■認識先行、同期、落後指標

指標分類	意涵	主要作用	相關指標
先行指標	能提前反應景氣變動狀態的指標。通常先行指標的高峰或底部會比經濟景氣循環的高峰或底部出現得早。	主要用來預測未來的景氣走向，也是參考價值最高的經濟指標。	●美國領先指標 ●初領失業救濟金人數 ●ISM採購經理人指數 ●製造業新訂單指數 ●貨幣供給額等
同期指標	主要反應當下景氣的狀態。通常同期指標的高峰或底部會與經濟景氣循環的高峰或底部呈現同步。	主要用來判斷當下的景氣狀況。	●外匯存底 ●貿易餘額
落後指標	反應景氣變動的狀態較為晚一步，通常落後指標的高峰或底部會比經濟景氣循環的高峰或底部出現得較晚。	主要用來事後確認景氣運作的走向。	●個人所得 ●儲蓄率 ●消費者物價指數 ●生產者物價指數 ●進口&出口物價指數 ●個人消費支出

2 以指標內容特性區分

依據經濟指標的編製內容，又可概分為景氣指標、產業指標、就業與所得指標、消費指標、物價指標、國際金融指標、其他金融指標、群眾心理指標等，分別從不同角度觀察追蹤一國經濟的活動狀況，進而判斷整體經濟景氣的好壞狀態。

■認識依不同內容而編制的經濟指標

指標分類	意涵	主要作用	相關指標
景氣指標	反應一國總體經濟景氣變動狀態的指標。	主要用來觀察一國總體經濟的好壞，是最重要的參考指標。	●國內生產毛額 ●景氣對策信號 ●美國領先指標等
產業指標	反應各產業活動榮枯狀況的指標。	透過掌握各產業活動榮枯，來觀察或預測整體景氣環境變化或找尋相關投資機會。	●製造業指標 ●商業／服務業指標 ●地產指標
就業與所得指標	反應一國就業市場榮枯狀況的指標，以及國民普遍所得增減狀況的指標。	從就業與失業人數變化，判斷整體景氣狀況；從民眾所得增減，判斷消費市場買氣強弱，以及整體景氣狀態。	●初領失業救濟金人數 ●非農就業人口 ●失業率 ●個人所得 ●儲蓄率
消費指標	反應一國消費市場交易熱度的指標。	直接從消費市場的銷售結果與消費者心理變化判斷整體景氣狀態。	●密西根大學消費者信心指數 ●美國消費者信心指數 ●個人消費支出
物價指標	反應一國物價上升或下滑趨勢的指標。	由物價起落判斷市場供需與景氣狀態。	●消費者物價指數 ●生產者物價指數 ●進口&出口物價指數等

指標分類	意涵	主要作用	相關指標
國際金融指標	反應一國與海外各國經貿互動熱度的指標。	由國際貿易熱絡程度判斷景氣狀態以及對金融市場的影響。	●外匯存底 ●國際收支 ●貿易餘額 ●貨幣供給額
其他金融指標	反應一國的利率、匯率與與市場流通的貨幣總額狀況，以及能源、原物料等價格變動。	可由此判斷市場的資金流向，以及能源、原物料價格變動，藉此研判各種投資機會。	●利率 ●匯率 ●能源價格 ●原物料價格
群眾心理指標	反應美國投資者的心理狀況。	可由此判斷美國股市投資的冷熱程度。	●VIX波動率指數

3 依指標編製單位區分

　　不同的經濟指標分別各由不同的財經或研究單位負責調查編製，因此，經濟指標又可分為「官方編製」經濟指標與「民間編製」經濟指標。前者由政府財經部會單位定期調查編製，公信力相當高，且多數的經濟指標屬於官方編製。不過，也有一些知名、極具權威的產業公會或學術研究單位，亦編製了一些能見度、參考價值極高的經濟指標，如密西根大學消費者信心指數，因為編製與統計方式深入嚴謹，指數結果也多能準確預測未來景氣走向，深受市場重視，也是不能忽略的經濟指標。

■認識官方與民間編製指標

指標分類	意涵	主要作用	相關指標
官方指標	由政府所屬單位調查編製的經濟指標。	政府財經部會定期編製並公布各項經濟數據，以做為政策決策參考，並提供各界了解景氣環境變化。	●國內生產毛額 ●景氣對策信號 ●美國領先指標等
民間指標	由民間財經組織或學術研究單位所編製的經濟指標。	具公信力的學術研究或產業單位定期編製並公布經濟數據，供社會各界參考使用，以觀察國家經濟景氣走向與趨勢。	●ISM製造業指數 ●密西根大學消費者信心指數 ●美國成屋銷售

官方指標與民間指標哪個比較具參考價值？讀者可能會以為，官方編製的經濟指標由於來自最具權威的「官方」，其重要性應該都要比民間指標重要。其實這並不一定！因為有許多民間指標其參考價值也非常高。簡單來說，在財經媒體、總經研究報告上曝光頻率愈高的經濟指標，其代表性與重要性就愈高，才會常被媒體引用與分析。

經濟指標的作用

經濟指標之所以備受矚目，就是在於其具有預測經濟走向、預測政府政策方向，以及協助投資決策、制定理財策略的作用，這也是眾多經濟指標的價值所在。

作用1　預測整體經濟的走向

經濟指標最常用來界定一國經濟景氣的狀態以及預測未來可能的景氣走向。一般來說，一國的景氣總是循環的，由成長到衰退，再從衰退回到成長，只是衰退或成長持續的期間不同，而透過經濟指標的判讀，可以觀察目前的景氣位階和景氣多空循環的走向。

● 經濟指標如何預測整體景氣的走向？

在景氣好的時候，由於經濟活動熱絡，經濟指標會朝正向、成長的方向發展，比如像GDP、物價、製造業、服務業等指標都會呈現成長態勢，而就業市場指標也會表現正面、失業率走滑。如果這些指標持續正面發展，則表示未來經濟榮景仍將持續。

反之，在景氣差的時候，由於經濟活動低迷，經濟指標會朝負向、衰退的方向發展，比如像GDP、物價、製造業、服務業等指標都會呈現衰退態勢，而就業市場指標也會表現較為負面、失業率走揚。如果這些指標持續負面發展，則代表未來經濟低迷仍將持續。

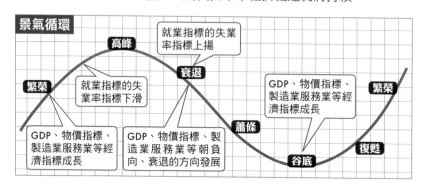

作用2 預測政府的政策方向

　　經濟指標也是政府在推行經濟政策時參考的主要依據，經濟指標走向愈正面，經濟景氣發展愈熱絡，這時政府就會留意景氣過熱、通膨過高的風險；經濟指標走向愈負面，經濟景氣發展愈低迷，這時政府就會積極刺激景氣復甦，以免經濟環境持續惡化。

● 經濟指標如何預測政府的政策走向？

　　景氣好的時候，經濟活動相對熱絡，也因此經濟指標會表現得更為正向、呈現正成長。為避免景氣過熱導致物價飆漲、通膨增溫，這時政府會透過緊縮貨幣政策，也就是升息來抑制經濟景氣的表現，整個資金環境會較為緊縮，民眾可以預期，未來的利率環境會較為高升，資金借貸成本也會增高，對利率比較敏感的民眾如房貸、卡債族，則需留意可能增加的負債壓力。

　　反之，景氣差的時候，經濟活動相對低迷，也因此經濟指標會表現得更為負面、甚至呈現負向成長。為避免景氣過於低迷的惡性循環，這時政府會透過寬鬆貨幣政策，也就是降息來刺激經濟景氣的表現，整個資金環境會較為寬鬆，民眾可以預期未來的利率環境會較為下滑，資金借貸成本也會降低，對利率比較敏感的民眾，如房貸、卡債族等，負債壓力也可能減輕不少。

景氣好	景氣衰退
就業機會增加 民眾所得、消費增加 物價水準走揚	就業機會減少 民眾所得、消費減少 物價水準下滑
↓	↓
緊縮貨幣政策→升息	寬鬆貨幣政策→降息
↓	↓
民眾、企業借貸成本提高	民眾、企業借貸成本減輕
↓	↓
抑制經濟景氣過熱、 緩和通貨膨脹壓力	促進景氣成長、 避免通貨緊縮壓力

作用3 提高投資結果的勝率

　　由於經濟指標反應了一個國家或社會的整體經濟景氣狀況，透過就業、物價、製造業、服務業等經濟指標，更能預測未來數月的景氣走向，因此，對於投資者而言，經濟指標可用來做為訂定自己投資方向的參考指標與依據，只要掌握到經濟走向的趨勢，便能做出較正確的投資決策，提高投資勝率。

● 經濟指標如何幫助投資決策？

　　經濟指標是觀察一國就業、物價、製造業、服務業、國際貿易榮枯的參考項目，透過這些經濟指標的漲跌與趨勢變化，能夠掌握一國經濟景氣狀況是成長亦或衰退，進一步判斷資金流向，企業獲利狀況好壞等，如此才能做出較正確的投資決策。

經濟指標不是萬靈丹。透過經濟指標的指引，雖能提高投資勝率，但並非能夠幫助大家穩賺不賠，畢竟影響投資市場漲跌的因素錯綜複雜又瞬息萬變，並非觀察幾項經濟指標便能夠搞定的。

作用4 訂定更靈活的理財策略

除了投資之外，經濟指標還能幫助人訂定理財策略，調整資產配置的比重。由於景氣的冷暖會牽動利率的走向，因此掌握利率的可能走向可以幫助自己的理財規劃。

當利率走升時就增加定存比重，利率走滑則有利借貸成本的降低，如此可以制定更靈活的理財策略，幫助自己的荷包持盈保泰。

● 經濟指標如何協助訂定理財策略？

經濟景氣與利率走向息息相關，而利率高低影響現金往銀行或投資市場的流動，透過經濟指標走向判斷利率趨勢、以決定是否持有現金或採取其他的理財策略。

例如，利率看升的話，定存族將受惠，可以增加定存的比重；利率看降的話，雖不利於定存族，但對於貸款一族，則可透過機動利率計息方式，享受貸款成本降低的好處。

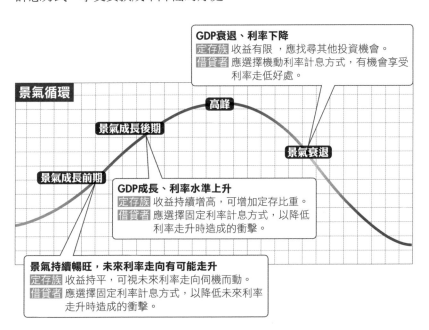

GDP衰退、利率下降
定存族 收益有限，應找尋其他投資機會。
借貸者 應選擇機動利率計息方式，有機會享受利率走低好處。

景氣循環

高峰

景氣成長後期

景氣衰退

景氣成長前期

GDP成長、利率水準上升
定存族 收益持續增高，可增加定存比重。
借貸者 應選擇固定利率計息方式，以降低利率走升時造成的衝擊。

景氣持續暢旺，未來利率走向有可能走升
定存族 收益持平，可視未來利率走向伺機而動。
借貸者 應選擇固定利率計息方式，以降低未來利率走升時造成的衝擊。

經濟指標的迷思

　　經濟指標提供了各界相當重要的參考依據，但由於不少經濟指標意涵較為複雜，或是內容較艱深難懂，常造成一般民眾在應用上的迷思，例如認為經濟指標都是對的、每一個經濟指標不分大小、應用領域都非常重要、指數愈高愈好的，其實不盡然是如此。在運用經濟指標之前，應先釐清各項迷思，並掌握活用的原則，才能將經濟指標的精神發揮極致。

迷思1 對經濟指標必信無疑？

　　雖然經濟指標多由各大編製單位經過嚴密的分析調查後編製而得，但畢竟經濟指標本質上就是一個統計數字，對未來或當下所做的經濟研判，並無法百分百準確無誤，只能說正確的機率較高，而且經濟指標有它的限制存在，不一定百分百正確無誤。

　　有時，經濟指標的結果會和現實經濟情況有所出入，這是因為經濟活動不斷運作，影響經濟指標表現的因素錯綜複雜，有時可能因季節因素如耶誕銷售旺季、夏季電價調漲、或短期政策如購車貸款補助優惠、短期減稅政策影響等，讓經濟指標短暫的上升或下降，如果對經濟指標表現盡信無疑，便會馬上做出景氣好轉或變差的判斷。

　　此外，有時經濟指標的表現可能只是微幅上升或微幅下降，解讀時可能說好或說壞，都解釋得過去，這也是經濟指標運用上常見的限制。

影響經濟指標表現因素

- 季節因素
- 短期政策

➡ 經濟指標結果可能和現實景氣有所出入

➡ 經濟指標仍有其限制

迷思2〔經濟指標公布後就不會再變動？

很多經濟分析新手會以為,指標編製單位一旦公布最新指標數值後,就是當月或當季的最終數值,其實,許多經濟指標會在第一時間先公布指標初值,如果蒐集到更多資料後,會再更新結果成為指標修正值(revised)或指標終值(final),而指標終值也是最準確的數值,只是公布時間會比較晚。

在運用上,初值或修正值因為公布較早、較具時效性,通常可以做為預先一窺經濟狀況的優先指標,之後的修正值或終值通常變動幅度不大,如果變動幅度較大,編製單位也會提出說明,分析上也可多加留意。

●初值
●修正值　➡　較具時效性　➡　做為預先一窺經濟狀況的領先指標

●修正值
●指標終值　➡　公布較晚　➡　指標終值和初值相較是最準確的數值

迷思3〔只要是經濟指標都很重要？

讀者只要一看到冷冰冰的經濟指標,常會覺得這些指標都很重要。其實經濟指標有大有小,各有其作用,重要性也大不相同,有些經濟指標對一般民眾特別重要,有些經濟指標其實只針對某項領域,因此只對某些特定人如科技業者、地產業者而言比較重要。至於哪些經濟指標最為重要,基本上,常在報章雜誌見到的經濟指標,就是最為重要的經濟指標。

經濟指標
作用不同　┬─針對特定對象　➡　各項經濟指標
　　　　　└─針對某項領域　➡　重要性不盡相同

迷思4 經濟指標數值愈高愈好？

　　原則上來說，多數的經濟指標判讀，的確是數值愈高、成長幅度愈高，代表的意義愈正向，但由於編製的原理或意義不同，有些經濟指標的數值愈高，卻代表著風險的存在。

　　比如說，國內生產毛額成長愈高，經濟成長率愈高，但若是觀察消費者物價指數飆升，則表示通膨壓力高漲，對整體經濟景氣發展是較為不利的，像失業率的指數也是愈高愈不佳。因此，要判讀一個經濟指標的數值高低好壞，還是得從該指標的編製意義觀察，才能做出正確的判斷。

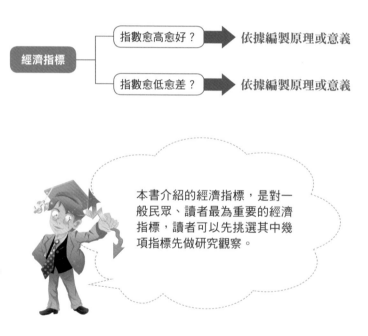

經濟指標
　　├─ 指數愈高愈好？ ➡ **依據編製原理或意義**
　　└─ 指數愈低愈差？ ➡ **依據編製原理或意義**

本書介紹的經濟指標，是對一般民眾、讀者最為重要的經濟指標，讀者可以先挑選其中幾項指標先做研究觀察。

運用經濟指標的正確觀念

　　釐清常見的經濟指標迷思後，認識正確使用經濟指標的觀念，才能在運用經濟指標時更得心應手，掌握使用竅門，能讓原本只是記錄經濟活動的經濟指標真正為己所用。

迷思1〈先了解指標編製精神再分析

　　活用經濟指標的首要原則，就是要先了解經濟指標編製的基本原理與精神，才能掌握指標的意涵，進一步運用並做出較正確的判斷。經濟指標編製單位在公布指標時，都會對指標的編製調查辦法進行說明，可以幫助大家了解指標的代表意涵。

迷思2〈長期觀察、掌握趨勢

　　經濟指標不是一時的，是持續永久編製的，對於初入門的新手而言，最好不要只是觀察最新一期的指標的漲跌變化，應同時去觀察近一年、甚至近兩三年以來的走勢變化，如此才能了解目前的經濟表現位階，以及整體趨勢變化，收穫會更大。

迷思3〈多看、多聽、多讀

　　要透視各種經濟指標並做出正確的分析，「多看、多聽、多讀」是唯一竅門，只要是相對重要的經濟指標，無論是財經媒體、學術研究單位、銀行券商等金融機構，都會在指標公布之後推出分析報告，讀者多聽、多看、多讀，就會學到分析的訣竅以及應用的方向。

迷思4〈觀察自己切身相關指標為優先

　　由於經濟指標種類與數量都相當繁多，新手初接觸時，無法全部都吸收了解，這時，應從與自己最切身相關的指標來入門觀察，比如說，可以先從台灣的經濟指標觀察起，等到上手後，再慢慢增加其他區域如美國的經濟指標。

景氣指標

　　無論有沒有念過經濟學，對於「景氣」大家幾乎都耳熟能詳，知道景氣愈好，我們的生活就會變得愈好。其實「景氣」代表著一個國家、社會的產業活動力，產業活動愈熱絡，人民的經濟活動（如消費、投資）也愈熱絡，景氣就會愈好，呈現一個良性的經濟循環。而「景氣指標」就是用來評估、預測景氣狀態與循環的參考指標。熟悉並追蹤重要的景氣指標，能幫助你掌握景氣循環脈動，做出更好的投資決策。

本篇教你

- ⊘ 了解景氣指標的製成要素
- ⊘ 透視重要景氣指標意涵,掌握景氣循環轉折點與趨勢變化
- ⊘ 根據景氣指標的走勢漲跌,調整投資決策

什麼是景氣指標？

　　景氣指標是由數項與景氣循環密切相關的統計數字或指標所組成，用來觀察、追蹤一個國家景氣好壞的綜合性經濟指標。由於每個國家經濟的發展變化均有一定的規律，呈現出谷底→向上攀升→頂峰→向下滑落→回到谷底的循環過程，有時循環區間大，有時較小。根據景氣的循環特性，便能運用領先景氣指標來預測未來景氣走向，或運用同期、落後景氣指標驗證當下景氣的榮枯。由於景氣冷暖與每個人的生活都密切相關，關係著存款利率、股市的漲跌、企業業績的暢旺、物價的漲跌……，也因此，景氣指標幾乎可說是全民不得不關心的焦點。

認識景氣指標

國內生產毛額

常見的「經濟成長率」，即是「國內生產毛額」成長率，代表一國在一段特定期間內，所生產的最終勞動或物品的總價值的成長狀態。

參見P27

OECD綜合領先指標

由經濟合作暨發展組織（OECD）針對34個會員國每月定期發布的綜合領先指標，能準確地提前預測這些已發展國家的經濟發展情況。

參見P63

景氣對策信號

利用類似交通號誌概念的紅、黃紅、綠、黃藍、藍五種燈號，反應台灣經濟景氣的榮枯。

參見P41

褐皮書

詳細揭露了美國各產業、各部門的經濟活動狀況，是聯邦公開市場委員會（FOMC）貨幣決策的重要參考報告。

參見P70

美國領先指標

可預先反映美國未來3～6個月經濟活動力，亦是觀察世界經濟成長與否的領先指標之一。

參見P52

國內生產毛額（GDP）

　　國內生產毛額（Gross Domestic Product, GDP）可說是最常見、最為普遍的景氣指標，我們常說的「經濟成長率」，即是「國內生產毛額」成長率，它代表一國在一段特定期間內，所生產的最終勞動或物品的總價值的成長狀態。所以，當國內生產毛額愈高，代表該國生產力愈高、經濟活動愈活躍、景氣愈好。它也是目前比較各國經濟景氣榮枯最通用、最重要的指標。

　　諾貝爾經濟學獎得主薩孟遜（Paul Samuelson）曾讚嘆，GDP為二十世紀最偉大的發明之一，他並形容：GDP之於經濟，猶如衛星之於天氣，猶如決策者之於燈塔。

■基本資料

性質	□先行指標　□同期指標　■落後指標
製成國家／機構	●台灣：行政院主計總處 ●美國：商務部經濟分析局
公布單位／公布日期	●台灣：每年2、5、8、11月的15～20日公布 ●美國：第一季的先期報告（advance）公布於4月底，其餘各季分別公布於7月、10月與隔年的1月月底。
取得管道	●台灣：1、行政院主計總處網站（www.dgbas.gov.tw） 　　　　2、中華民國統計資訊網（www.stat.gov.tw） ●美國：商務部經濟分析局（www.bea.gov）
重要性	高度
適用對象	所有人

INFO　美國GDP的公布時間

美國公布GDP數字時，為求時效性，會在4月、7月、10月、1月月底，先公布上一季的先期報告（advance），之後則因為構成項目的數字更新或修正，會在兩個月之內，不定期（通常是在月底）公布修正的GDP數字如「初步修正」（preliminary），或第二次修正（revised）或「最終」（final）數字。

GDP的製成概念與計算方式

GDP是用來反應一國經濟活動力的指標，最常見的GDP計算公式涵蓋了一國主要的經濟活動，包括消費、投資、政府支出，與淨出口這些項目，以計算出一國的國內生產毛額。

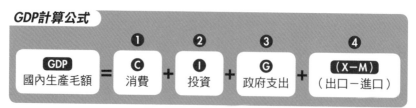

GDP計算公式

| GDP 國內生產毛額 | = | ❶ C 消費 | + | ❷ I 投資 | + | ❸ G 政府支出 | + | ❹ (X−M) （出口−進口） |

❶消費

「消費」主要是指個人消費，也就是常見的內需市場。民眾所有的消費金額加總起來，就是「消費」項目所創造的GDP數字。

比如說，第一季台灣汽車銷售共100台、價值5,000萬，就表示創造了國民生產毛額5,000萬；第一季股票與基金買賣手續費共達3,000萬，就表示創造了國民生產毛額3,000萬。

實例 打打停停紛擾數年的美中貿易戰，對全球經濟造成莫大衝擊，中國為求「穩經濟」，2019年8月底推出提振消費信心的20條政策，包括鼓勵綠色智慧商品以舊換新、放寬汽車限購、加速連鎖便利商店發展、活躍夜間經濟等，即是希望透過拉抬「消費力」、穩住經濟成長力。

❷投資

「投資」又稱為固定資產投資，可分為「非居住性投資」，比如機械、廠房等和「居住性投資」比如住宅樓房等。而所有的投資金額加總起來，就是「投資」這項目所創造的GDP數字。

例如，第一季台灣企業主投資興建100家工廠，花費共4,000萬，就表示創造了國民生產毛額4,000萬；第一季台灣地產商投資興建住宅，共花費9,000萬，就表示創造了國民生產毛額9,000萬。

實例 以台灣為例，2018年固定投資為3.7兆元，實質成長2.5%，而2019年上半年成長率更達7.2%。其中，固定投資主要以民間部門為主，所占比重自2014年起均超過8成，投資型態以營建工程、機器及設備為主，而智慧財產投資在產業轉型升級的需求下，展現穩定成長趨勢。

❸ 政府支出

「政府支出」又稱為政府消費與支出，政府徵收稅收後，進行建設、開發與投資，這些活動所支出的金額加總起來，就是「政府支出」這項目所創造的GDP數字。

比如說，第一季政府水患治理工程共消耗支出8,000萬，就表示創造了國民生產毛額8,000萬；第一季政府快速道路工程共消耗支出3,000萬，就表示創造了國民生產毛額3,000萬。

實例 美國2019年財政年度前11個月的政府支出大幅成長7%至4.1兆美元，主要是因為軍費開支提高、公債利息與醫療支出增加。不過，因為同期的稅收僅增加3%至3.1兆美元，意味著預算赤字高達1兆美元。大額舉債對一個國家的經濟發展來說並非好事，設法降低整體預算赤字，還是極為重要的。

❹ 貿易差額（出口－進口）

一國出口總金額（賺來的錢），減去進口總金額（花掉的錢），就等於來自貿易活動所獲得的「淨」國民生產毛額。

比如說，第一季台灣出口電腦共產出金額8,000萬，進口石油共花費7,000萬，兩者相減的1,000萬淨額，就表示靠進出口貿易創造了國民生產毛額淨1,000萬。

實例 美中貿易戰讓中國經濟面臨偌大經濟下行壓力，特別是出口成長。以2019年8月為例，中國以美元計價的出口金額便罕見地出現負成長，年增率為負1%；反觀美國，在2019年前8個月自中國的進口量，也減少432.5億美元，年增率為負12.5%。

Column 專欄

認識國民生產毛額（GNP）

國民生產毛額（GNP, Gross National Product）是指在一段特定時間內，一個國家的國民所生產的最終產品和勞務的總市值。GNP與GDP的計算公式表面上看來相同，均為：

$$\underset{\text{國內生產毛額}}{\boxed{\text{GDP}}} = \underset{\text{消費}}{\textbf{C}} + \underset{\text{投資}}{\textbf{I}} + \underset{\text{政府支出}}{\textbf{G}} + \underset{\text{（出口－進口）}}{\textbf{(X－M)}}$$

GNP和GDP兩者真正的不同在於，計算標準的不同：

GNP（國民生產毛額）是「屬人」、以「國民」為計算標準的。只要是一國的國民，無論在國內、國外所有的生產毛額都會計算在內。例如，一個企業派駐在國外的駐外人員，他的薪資也需納入我國的GNP計算。

GDP（國內生產毛額）是「屬地」、以「國境」為計算標準的。只要是在一國內所有的生產毛額，包括外國人在本地生產的部分，都要計算在內，因此並不包含本國人在國外所生產的部分。例如，外資企業派駐在台的員工或是外籍勞工，在台灣的薪資所得就會計入我國的GDP中。

GDP的判讀

GDP公布時程較晚，比如說第一季GDP公布時已經4月底，雖然是觀察一國經濟景氣的落後指標，但因為能藉此真實且持續地觀察一國經濟的變化，因此，GDP也是最重要的經濟指標。

基本判讀

GDP最基本的判讀原則是看GDP的走勢，當GDP上揚，通常代表一國經濟景氣往上走，是值得投資的地區；反之，當GDP下滑，代表一國經濟景氣走下坡，該地區便不值得投資。

基本判讀1〈 當GDP上揚時

當GDP上揚時，通常會反映出一個經濟成長、景氣熱絡的情景。由於景氣持續上揚，企業生意興隆、獲利佳，連帶地替員工加薪、增加投資，使得人民所得提高，願意增加消費，進而使企業銷售增加，提升獲利，股市會同步或提前反映企業獲利增加的好消息。

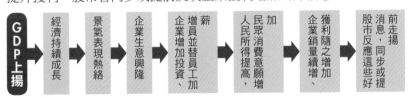

基本判讀2〈 當GDP下滑時

當GDP下滑時，通常會反映出一個經濟衰退、景氣低迷的情景。由於景氣持續低迷，企業生意清淡、獲利不佳，連帶地無法替員工加薪，甚至減薪，並減少投資，人民所得無法提高，不願意增加消費，企業也因消費停滯、銷售大減，甚至賠錢，股市會同步或提前反映企業獲利不佳的壞消息。

進階判讀

在觀察任何一個經濟指標之時，都不能以某一期如某個月或某一季的數字來斷定，而必須觀察至少兩期的數字趨勢，再做結論。

進階判讀1 （ 當GDP連續兩季以上上揚時

GDP數字每季公布一次，因此，一般所言某國的經濟成長，是指當一個國家的GDP連續兩季（或更多）呈現上揚，才能表示該國經濟正往上成長。

至少持續兩季
都是呈現成長態勢

| GDP 進一步上揚 | → | 代表該地經濟持續出現好轉 |

企業 對投資或增員的意願明顯提高。

消費者 消費意願明顯提高。

政府 持續利用相關政策刺激經濟景氣走揚，但同時亦會留意經濟過熱的風險。

只要連續兩個季度GDP都是呈現上揚，
且走揚維持愈多個季度，代表景氣復甦態勢愈加明顯。

代表一國經濟景氣熱絡

企業賺錢 ➡ 公司增員 ➡ 就業率提升 ➡ 人民所得增加 ➡
消費者消費意願增加 ➡ 企業再賺更多錢 ➡ 良性循環產生

股市	債市	貨幣	利率
企業獲利表現佳，股價反應利多持續走揚，股市值得投資。	資金流向風險性資產如股票，收益率較低的債券因市場需求降低，表現也會較弱，債市投資價值較低。	國際資金流向景氣熱絡國家的風險性資產如股票，當地貨幣因為需求大增，開始升值，當地貨幣值得持有。	政府不需要再用「降息」的寬鬆貨幣政策刺激經濟景氣，會慢慢把利率調升到政府認為的正常的水準，換言之，利率會走升。

進階判讀2（當GDP連續兩季以上下滑時

　　要判斷某國是否經濟衰退，必須發現當一個國家的GDP連續兩季或更長時間呈現下滑時，才能表示該國經濟正走下坡。

至少持續兩季
都是呈現衰退態勢

GDP 進一步下滑	➡	代表該地經濟持續出現衰退	➡		

企業 對投資或增員的意願明顯減低。

消費者 消費意願明顯降低。

政府 持續利用更積極的政策，刺激經濟景氣回穩。

只要連續兩個季度GDP都是呈現下滑，且下滑維持愈多個季度，
代表景氣衰退態勢愈加明顯。

代表一國經濟景氣衰退

企業賠錢 ➡ 公司裁員 ➡ 失業率上升 ➡ 人民所得下降 ➡
消費者消費意願減少 ➡ 企業更難賺錢 ➡ 惡性經濟循環產生

股市	債市	貨幣	利率
企業獲利表現不佳，股價反應利空持續走跌，股市投資價值降低。	資金流向安全性資產如債市，債券因市場需求增加，表現也會較佳，債市投資價值增加。	國際資金自景氣低迷的國家的資產中流出，當地貨幣因為需求大減，開始貶值，當地貨幣持有價值降低。	政府採行「降息」的寬鬆貨幣政策以期刺激經濟景氣，如果經濟未見好轉，則會採更寬鬆的貨幣政策將利率調降至政府認為有效的水準，換言之利率會下滑。

進階判讀3〈 觀察經濟成長率是否較去年同期成長

觀察GDP，不能單看成長數字來判定一國的經濟表現與投資價值，從經濟成長率是否較去年同期成長，可以判斷出經濟成長率是否真的成長。

常見的經濟成長率是指將當年度的GDP除以前一年同期的GDP，所得到的增減比例，反應了一個國家的國民生產總值的增加幅度，也就是經濟成長的幅度。如果公布今年第二季經濟成長率達5%，即表示第二季GDP比去年同期成長了5%，亦即表示經濟持續成長，經濟活動持續熱絡，可以預期景氣也可望暢旺。

進階判讀4〈 觀察實質 GDP，看出真實GDP成長樣貌

直接將今年的GDP與去年同期GDP相比，計算出的GDP成長率，為「名目GDP」，這指標是將通貨膨脹計算在內的經濟增長，無法看出真正的國民生產總額的成長。因此，GDP編製單位會同時公布「剔除通膨」（也就是減掉通膨率）後的實質GDP成長值，這是一般最常用的、同時也是報章媒體上所談的GDP成長。

換言之，直接觀察實質GDP是否成長，才能看出一國景氣是熱絡還是低迷。實質GDP成長，代表當地市場投資機會多；實質GDP衰退，代表當地市場投資機會較少。

INFO 為何利率調降（降息）能夠刺激經濟景氣？

因為利率降低後，企業借款的成本較低，投資的意願便會比較高；民眾借錢的成本比較低，消費如買房子、買車子的意願就會較高；較多的投資、較多的消費、較多的經濟活動，就能增加整個社會的國民生產總值，經濟（GDP）就能成長。

至於各國GDP的數據，可以從國際貨幣基金會（IMF）與世界銀行（World Bank）定期公布的各國GDP數據來取得比較。

①進入IMF首頁www.imf.org，從右上角的搜尋功能鍵入關鍵字「GDP」，尋找「World Economic Outlook Databases」，點入即可瀏覽、下載相關資料與報告。

②進入World Bank首頁www.worldbank.org，從右上角的搜尋功能鍵入關鍵字「GDP」，尋找最新的GDP成長率相關連結與報告。

column

專欄

需綜合觀察幾年的經濟成長率
判斷是否值得投資

經濟成長率是跟去年同期數字相較後，所得到的成長數字，可以藉此觀察一國的經濟榮枯表現，以及經濟活動的成長力道與衰退程度，因而是投資上相當重要的指標。除了看成長率高低之外，也要同時觀察該國去年的經濟表現才能做出正確的判斷。有時經濟成長率較低，是因為前一年經濟成長率太高，比較基期墊高所致，因此，還必須參照過去的經濟成長率、並分析推動經濟成長的真正原因，觀察是來自消費的推動還是投資的增長，以及判斷經濟成長能否持續，才能做出是否投資的判斷。

 實例 A國和B國近三年來經濟成長率如下，從過往的經濟表現中來看，哪一個國家的經濟表現較佳，真正值得投資？

	前年	去年	當年
A國	經濟成長率6%	經濟成長率6%	經濟成長率3%
B國	經濟成長率4%	經濟成長率4%	經濟成長率3%

說明 如單看當年經濟成長率，似乎A、B兩國不相上下都可以投資，然而同時比較近幾年經濟成長率表現，即可發現A國近年經濟維持高成長，雖然當年經濟成長降為3%，但有部分原因是因為之前經濟快速成長，比較基期墊高的關係；相較B國經濟表現較為平穩，近年都維持在3%～4%間。因A國近年經濟表現較為強勁，當年亦仍維持3%成長率，整體比較起來，較B國更具投資機會。

GDP搭配其他指標的判讀

GDP搭配國民生產毛額（即人均GNP），以及與其他國家的GDP成長率一起判讀，將有助於了解自身經濟成長的品質與潛在問題。

● 國內生產毛額（GDP）搭配國民生產毛額（平均每人GNP）

國民生產毛額（GNP）是由國民所得的增減，反應出景氣好壞是否已反應到國民的荷包上。

判讀說明

判讀原則：留意 GNP 與國民所得是否同步增減、同時幅度相似。

組合判斷：

漲跌分類	漲跌情境		判斷說明
同步上漲	↗	GNP上漲	意味一國經濟與民眾薪資同步成長。
	↗	GDP上漲	
同步下跌	↘	GNP下跌	意味一國經濟與民眾薪資同步下滑。
	↘	GDP下跌	
漲跌互見	↗	GNP上漲	意味一國經濟與民眾薪資表現不同步，可能與來自「非國內民眾」對當地GDP影響較大有關。
	↘	GDP下跌	
	↘	GNP下跌	
	↗	GDP上漲	

● 國內生產毛額GDP搭配其他國家GDP成長率

將其他國家的GDP成長率一起參看，由此可看出一國的經濟競爭力與經濟表現，是落後還是領先。

判讀說明

判讀原則：新興國家的 GDP 應一起判讀、比較各自的走勢與成長幅度，而成熟國家的 GDP 則應一起比較。

組合判斷：

漲跌分類	漲跌情境		判斷說明
同步上漲	↗	GDP上漲	意味全球經濟呈現同步成長態勢。
	↗	其他國家GDP上漲	
同步下跌	↘	GDP下跌	意味全球經濟呈現同步衰退態勢。
	↘	其他國家GDP下跌	
漲跌互見	↗	GDP上漲	意味全球經濟呈現不同步，有強有弱的景況。
	↘	其他國家GDP下跌	
	↘	GDP下跌	
	↗	其他國家GDP上漲	

GDP的日常活用

GDP是官方編製計算最為重要的景氣指標之一，也是政府經濟政策努力的主要目標，活用GDP指標，將可幫助預測政府利率方向，以及做出更佳的投資決策。

活用1　由GDP預測政府的利率政策

GDP常是政府單位透視國家經濟運作與健康狀態的重要指標，也是利率政策的重要參考指標，而利率的高低，將影響企業經營者的決策或市井小民的生活環境，民眾可利用GDP數據，來預測政府的利率政策。

● GDP初步上揚至高度成長的投資對策

預測與對策 1 GDP初步成長（如GDP成長開始由負轉正）

①政府希望穩定經濟的成長步調
②政府希望鼓勵企業借錢投資、民眾借錢消費（如買車、買房）
③預料政府會維持寬鬆貨幣政策、較低的利率環境
④政府可能進一步降息，或維持低利率水準不變

對策 企業決策者　可開始進行對市場的投資。
　　　一般投資人　錢放在銀行利息不高，可開始尋找風險性資產如股票、外匯（貨幣）來投資，增加收益。

預測與對策 2 **GDP持續成長且穩定成長**
（如GDP超過兩季以上呈正成長，且成長幅度都維持在3%以內）

①政府希望經濟能持續成長，但又需避免經濟過熱
②政府不必再積極鼓勵企業借錢投資、民眾借錢消費（如買車、買房）
③政府不必再用寬鬆貨幣政策刺激景氣
④政府會慢慢調升利率

對策 **企業決策者** 由於GDP持續且穩定成長，對市場投資可以更為積極。
一般投資人 錢放在銀行利息漸高，但風險性資產如股票、外匯（貨幣）也會因為經濟持續成長而有不錯表現，建議可將資金分散置放銀行與風險性資產，一方面增加收益、一方面分散風險。

預測與對策 3 **GDP持續成長且穩定成長**
（如GDP超過兩季以上呈正成長，且成長幅度超過3%）

①政府必須避免經濟過熱
②政府不必再鼓勵企業借錢投資、民眾借錢消費（如買車、買房）
③政府需要用緊縮貨幣政策讓經濟成長降溫
④政府會持續調高利率

對策 **企業決策者** 對市場的投資可以持續，但要留意經濟過熱泡沫化的風險。
一般投資人 錢放在銀行利息漸高，但風險性資產如股票則會因為政府將對經濟降溫，表現會受到壓抑，建議減少風險性資產如股票、外匯（貨幣）的投資，放比較多的錢在銀行賺利息。

INFO 什麼是寬鬆貨幣政策？

是指政府透過降息，讓市場資金變多、借錢的成本變得更便宜，民眾有更高意願去買房與消費，企業也更願意借錢去買機器增廠房擴大投資，經濟活動將更活絡，景氣即能慢慢回溫。因此GDP還在初步成長時，政府多會維持寬鬆貨幣政策保持經濟活動的熱度。

● GDP從初步衰退至衰退幅度大的投資對策

預測與對策 1 GDP初步衰退（如GDP成長開始由正轉負）

①政府希望穩定經濟以回復到成長軌道
②政府希望鼓勵企業借錢投資、民眾借錢消費（如買車、買房）
③預料政府會維持寬鬆貨幣政策、較低的利率環境
④政府可能進一步降息，或維持低利率水準不變

對策 企業決策者 對該市場的投資可以開始減少。
一般投資人 錢放在銀行利息不高，但經濟出現衰退，風險性資產如股票、外匯（貨幣）的表現也會受到壓抑，建議資金還是先放在安全的地方如銀行或政府公債，持續密切觀察經濟何時好轉。

預測與對策 2 GDP持續衰退且衰退幅度較為溫和

（如GDP超過兩季以上呈負成長，且衰退幅度都維持在3%以內）

①政府希望經濟能回復到成長軌道
②政府需要更積極鼓勵企業借錢投資、民眾借錢消費（如買車、買房）
③政府需要用更積極的寬鬆貨幣政策來刺激景氣
④政府會進一步調降利率，調降方式可能較為溫和漸進

對策 企業決策者 對市場的投資可以轉為消極，且投入金額應逐步減少。
一般投資人 錢放在銀行利息不高，但因為經濟衰退，風險性資產如股票、外匯（貨幣）的表現也會受到壓抑，建議資金還是先放在安全的地方如銀行或政府公債，持續密切觀察經濟何時好轉。

INFO 留意市場預期與實際GDP的落差

經濟投資研究機構（如台經院、元大寶華綜合經濟研究院、標準普爾、國際貨幣基金組織IMF等），會針對台灣或全球各國GDP數字定期公布預估值，一旦公布的預期GDP成長率下修或上調，就會影響市場投資信心。另一方面，當官方公布實際的GDP數字後，無論是優於市場預期、或表現不如預期，也會左右市場的投資意願。

預測與對策 3 GDP持續衰退且衰退幅度大

(如GDP超過兩季以上呈負成長、且衰退幅度超過3%)

①政府必須避免經濟持續惡化
②政府需要更積極鼓勵企業借錢投資、民眾借錢消費（如買車買房）
③政府需要用更積極的寬鬆貨幣政策讓經濟回復成長
④政府會持續調降利率，且調降幅度可能會較大

對策 企業決策者 對該市場的投資可以更為消極，最好只保留一小部分資金或退出該市場的投資。

一般投資人 錢放在銀行利息不高，但因為經濟惡化風險性資產如股票、外匯（貨幣）的表現也會不佳，建議資金還是先放在安全的地方如銀行或政府公債，持續密切觀察經濟何時好轉。

INFO GDP（國內生產毛額）是否愈高愈好？

一國的經濟實力如何，不但要觀察GDP數字高低，還要看GDP結構是否健康、合理，最好是消費、民間企業投資、出口等都均衡成長，都有貢獻，如此所創造的GDP成長率，才是健康平衡的經濟發展。此外，也有學者認為，一國經濟的高成長並不代表民眾們的幸福感也高，一味追求高經濟成長，很可能會忽略某些區域生活質量依舊不佳的民眾。

景氣對策信號

景氣對策信號（Monitoring Indicator）也稱為景氣燈號，是由行政院國發會負責編製，利用紅、黃紅、綠、黃藍、藍五種燈號，反映台灣經濟景氣的榮枯，藉由燈號反映目前國內的景氣處於景氣循環的哪個階段，決策當局可從燈號反映出來的訊息，判斷未來景氣是否過熱或衰退，密切注意後續的景氣動向，適時採取因應措施、做為擬定經濟決策的參考。而對企業和投資人而言，也可依據信號變化反映出的景氣榮枯，調整其企業經營方針和投資計畫。

■基本資料

性質	□先行指標　□同期指標　■落後指標
製成國家／機構	台灣：行政院國家發展委員會
公布單位／公布日期	●台灣行政院國家發展委員會 ●每月的26～28日公布前一月景氣對策燈號
取得管道	國家發展委員會首頁www.ndc.gov.tw即可看到「景氣指標」專區，便可查詢最新公布內容與歷史資料。
重要性	高度　　　　　　適用對象　所有人

景氣對策燈號的製成概念與計算方式

景氣對策信號由行政院國發會，依據經濟發展階段，以與景氣波動密切相關的九項經濟指標統計、編製而成。所挑選的製成指標與景氣變化的連動深，涵蓋了金融面與製造面的指標，如下表所示：

類別		指標名稱
金融面	2項	●貨幣總計數M1B　　　　●股價指數
實際面	7項	●工業生產指數　　　　　●製造業銷售量指數 ●非農業部門就業人數　　●批發、零售及餐飲業營業額 ●海關出口值　　　　　　●製造業營業氣候測驗點 ●機械及電機設備進口值

資料來源：中華民國行政院國家發展委員會網站

●計算方式

國發會在編制景氣對策燈號時，會先依據9項指標先計算出年變動率（yoy,%），然後分別訂出4個「檢查值」（check point）。每月依照這4個檢查值，看看這9項指標落在哪種燈號，再分別給予「藍燈1分」、「黃藍燈2分」、「綠燈3分」、「黃紅燈4分」、「紅燈5分」的分數。最後加總得到的綜合分數，再根據該分數判斷當月的景氣對策信號是何種燈號。其中9～16分為藍燈、17～22分為黃藍燈、23～31分為綠燈、32～37分為黃紅燈、38～45分為紅燈。

景氣對策信號個別項目檢查值(10707～)

景氣對策信號	紅燈 Red	黃紅燈 Yellow-red	綠燈 Green	黃藍燈 Yellow-blue	藍燈 Blue ▽
燈號意義	熱絡 Booming	轉向 Transitional	穩定 Stable	轉向 Transitional	低迷 Sluggish
綜合判斷(分) Total Score	45～38分	37～32分	31～23分	22～17分	16～9分
個別項目分數 Scores of Component Indicators	5分	4分	3分	2分	1分
貨幣總計數M1B Monetary Aggregates M1B			（% yoy）		
	← 14.5	— 8.5	— 6.0	— 3.5	→
股價指數 Stock Price Index	← 17.5	— 10.0	— -0.5	— -16.5	→
工業生產指數 Industrial Production Index	← 11.0	— 7.0	— 2.5	— -2.0	→
非農業部門就業人數 Nonagricultural Employment	← 2.3	— 1.7	— 1.2	— 0.6	→
海關出口值 Customs - Cleared Exports	← 16.0	— 10.0	— 3.5	— -2.0	→
機械及電機設備進口值 Imports of Machineries and Electrical Equipments	← 16.5	— 7.0	— 0.0	— -6.5	→

景氣對策信號	紅燈 Red	黃紅燈 Yellow-red	綠燈 Green	黃藍燈 Yellow-blue	藍燈 Blue ▽
製造業銷售量指數 Manufacturing Sales Index	← 10.5	— 6.0	— 1.5	— -2.0	→
批發、零售及 餐飲業營業額 Sales of Trade and Food Services	← 8.0	— 5.5	— 2.5	— -1.0	→
製造業營業氣候測驗點 The TIER Manufacturing Sector Composite Indicator	← 104.0	點（2006＝100） 100.5	— 97.0	— 93.0	→

註：1. 除製造業營業氣候測驗點檢查值為點（2006＝100）外，其餘項目則為年變動率。
　　2. 各個別項目除股價指數外均經季節調整。
資料來源：中華民國行政院國家發展委員會網站

INFO 景氣對策信號9項構成指標分別來自何處？

其實景氣對策信號的構成指標，都是既有的經濟或金融指標，並根據當下經濟環境之不同，略有調整，而景氣對策信號自1977年發布以來，歷經1978年、1984年、1989年、1995年、2001年、2007年、2013年、2018年共8次的修訂，構成項目也由原先的12項修訂為目前的9項，資料來源詳述如下表。

景氣對策信號 9 項指標	資料來源
貨幣總計數M1B	中央銀行
股價指數	台灣證券交易所
工業生產指數	經濟部
非農業部門就業人數	主計總處
海關出口值	財政部
機械及電機設備進口值	財政部
製造業銷售量指數	經濟部
批發、零售及餐飲業營業額	經濟部
製造業營業氣候測驗點	台灣經濟研究院

景氣對策燈號的判讀

　　景氣對策燈號的製成概念就像交通號誌，景氣由熱絡到衰退分別以五種燈號表示，當亮出「綠燈」時，表示當下景氣是穩定的；亮出「紅燈」表示景氣熱絡，應該要小心煞車了；亮出「藍燈」表示景氣低迷，最好要設法加速經濟成長步伐；至於「黃紅燈」及「黃藍燈」為注意性燈號，代表須密切觀察之後景氣可能將轉向。

基本判讀

　　從景氣對策燈號的燈號變化，可以了解國內的景氣處在什麼階段，而政府也會依據景氣狀況而做出適當的政策。

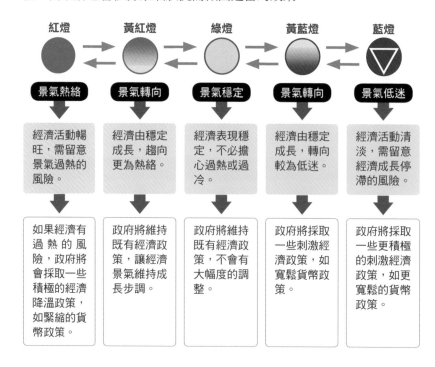

紅燈	黃紅燈	綠燈	黃藍燈	藍燈
景氣熱絡	景氣轉向	景氣穩定	景氣轉向	景氣低迷
經濟活動暢旺，需留意景氣過熱的風險。	經濟由穩定成長，趨向更為熱絡。	經濟表現穩定，不必擔心過熱或過冷。	經濟由穩定成長，轉向較為低迷。	經濟活動清淡，需留意經濟成長停滯的風險。
如果經濟有過熱的風險，政府將會採取一些積極的經濟降溫政策，如緊縮的貨幣政策。	政府將維持既有經濟政策，讓經濟景氣維持成長步調。	政府將維持既有經濟政策，不會有大幅度的調整。	政府將採取一些刺激經濟政策，如寬鬆貨幣政策。	政府將採取一些更積極的刺激經濟政策，如更寬鬆的貨幣政策。

進階判讀

除了觀察景氣對策燈號的變化外，其他諸如分數的起落，各項構成指標的變動，都是進階判讀的要點，掌握了上述幾點，更能夠深入觀察景氣對策燈號所透露出來的訊息。

● 除了「燈號」變化，還要觀察「分數」起落

每月公布一次的景氣對策燈號，有可能燈號都維持不變，但其實綜合判斷分數已悄悄進行變化。所以除了觀察燈號的變化外，還應留意綜合判斷分數的漲跌，同樣是紅燈，分數愈高景氣愈熱絡，反之，同樣是藍燈，分數愈低景氣愈低迷。

解讀景氣燈號時，需一併針對各項構成指標做進一步的評估。觀察時可依照金融面指標和實際面指標的實際增減表現來做判斷，一般來說，金融面指標好轉，大致意味市場信心或投資氣氛好轉（比如說股市走揚），但不一定代表實質經濟表現即刻轉強，而實際面指標因為主要反映經濟活動的熱絡或清淡（比如工業生產指數走強），因此如果指標轉強就代表景氣實質轉好。

■從「景氣對策信號」的構成項目變動做景氣變化的判讀

金融面指標 → 代表金融市場的活絡度與資金動能	
景氣對策信號 9項構成子項目	意義／判讀
綜合判斷分數	代表整體經濟景氣的狀態，分數增加，意味景氣轉好；分數減少，意味景氣轉差。
貨幣總計數M1B	●代表貨幣市場的供應水準。 ●M1B上升代表金融市場中流通資金較豐足，市場消費力可望較強。 ●M1B下降代表金融市場中流通資金較不足，市場消費力可能減少。
股價指數	●反映投資人投資上市上櫃企業的意願與熱度，以及企業獲利的前景。 ●指數增加代表股市持續走揚，反應投資人看好未來景氣。 ●指數減少代表股市持續走弱，反應投資人不看好未來景氣。

實際面指標 → 代表實際經濟情況的變化	
景氣對策信號 9項構成子項目	意義／判讀
工業生產指數	●反應國內工業生產數量的高低。 ●指數增加代表工業生產活動較熱絡。 ●指數減少代表意指工業生產活動較清淡。
非農業部門就業人數	●反映國內就業市場中就業面的好壞水準。 ●指數增加代表非農業部門的企業（比如說服務業、製造業等）看好未來景氣，願意增加雇員使就業人數增加，使得失業率減少。 ●指數減少代表非農業部門的企業較不看好未來景氣，較不願意增加雇員使就業人數減少，使得失業率增加。

景氣對策信號 9項構成子項目	意義／判讀
海關出口值	●代表出口數量高低水準。 ●數值增加代表出口暢旺，景氣熱絡。 ●數值減少代表出口衰退，景氣較清淡。
機械及 電機設備 進口值	●代表機械與電機設備進口的狀況。 ●數值增加代表機械與電機設備市場需求大，進口需求隨之增加，景氣較為看好。 ●數值減少代表機械與電機設備市場需求減少，進口需求也減少，景氣也較為看淡。
製造業 銷售值	●代表製造業銷售狀況與水準。 ●數值增加代表製造業銷售暢旺，景氣熱絡 ●數值減少代表製造業銷售清淡，景氣也較為衰退。
批發、零售及 餐飲業營業額	●代表批發零售及餐飲業的活動熱度，也意味著內需市場的活絡度。 ●數值增加代表內需活動熱絡暢旺、景氣較佳；數值減少代表內需活動清淡、景氣較差。
製造業營業氣候 測驗點	●此指標乃源自於台灣經濟研究院的市場信心調查資料，調查方式主要透過詢問受訪者對景氣看法，從「好轉」、「不變」或「轉壞」擇一選擇，然後台經院再依循一定統計方法，綜合編製而成。 ●此類信心調查資料，直接反映受訪者對景氣看好或看壞的人數多寡，數值愈高，代表看好景氣好轉的人愈多，數值愈低，代表看壞未來景氣的人愈多。

景氣對策燈號搭配其他指標的判讀

　　行政院國發會每月在公布「景氣對策燈號」的同時，也會公布同樣由其編製的「景氣領先指標」與「景氣同時指標」，可搭配研讀與分析，以確定當下景氣狀況，並預測未來景氣變化。

● **景氣對策燈號搭配景氣領先指標**

　　景氣領先指標主要由下面七項指數所構成，用以預測未來景氣之變動，領先反應未來三～六個月的景氣變化：

- ・外銷訂單動向指數
- ・股價指數
- ・製造業營業氣候測驗點
- ・實質貨幣總計數 M1B
- ・建築物開工樓地板面積
- ・實質半導體設備進口值
- ・工業及服務業受僱員工淨進入率

判讀說明

判讀原則：當景氣對策信號趨勢與領先指標發生背離時，須留意下月景氣對策信號
　　　　　是否轉向。

組合判斷：

漲跌分類		漲跌情境	判斷說明
同步上漲	↗	景氣領先指標上漲	意味台灣景氣往上趨勢更為確立。
	↗	景氣對策燈號上漲	
同步下跌	↘	景氣領先指標下跌	意味台灣景氣往下趨勢更為確立。
	↘	景氣對策燈號下跌	
漲跌互見	↗	景氣領先指標上漲	意味台灣景氣成長或衰退態勢較不明確，應持續留意指標後續變化。
	↘	景氣對策燈號下跌	
	↘	景氣領先指標下跌	
	↗	景氣對策燈號上漲	

在觀察景氣對策燈號的綜合分數趨勢時，如果有單獨月份的綜合分數出現過高或過低時，比如，跟前後一個月的分數相比，突然彈升或驟降超過4分之多，該月的數據可以暫時排除忽略，不必放入觀察區間中，因這過高或過低的數據，極有可能與突發事件，比如消息面的利多或利空讓股價陷入大幅波動有關。

● 景氣對策燈號搭配景氣同時指標

景氣同時指標主要由下面七項指數所構成，主要反應當下景氣狀況，可以了解當下的景氣波動與位置：

- ・工業生產指數
- ・製造業銷售量指數
- ・實質海關出口值
- ・批發、零售及餐飲業營業額
- ・實質機械及電機設備進口值
- ・電力(企業)總用電量
- ・非農業部門就業人數

判讀說明

判讀原則：當景氣對策信號趨勢與同時指標發生背離時，須留意下月景氣對策信號是否轉向。

組合判斷：

漲跌分類	漲跌情境	判斷說明
同步上漲	↗ 景氣同時指標上漲 ↗ 景氣對策燈號上漲	意味台灣景氣往上趨勢更為確立。
同步下跌	↘ 景氣同時指標下跌 ↘ 景氣對策燈號下跌	意味台灣景氣往下趨勢更為確立。
漲跌互見	↗ 景氣同時指標上漲 ↘ 景氣對策燈號下跌 ↘ 景氣同時指標下跌 ↗ 景氣對策燈號上漲	意味台灣景氣成長或衰退態勢較不明確，應持續留意指標後續變化。

在觀察景氣對策燈號的循環趨勢時，當分數接近鄰近燈號時，比如說由36分來到37分時，可以視做「紅燈」，或分數由18來到17時，可以視做「藍燈」。在燈號轉換時，分數可以有一分的落差空間，這樣更能反映燈號的變換與景氣趨勢。

景氣對策燈號的活用

景氣對策燈號是判斷台灣景氣位置的常用指標，可以判斷股市、房市的相關投資方向和因應對策。

活用1 由景氣對策信號判斷股市投資方向

由於股市為一國的經濟櫥窗，通常會提前三到六個月反應景氣狀態，因此，股市起落通常與景氣對策信號呈正相關。

● 當景氣對策燈號亮出藍燈時

當經建會公布的景氣對策燈號來到藍燈時，表示景氣的狀況不佳，股市於低檔震盪整理，為逢低買進股票的時點，特別是綜合分數來到接近黃藍燈，比如說15、16分之際，意味景氣狀態較接近「景氣轉向」區，投資比較有機會。

● 當景氣對策燈號亮出黃藍燈時

當景氣對策燈號來到黃藍燈時，由於是表示景氣轉向的注意性燈號，因此需留意後續的綜合分數變化。如果分數持續向上，比如說至少連續三個月都呈現上揚，表示景氣有上揚的趨勢，可以加碼買進；如果分數持續往下，比如說至少連續三個月都呈現下滑，表示景氣有衰退的跡象，應該減碼或出脫手中的持股。

● 當景氣對策燈號亮出綠燈時

當景氣對策燈號來到綠燈時，表示景氣穩定，股市表現也會穩定走揚，手上有股票的投資人持股可以續抱，空手者也可以伺機進場布局。

● 當景氣對策燈號亮出黃紅燈時

當景氣對策燈號來到黃紅燈時，表示景氣轉向，應密切注意後續的綜合分數的增減再做出投資策略的判斷。當綜合分數持續向上時，比如說至少連續三個月都呈現上揚，意味景氣偏過熱，此時應減碼手中的持股；當綜合分數持續往下時，比如說至少連續三個月都呈現下滑，景氣沒有過熱的疑慮，手中的持股可以續抱。

● 當景氣對策燈號亮出紅燈時

當景氣對策燈號來到紅燈時，表示景氣熱絡，股市處於高檔，此時應出脫手中的持股。特別是綜合分數來到紅燈的最高分數，比如說44、45分之際，意味景氣過熱的疑慮較高，股市較可能由高點滑落，應留意獲利了結的賣股時機。

活用2 由景氣對策信號判斷股市投資趨勢

景氣對策燈號能夠判斷台灣景氣的循環位置，同樣也可做為投資房市的參考指標。

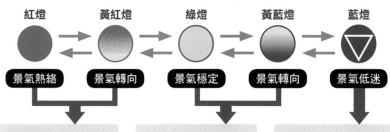

| 紅燈 | 黃紅燈 | 綠燈 | 黃藍燈 | 藍燈 |

景氣熱絡　景氣轉向　景氣穩定　景氣轉向　景氣低迷

當景氣好時，比如景氣對策燈號在綠燈、黃紅燈、甚至紅燈之際，表示景氣熱絡，房價也相對在較高檔的位置，這時投入房市升值空間會相對有限，房市投資客如要進場購置房產，要更為謹慎。

如果景氣對策燈號在綠燈、黃藍燈、藍燈的位置，表示景氣較為低迷，房價也相對在較低檔的位置，這時投入房市升值空間會相對較大，房市投資客如要進場購置房產，則可以較為積極。

景氣低迷時，通常政府會調降利率刺激景氣，房貸利率也同時降低，讓更多人有較高意願以較低利率來買房子，這時房市可能會隨之慢慢增溫，也是一般房市投資客蠻好的進場時機。

美國領先指標（LEI）

　　美國GDP約占全球GDP20%以上的比重，是全球最大的經濟體，加上美元又是全球最主要的流通貨幣，國際進出口、貿易都與美元密切相關，也因此，美國經濟的走向格外受到國際間的關注，而預先反映美國未來三～六個月經濟活動力的領先指標，亦是觀察世界經濟成長與否的關鍵指標之一。

　　美國的領先指標（The Conference Board Leading Economic Index, LEI）是由美國的民間機構「經濟評議委員會（The Conference Board）」所編製公布，是由10項領先指標所構成的綜合指數，主要用來預測未來三～六個月景氣方向、經濟表現好壞，由於構成要素皆為能領先反應經濟狀態的指標，因此，從美國領先指標的增減，更能判斷美國經濟成長或衰退的幅度與速度。

■基本資料

性質	■先行指標　□同期指標　□落後指標
製成國家／機構	美國：經濟評議委員會（The Conference Board）
公布單位／公布日期	每個月的20日前後的周四或周五，公布前一個月的數字。
取得管道	從美國經濟諮商局（The Conference Board）首頁www.conference-board.org點入ECONOMIC INDICATORS專區，即可找到。
重要性	高度　　　　　　適用對象　　所有人

美國領先指標的製成概念與計算方式

　　美國的領先指標主要由10項能夠預先反應景氣動向的領先指標所構成（參見右表），可用來預測美國未來三～六個月的景氣狀況。為因應經濟大環境的變化，美國領先指標10項構成因子，自2012年1月起有所更動，移除了原先的M2貨幣供給額、製造商供應商銷售業績，新增了領先信貸指數、ISM新訂單指數，以求指標能更有效、更快速地反映景氣變化。

■美國領先指標的構成內容

構成指標	說明	資料來源
1 製造業員工平均每週工時 Average weekly hours, manufacturing	●反應就業市場中，勞動力的需求狀態。 ●訂單變多，員工工時便需要增加，表示景氣狀態佳。 ●訂單減少，員工工時便會隨之減少，表示景氣不佳。	就業報告
2 初次請領失業救濟金保險平均每週人數 Average weekly initial claims for unemployment insurance	●反應就業市場中的新增失業人口。 ●失業人口增多，表示景氣變差。 ●失業人口減少，表示景氣變好。	每週初次請領失業救濟金人數
3 製造業新訂單 （消費品、原物料） Manufacturers'new orders, consumer goods and materials	●反應製造業在一般消費品上的訂單狀態。 ●數值增加，表示製造業生意好，景氣轉好。 ●數值減少，表示製造業生意差，景氣差。	工廠訂單
4 製造業新訂單 （非國防耐久財） Manufacturers' new orders, nondefense capital goods excluding aircraft orders	●反應製造業在非國防耐久財上的訂單狀態。 ●數值增加，表示製造業生意好，景氣好。 ●數值減少，表示製造業生意差，景氣差。	工廠訂單
5 ISM新訂單指數 ISM® Index of New Orders	●反應顧客們的新訂單水平。 ●數值超過50，表示前一個月的新訂單數增加，景氣較佳。 ●數值低於50，表示前一個月的新訂單數減少，景氣較差。	美國供應管理協會ISM （Institute for Supply Management）

構成指標	說明	資料來源
6 新建築許可數（新私人住宅） Building permits, new private housing units	● 反應房市榮枯狀態。 ● 數值增加，表示新屋開工量增加，景氣好。 ● 數值減少，表示新屋開工量減少，景氣轉差。	房屋開工報告
7 長短期利差（十年期公債殖利率與聯邦資金利率的差距） Interest rate spread, 10-year Treasury bonds less federal funds	● 反應投資人對未來的信心。 ● 利差擴大，表示投資人看好經濟前景，願意將閒置資金投入資本市場。 ● 利差縮小，表示投資人對經濟前景持謹慎看法，較不願意將閒置資金投入資本市場。	十年期國庫券與聯邦基金之利差
8 消費者對商業現況平均期望 Average consumer expectations for business conditions	● 反應消費者對經濟前景的預期。 ● 數值增加，表示消費者對未來有信心，景氣轉好。 ● 數值減少，表示消費者對未來信心降低，景氣轉差。	密西根大學消費者信心指數、美國經濟評議會（TCB）消費者信心指數
9 領先信貸指數 Leading Credit Index™	● 反應銀行體系貸放市場的冷熱狀況。 ● 數值愈高，表示銀行貸放給企業、家庭、個人的信貸活動愈熱絡，意味景氣愈佳。 ● 數值愈低，表示銀行貸放給企業、家庭、個人的信貸活動愈冷清，意味景氣愈差。	聯邦儲備系統（Federal Reserve）之資金流向報告
10 股價變動（500檔普通股股價） Stock prices, 500 common stocks	● 反應美股投資人對景氣的信心。 ● 指數走高，表示投資人認同未來景氣佳。 ● 指數走跌，表示投資人認為未來景氣不佳。	標準普爾500指數（S&P500指數）

美國領先指標的判讀

　　由於美國領先指標能提前反應美國未來的景氣方向，因此，指標上揚便代表未來三～六個月美國景氣將更趨熱絡；指標下跌則意味未來三～六個月美國景氣將更趨疲弱。

基本判讀

　　美國的經濟好壞影響全球經濟，所以當美國領先指標上漲，不但帶動美國本土的經濟活動暢旺，全球經濟也跟著受惠，進而使美股、美元的表現看好，全球股市表現亦佳。

美國領先指標

未來3～6個月美國經濟將趨熱絡，代表美國經濟好轉

美國經濟活動更趨暢旺，如企業訂單增加、增員加薪，讓國民所得提升，帶動消費市場活絡。

美國本土	全球
對美國市場的進出口貿易活動隨之暢旺，帶動其他國家經濟成長。	對美國市場的進出口貿易活動隨之暢旺，帶動其他國家經濟成長。

結果1

美國經濟表現佳，美元相對強勢，風險性資產如美股表現也會不錯。

結果1

美國經濟表現佳，美國消費市場需求也會更大，出口到美國的貿易生意也會不錯，相關的企業管理者的經營策略也可更積極。

結果2

全球景氣步向繁榮，各國風險性資產如股票表現也會不錯；安全性資產如債券相對較不受青睞。

進階判讀

　　觀察任何一項景氣指標,都不能單以個別月份的表現來判斷景氣走向,而需要觀察一段期間如連續三個月上揚或下跌,才能視為「**趨勢**」成立。因此,通常觀察領先指標連續三個月下降時,則可預知經濟即將進入衰退期;同樣地,若領先指標連續三個月上升,則表示經濟即將步入繁榮或持續榮景。

進階判讀1〈 當美國領先指標連續三個月以上上漲時

　　美國領先指標持續(至少連續三個月)走揚,意味美國景氣熱度上揚,連續走揚的時間愈久、幅度愈大,表示景氣熱絡趨勢愈明確,企業獲利也更為增長、資金流入態勢也更為明顯,對美股與美元都是一大利多;資金在逐漸轉向風險性資產之際,美債表現則相對會較為有限,建議可以增加美股、美元的投資,減少美債的投資。

美國景氣熱度上揚

美國領先指標持續 三個月以上走揚 ➔ 對美股與美元 都是一大利多 ➔ 因美股和美元表現良好,資金會逐漸轉向美股和美元等風險性資產

進階判讀2〈 當美國領先指標連續三個月以上下跌時

　　美國領先指標持續三個月以上下滑時,意味美國景氣熱度下滑,連續走跌的時間愈久、幅度愈大,意味景氣走緩趨勢愈加確立,企業獲利表現會更差甚至虧損,資金也會明顯流出,對美股與美元都是一大利空;資金在逐漸轉向安全性資產之際,美債表現則相對會較佳,建議可以減少美股、美元的投資,增加美債的投資。

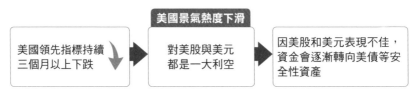

美國景氣熱度下滑

美國領先指標持續 三個月以上下跌 ➔ 對美股與美元 都是一大利空 ➔ 因美股和美元表現不佳,資金會逐漸轉向美債等安全性資產

進階判讀3　除了整體領先指標，也需觀察構成內容的表現

　　美國領先指標由十項子指標所組成，由於每一項都有其「領先意義」，也因此，我們在觀察美國「領先指標」整體增減變化時，也可由各子項目的消長變化，來判斷美國景氣的位置，以及究竟當月是因為哪些子項目造成整體分數的起落。

　　比如說，2019年8月的美國領先指標月增率持平不變，但其中的建築許可、領先信貸指數、製造業工時是成長的，但製造業訂單與長短期利差則是滑落的，一增一減後，就呈現持平的表現。

INFO 美國領先指標表現超乎市場預期，將影響股市表現

美國領先指標是相當重要的國際性經濟指標，市場分析師或經濟研究單位，會定期追蹤並預估下一期的美國領先指標數字，做為企業決策者或投資人在做投資決定時的參考。

由於市場會參考這些預估數字提早因應（比如提早投入股市或賣出股票，使股市先行反應，提早走揚或下跌），因此，當美國領先指標公布表現優於市場預期時，股市常會反應此利多而走揚；當美國領先指標公布表現劣於市場預期時，股市也常會反應此利空而下跌。於是，除了等待美國領先指標的公布並觀察其趨勢變化之外，也可蒐集市場分析師預估的領先指標數字做參考。

通常財經媒體在公布當月美國領先指標時，都會同時報導各研究單位對美國領先指標的預測，說明當月結果是比市場預期佳或差，同時說明之間的幅度與差距，所以透過媒體的報導，就可以知道最新美國領先指標比市場預期的狀況與差距。

美國領先指標搭配其他指標的判讀

　　由於不少國家也編製了自己的領先指標，可以一起分析、判斷走向，如此更能確定景氣發展趨勢。當領先指標均同步上揚時，可確立全球景氣上揚趨勢成立，若發生不同步的情況，則景氣成長或衰退的情形未擴及該國或該區域。以下列出較常見的「日本景氣領先指標」與「歐元區景氣領先指標」，可用來預測日本與歐洲經濟體的景氣復甦狀況。

● 美國領先指標搭配日本景氣領先指標

　　將美國領先指標和日本景氣領先指標一起搭配判讀，可同步觀察未來日本景氣變化。

判讀說明

判讀原則：如領先指標均同步，即表示全球景氣趨勢確立；如不同步，則表示成長或衰退的情況仍未擴及日本的景氣表現。

組合判斷：

漲跌分類		漲跌情境	判斷說明
同步上漲	↗	日本景氣領先指標上漲	顯示日本、美國經濟均呈現復甦，美、日景氣上漲趨勢確立。
	↗	美國領先指標上漲	
同步下跌	↘	日本景氣領先指標上漲	顯示美國、日本景氣均呈現衰退，美、日景氣下跌趨勢確立。
	↘	美國領先指標下跌	
漲跌互見	↗	日本景氣領先指標上漲	顯示日本景氣復甦，美國景氣仍陷低迷，景氣成長情形未擴及美國。
	↘	美國領先指標下跌	
	↘	日本景氣領先指標下跌	顯示日本景氣下跌，日本景氣仍陷低迷，美國景氣成長情形未擴及日本。
	↗	美國領先指標上漲	

● 美國領先指標搭配歐元區景氣領先指標

　　將美國領先指標和歐元區景氣領先指標一起搭配判讀，可同步觀察歐元區經濟未來景氣變化。

判讀說明

判讀原則：如領先指標均同步，即表示全球景氣趨勢確立；如不同步，則表示成長或衰退的情況仍未擴及歐元區的景氣表現。

組合判斷：

漲跌分類	漲跌情境		判斷說明
同步上漲	↗	歐元區景氣領先指標上漲	顯示歐元區、美國經濟均呈現復甦，全球景氣上漲趨勢確立。
	↗	美國領先指標上漲	
同步下跌	↘	歐元區景氣領先指標下跌	顯示歐元區、美國景氣均呈現衰退，全球景氣下跌趨勢確立。
	↘	美國領先指標下跌	
漲跌互見	↗	歐元區景氣領先指標上漲	顯示歐元區景氣復甦，美國景氣仍陷低迷，景氣成長情形未擴及美國。
	↘	美國領先指標下跌	
	↘	歐元區景氣領先指標下跌	顯示歐元區景氣下跌，歐元區景氣仍陷低迷，美國景氣成長情形未擴及歐元區。
	↗	美國領先指標上漲	

查詢各國領先指標數據：

從鉅亨網 www.cnyes.com 首頁，找到「指標」專區，當中便可找到各國的重要經濟數據資料。

美國領先指標的判讀

美國領先指標可以提早反應美國景氣的榮枯,而美國景氣好壞又跟美股、美元等投資表現直接相關,因此,投資者可參考美國領先指標的趨勢,對各項投資做出更精準地判斷。

活用1 由美國領先指標高低峰,判斷美國景氣高低峰

由於領先指標不時起起落落,較難精確判斷其趨勢變化,也因此,經濟評議委員會(The Conference Board)提出了「3D法則」,較能精確預期未來趨勢。3D法則是從領先指標持續上升或下降的時間(Duration)、擴散度(Diffusion)與深度(Depth)這三個面向來判斷美國景氣的表現。

簡單來說,美國領先指標如果在最近六個月內多呈上升(Duration、持續時間)且升幅達1～2%(Depth、深度),並且一半以上的構成指標亦走揚(Diffusion、擴散度),當3D的條件都符合上升趨勢時,領先指標的谷底應已發生,未來數月內經濟開始成長的可能性極大。

由3D法則看景氣復甦條件	
美國領先指標如果在最近六個月內多呈上升	持續時間(Duration)↑
美國領先指標升幅達1～2%	深度(Depth)↑
美國領先指標一半以上的構成項目亦呈上升	擴散度(Diffusion)↑

同樣地,美國領先指標如果在最近六個月內多呈下降(Duration、持續時間)且降幅達1～2%(Depth、深度),並且一半以上的構成指標亦下滑(Diffusion、擴散度),當3D的條件都符合下滑趨勢時,領先指標的高峰應已發生,未來數月內經濟開始衰退的可能性增大。

由3D法則看景氣衰退條件	
美國領先指標如果在最近六個月內多呈下降	持續時間(Duration)↓
美國領先指標降幅達1～2%	深度(Depth)↓
美國領先指標一半以上的構成項目亦呈下降	擴散度(Diffusion)↓

活用2〈 由美國領先指標高低峰，判斷美股高低峰

　　由於股市通常會提前六個月反應景氣變化，而美國領先指標則是提前反應三～六個月的美國景氣榮枯，因此，美股的高峰或谷底，也可由美國領先指標的起落來判斷。當美國領先指標的高峰出現時（比如美國領先指標連續上揚後隨之滑落所出現的相對高峰位置），便可預期美股也將有類似的走勢表現，此時可以減少對美股的投資量。而當美國領先指標連續滑落後出現走揚，便可預期美股也將有類似的走勢表現，這時，投資人可以逢低布局美股。

領先指標的相對高峰，表示美股也處在相對高檔的位置。

美國領先指標提前反應3～6月的美國景氣榮枯，因此，美股也會呈現相對高檔。

美股呈現相對高檔，未來將會有一波跌勢，投資人應及早因應。

領先指標的相對低檔，表示美股也處在相對低檔的位置。

美國領先指標提前反應3～6月的美國景氣榮枯，因此，美股也會呈現相對低檔。

美股呈現相對低檔，未來將會有一波漲勢，投資人應及早因應。

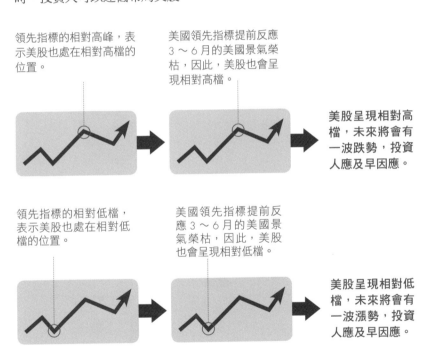

活用3 ⟮ 美國領先指標起落影響台灣經濟

美國領先指標的上升下跌，意味美國景氣將在未來走升或衰退。由於美國是台灣相當重要的出口國，美國景氣好、消費暢旺、廠商訂單也會增加，台灣出口到美國的貿易量也可望增加，對於出口占GDP比重甚高的台灣而言，整體經濟表現也可望受到出口暢旺所提振而有更好的表現。

若美國景氣不佳，消費低迷、廠商訂單也會同步減少，台灣出口到美國的貿易量也隨之減少，對於出口貢獻GDP甚多的台灣經濟體而言，整體景氣表現也會受到出口表現不佳的拖累，呈現較為低迷的狀態。

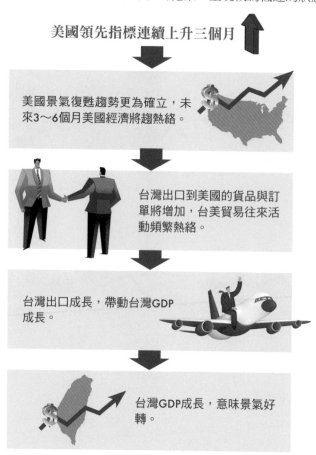

美國領先指標連續上升三個月

美國景氣復甦趨勢更為確立，未來3～6個月美國經濟將趨熱絡。

台灣出口到美國的貨品與訂單將增加，台美貿易往來活動頻繁熱絡。

台灣出口成長，帶動台灣GDP成長。

台灣GDP成長，意味景氣好轉。

OECD綜合領先指標（CLI）

　　OECD綜合領先指標（OECD composite leading indicators,CLI）是由法國、英國、德國和日本等34個主要已開發國家共同參與的「經濟合作與發展組織（OECD）」，每月定期發布綜合領先指標。該指標按照一定標準（如反應經濟活動的有效性、時效性等），將各國各領域的指標數據（如製造業新訂單、貨幣供給、製造業每週工作工時等，共224個指標）合成構建而成，由於這些指標乃根據各國經濟活動的特性特別挑出計算，而且定期追蹤有效性，因此更能準確地提前預測這些已發展國家的經濟發展情況。此外，OECD會員國占全球國內生產毛額（GDP）的三分之二，也就是說，OECD國家的經濟榮枯幾乎等同於世界景氣狀態，儘管一些國家已有自己的領先指標，但OECD綜合領先指標極具國際聲望，是非常重要的參考指標。

　　由於OECD綜合領先指標可以判斷全球景氣狀態，只要全球景氣好，意味台灣出口市場也會相對繁榮，對台灣的出口市場以及內需消費、投資信心等也會有相當提振，因此也可以間接判斷對台灣景氣與市場信心的影響。

■基本資料

性質	■先行指標　□同期指標　□落後指標
製成國家／機構	經濟合作與發展組織（OECD）
公布單位／公布日期	每個月8～12日前後發布數據，報告兩個月前的活動。（例如，4月中發布2月的領先指標。）
取得管道	OECD首頁www.oecd.org，找到「DATA」專區，即可找到Leading indicators and tendency surveys。
重要性	高度
適用對象	所有人

OECD綜合領先指標的製成概念與計算方式

　　OECD的綜合領先指標，是編制自34個成員國的一系列具有明顯領先特性、能反應未來景氣活動與轉折點的經濟指標（比如說製造業訂單、股價表現、貨幣供給、消費者信心指標等）。其中每個國家分配組合的經濟數據不盡相同，主要乃由OECD根據一國的經濟重要性、景氣循環特性、經濟數據的品質、時效與有效性，來分配計算。

OECD綜合領先指標是怎麼計算出來的？

計算範圍	以法、英、德、美、加、日、義為首的34成員國。
構成指標	每個國家取最代表性的5～10個指標，共約200個購成指標計算所得。
計算方式	依據代表性、時效性、可取得性、有效性等考量因素，從個別國家挑出5～10個觀察指標如耐久財新訂單、當地股價表現、製造業每週工時、貨幣供給等，加以加權、累計編製而成。

INFO 查詢OECD綜合領先指標的主要構成內容

①從OECD首頁www.oecd.org，點選下方Data專區，再點入Leading indicators and tendency surveys專區，就可查到Composite Leading Indicators (CLIs)的相關資料。

②或直接開啟以下連結，就可以看到各個成員國的構成指標內容。www.oecd.org/std/leading-indicators/CLI-components-and-turning-points.pdf

OECD綜合領先指標的判讀

OECD綜合領先指標能提早反應成員國的經濟趨勢，當OECD組成會員國家未來景氣看俏，全球景氣表現應也不弱，投資機會大為提升；當OECD組成會員國家未來景氣看弱，全球景氣表現應也會受到影響而走弱，投資機會大為降低。

基本判讀

OECD綜合領先指標可以觀察景氣的好壞趨勢，在做判讀時，可從兩個方面觀察，一是持續的時間點，二是數值是否有超過100。

基本判讀1　當OECD綜合領先指標持續上揚時

OECD綜合領先指標的編製，以數值100為觀察景氣長期趨勢的基準點。當指數走揚破百，代表已超過長期趨勢，可解釋經濟步入復甦；因此，當綜合指標持續上揚至少三個月但未超過100，代表成員國呈現景氣復甦階段；當綜合指標持續上揚至少三個月且超過100，代表成員國景氣呈現擴張階段。

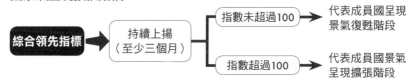

基本判讀2　當OECD綜合領先指標持續下跌時

當綜合領先指標持續下滑至少三個月但仍維持100以上，代表指數尚未跌破長期趨勢，成員國景氣處於衰退階段；當綜合指標持續下滑至少三個月且跌落100以下，代表指數跌破長期趨勢，成員國景氣處於低迷階段。

進階判讀

由於OECD綜合領先指標是根據34個多數為已開發國家的成員國的經濟活動特性來計算，其會員國占全球國內生產毛額的三分之二，極具重要參考價值。因此，當OECD綜合領先指標持續上揚或下跌一段時間時，也會影響全球各地的經濟活動與投資。

進階判讀1 (**OECD綜合領先指標持續上漲時的投資方向**

當OECD綜合指標持續上揚至少一季以上時，這時，已形成一個趨勢，這時可看做全球景氣熱絡，受此影響，股市同步或提前走揚，這時，投資人在投資的配置上，可增加各地風險性資產如股票的投資，減少安全性資產如債券的投資。

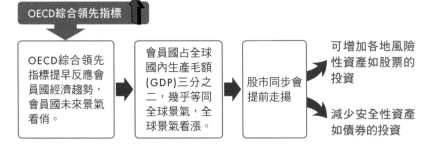

進階判讀2 (**當OECD綜合領先指數持續下滑時的投資方向**

當OECD綜合指標持續下滑至少一季以上時，代表OECD會員國家的經濟呈現衰退現象，全球景氣低迷，受此影響下，股市同步或提前下滑，這時，投資人在投資的配置上，應減少各地風險性資產如股票的投資，增加安全性資產如債券的投資。

OECD綜合領先指標搭配其他指標的判讀

OECD每月除了公布綜合領先指標、各國領先指標，亦會編製並公布各國的企業趨勢調查指數，以及消費者意見調查指數，能更深入展現各國景氣狀態與對未來趨勢看法，可以搭配判讀更確立景氣方向。

● OECD綜合領先指標搭配OECD企業趨勢調查指數

OECD企業趨勢調查指數（Business Tendency Surveys）能充分反應成員國企業主對未來景氣榮枯的看法與信心程度。

判讀說明

判讀原則：與 OECD 各國的領先指標一起判讀，看對景氣看法是否同向，以更加確定各國景氣位置與趨勢。

組合判斷：

漲跌分類	漲跌情境	判斷說明
同步上漲	↗ OECD企業趨勢調查指標上漲 ↗ OECD綜合領先指標上漲	OECD國家景氣往上趨勢更為確立。
同步下跌	↘ OECD企業趨勢調查指標下跌 ↘ OECD綜合領先指標下跌	OECD國家景氣往下趨勢更為確立。
漲跌互見	↗ OECD企業趨勢調查指標上漲 ↘ OECD綜合領先指標下跌 ↘ OECD企業趨勢調查指標下跌 ↗ OECD綜合領先指標上漲	意味OECD國家景氣成長或衰退態勢較不明確，應持續留意指標後續變化。

查詢 OECD 企業趨勢調查指數：
從 OECD 首頁 www.oecd.org，點選下方 Data 專區，再點入 Leading indicators and tendency surveys 專區，就可找到 Business tendency surveys (BTS) 的相關資料。

● **OECD綜合領先指標搭配OECD消費者意見調查指數**

OECD消費者意見調查指數（Consumer Opinion Surveys）能充分反應成員國消費者對未來景氣榮枯的看法與信心程度。

判讀說明

判讀原則：與 OECD 各國的領先指標一起判讀，看對景氣看法是否同向，以更加確定各國景氣位置與趨勢。

組合判斷：

漲跌分類	漲跌情境	判斷說明
同步上漲	↗ OECD消費者意見調查指數上漲	OECD國家景氣往上趨勢更為確立。
	↗ OECD綜合領先指標上漲	
同步下跌	↘ OECD消費者意見調查指數下跌	OECD國家景氣往下趨勢更為確立。
	↘ OECD綜合領先指標下跌	
漲跌互見	↗ OECD消費者意見調查指數上漲	意味OECD國家景氣成長或衰退態勢較不明確，應持續留意指標後續變化。
	↘ OECD綜合領先指標下跌	
	↘ OECD消費者意見調查指數下跌	
	↗ OECD綜合領先指標上漲	

查詢 OECD 消費者意見調查指數：
從 OECD 首頁 www.oecd.org，點選下方 Data 專區，再點入 Leading indicators and tendency surveys 專區，就可找到 Consumer opinion surveys 的相關資料。

OECD綜合領先指標的活用

OECD綜合領先指標因為能較準確地判斷成員國的景氣轉折點，每月持續觀察該指標的走勢變化，加以活用分析，對自己的投資決策有很大的參考價值。

活用1〔 由OECD綜合領先指標的轉折點，判斷未來景氣變化

根據過去經驗，OECD綜合領先指標通常能成功領先反應OECD會員國的未來景氣與經濟活動狀態，當領先指標起升後，經濟活動隨後也邁入復甦成長；當領先指標下滑後，經濟活動隨後也步入衰退。

因此，一旦OECD綜合領先指標由谷底反轉向上，或由高檔反轉向下，企業經營者便需留意，未來不久景氣將有極高機率反轉，相關因應措施也必須開始準備了。比如，OECD綜合領先指標由谷底反轉向上，意味OECD成員國景氣好轉，對當地市場的投資可以較積極；OECD綜合領先指標由高檔反轉向下，意味OECD成員國景氣轉差，對當地市場的投資則應該較為謹慎。

活用2〔 由OECD綜合領先指標的轉折點，決定投資策略

以過去20年的OECD綜合領先指標來看，每當指標落底翻揚後，成員國通常能維持1年至1年半左右的景氣榮景。

對風險性資產如股市的投資者來說，當OECD綜合領先指標落底時低接布局，通常獲利空間也相當不錯；當OECD綜合領先指標由高檔回落時，對當地股市的布局也應盡快退場。

相對而言，對安全性資產如債市的投資者來說，當OECD綜合領先指標落底走揚時，表示景氣將好轉，債券等安全性資產獲利空間也會相當受抑，可減少投資；當OECD綜合領先指標由高檔回落時，表示景氣轉差，資金將湧入安全性資產，債市的投資機會較佳，可伺機布局。

褐皮書

　　褐皮書（Beige Book）是聯準會（FED）轄下12個區域銀行，針對經濟現況所做的調查報告，此報告詳細揭露了美國各產業、各部門的經濟活動狀況，雖然在時效上是較為落後的報告，但由於報告內容是聯邦公開市場委員會（FOMC）貨幣決策的重要參考報告，而美國的升降息決策，將直接影響美股、美元、甚至國際資金的流向，也因此，褐皮書報告格外受到國際矚目。

■基本資料

性質	□先行指標　□同期指標　■落後指標
製成國家／機構	美國聯準會（FED）
公布單位／公布日期	聯邦公開市場委員會（FOMC）會議的前二週之週三
取得管道	美國聯準會首頁www.federalreserve.gov，進入MonetaryPolicy專區，再從Report專區，找到Beige Book，即可閱讀或下載相關報告。
重要性	高度　　　　　　適用對象　　所有人

美國聯準會褐皮書的製成概念與計算方式

　　美國褐皮書報告正式名稱為「經濟現況調查報告」（Summary of Commentary on Current Economic Conditions），由美國聯準會轄下聯邦準備銀行（Federal Reserve Bank）每年發布八次。內容是由12個聯邦銀行搜集各自分行所呈報管轄區域的經濟情況與現狀之後，再經過與重要企業主、經濟學者、市場專家的面談，最後敲定各區與各產業的內容，並匯總總論報告，集結成褐皮書。

　　內容包括商品價格、薪水、勞動市場、自然資源產業、農業、銀行業務和財務、房地產和建築、製造業、消費者消費活動等的現況報告，比如說零售銷售走揚或是旅遊支出增加等，藉此判斷美國的經濟活動力。由於FOMC會參考這份報告結果決策，特別是利率決策的方向，因此，褐皮書的內容特別具參考價值。

褐皮書的判讀

由聯準會主導調查的褐皮書內容會根據調查結果,總結美國整體的經濟情勢,同時會直接揭露經濟狀況與前月相較,是更好或更差,以及重要產業類別如零售業、金融服務業、地產業等表現狀況。

基本判讀

由於美國消費市場的榮枯將直接影響全球各地的貿易活動,美國景氣轉好、持平、或轉差,都會連帶影響全球景氣的表現,企業經營者或投資人可參考這報告,做出最適當的決策。

進階判讀

由於美國景氣跟全球景氣連動密切,也因此,美國景氣好轉,代表全球景氣也將跟著好轉,投資動作上也可以更為積極。

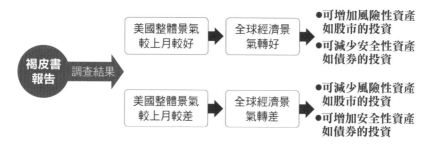

褐皮書搭配其他指標的判讀

　　褐皮書內容為FOMC進行貨幣決策的主要參考依據，而FOMC在褐皮書公布後兩週便會召開會議針對美國經濟情勢、展望與貨幣政策做出分析與決策，兩者搭配解讀，更能精確掌握美國經濟走勢。

● 褐皮書搭配FOMC會議內容

　　FOMC會議召開後，FOMC會對外公布委員會開會的討論內容，當中最重要的便是會議記錄中記載著委員們對美國景氣的最新看法。

判讀說明

判讀原則：可與最新的褐皮書內容對照分析，如兩者對美國景氣看法一致，則美國景氣走向應更可確立。

組合判斷：

漲跌分類	漲跌情境	判斷說明
同步上漲	↗ FOMC會議內容對美國景氣看法樂觀	意味美國景氣往上趨勢更為確立。
	↗ 褐皮書內容對美國景氣看法樂觀	
同步下跌	↘ 會議內容對美國景氣看法悲觀	意味美國景氣往下趨勢更為確立。
	↘ 褐皮書內容對美國景氣看法悲觀	
漲跌互見	↗ FOMC會議內容對美國景氣看法樂觀	意味美國景氣成長或衰退態勢較不明確，應持續留意指標後續變化。
	↘ 褐皮書內容對美國景氣看法悲觀	
	↘ FOMC會議內容對美國景氣看法悲觀	
	↗ 褐皮書內容對美國景氣看法樂觀	

查詢 FOMC 會議內容：
美國聯準會首頁 www.federalreserve.gov，進入 MonetaryPolicy 專區，再從 Federal Open Market Committee 專區，即可查閱相關會議內容。

褐皮書的活用

褐皮書內容因為是美國12大聯邦銀行實地訪談調查而得，藉該報告能更深入了解美國經濟表現，進一步掌握對美國的投資機會。

活用1〈 從褐皮書公布之後的美股表現，觀察市場心態

在褐皮書公布之後，通常市場會對聯準會利率政策有所預期，一旦出現美股上揚、美元下滑，或美債價格走揚的情形時，即表示市場預期聯準會降息在即，聯準會將提供寬鬆貨幣政策刺激景氣，可增加風險性資產如美股的投資比重。

相反地，一旦美股走跌、美元走強或美債價格下滑時，即表示市場預期聯準會升息在即，聯準會將以緊縮的貨幣政策使景氣復甦轉趨穩定，可減少風險性資產如美股的投資比重。

褐皮書公布後

美股	意味市場期待聯準會將降息有利提振景氣與企業獲利，投資信心增加，美股因而走升。
美元	意味市場期待聯準會將降息，持有美元收益下滑，美元因而走弱。
美債	意味市場期待聯準會將降息，債券價格提前反應而上升。

說明 意味美國景氣將因低利率政策逐漸好轉。

建議 可增加風險性資產如美股的投資比重。

褐皮書公布後	
美股 ↓	意味市場期待聯準會將升息預防景氣過熱與通膨，投資信心也將受到影響，美股因而走弱。
美元	意味市場期待聯準會將升息，持有美元收益增加，美元因而走強。
美債 ↓	意味市場期待聯準會將升息，債券價格提前反應而下滑。

說明 意味美國景氣將因升息政策而使經濟成長趨緩。

建議 可降低風險性資產如美股的投資比重。

活用2 從褐皮書公布內容，找尋美國其他投資機會

褐皮書中針對美國各個產業如金融、地產、零售等的業績、訂單狀態，有相當詳盡的觀察與分析，比如「銀行借貸活動明顯回溫」、「住宅地產銷售稍見回溫」、「製造業訂單數量減少」等等。對於美國市場如股市、房市有興趣者，投資前可由此報告一窺美國產業景氣動態，做出較佳的投資決策，比如增加美國金融股投資或減少美國房地產投資等。

活用3 了解美國工商界對景氣的看法

褐皮書涵蓋了各工商界企業主對未來景氣的看法與預期，由於工商界人士能從自己的訂單和銷量表現即時感受到美國的景氣狀態，因此，他們的看法極具參考價值。若工商業對未來展望抱持著「積極樂觀」的看法，可預期美國經濟活動極有可能往「樂觀」的方向走去，若他們的未來展望是持平，或保守悲觀，企業經營者或投資人也可提早因應，對美國採取較積極或謹慎的策略。

活用4 預測FOMC利率決策方向

在褐皮書公布之後，國際間重要經濟研究單位或銀行證券等金融機構，即會針對褐皮書報告內容，進行解讀與分析，並進一步揣測聯邦公開市場委員會（FOMC）下一步的利率政策方向。當褐皮書報告表示美國的景氣狀況較上月為佳時，因為政府不必再積極使用貨幣政策刺激景氣，因此，可以預期FOMC維持不變或緊縮的貨幣政策的機率比較大；當報告顯示美國的景氣較上月差，為了更積極刺激景氣，FOMC採取寬鬆貨幣政策的機率則會比較大。

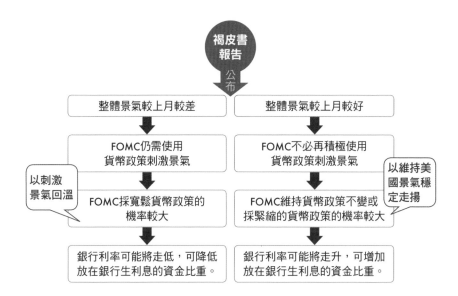

褐皮書報告 公布

| 整體景氣較上月較差 | 整體景氣較上月較好 |

FOMC仍需使用貨幣政策刺激景氣　｜　FOMC不必再積極使用貨幣政策刺激景氣

以刺激景氣回溫

以維持美國景氣穩定走揚

FOMC採寬鬆貨幣政策的機率較大　｜　FOMC維持貨幣政策不變或採緊縮的貨幣政策的機率較大

銀行利率可能將走低，可降低放在銀行生利息的資金比重。　｜　銀行利率可能將走升，可增加放在銀行生利息的資金比重。

INFO 查詢各國央行利率政策動向

從鉅亨網www.cnyes.com首頁，找到「全球市場」專區，再點入「全球央行」，可以查到主要國家目前的利率水準，藉此掌握各國利率高低與資金環境的鬆緊；或可從「經濟指標預告」中，查詢各國央行會議時間，掌握最新利率政策動向。

產業指標

　　想要清楚一個國家的景氣好壞,觀察其各大產業的榮枯,便能掌握大概。製造業與商業／服務業,貢獻了一國絕大部分的經濟成長,只要製造業接單暢旺、商業、服務業熱絡,意味整體經濟環境大好;而購屋是人生大事,同時也會帶動家具、裝潢等耐久財需求,因此,也必須關注房地產景氣動向。關心自己荷包與投資市場的讀者,不能不去仔細了解各大產業相關指標的意義與觀察重點。

本篇教你

- ☑ 影響製造業、地產業榮枯的重要指標有哪些？觀察竅門為何？
- ☑ 影響商業、服務業榮枯的重要指標有哪些？觀察竅門為何？
- ☑ 如何利用各產業指標預測景氣趨勢？
- ☑ 如何活用各產業指標來輔助投資決策？

什麼是產業指標？

　　在主要工業國家，製造業與商業／服務業可說是一國經濟成長的主要動力來源，房地產業更是反應一國景氣榮枯的重點產業，因此，政府與研究單位編製相關的產業指標，來觀察這些產業的活動狀態，一方面可預測經濟景氣的趨勢與方向，一方面用來做為經濟決策的參考依據。民眾可以透過這些產業指標的公布，或是媒體的相關報導，一探國家的景氣位階與狀態。

認識製造業與地產相關指標

工業生產指數
衡量一國「工業生產」總量的指標，以觀察一國的工業活動的冷熱程度。
參見P79

耐久財訂單
意指「使用壽命超過三年的商品的新訂單狀況」，通常也被視為製造業景氣好壞的領先指標。 **參見P88**

SEMI北美半導體B／B值
北美地區半導體設備商「接獲的未來訂單」與「實際出貨」兩者總金額的比例，常被視為觀察全球半導體產業與科技產業榮枯的重要指標。
參見P95

ISM製造業與非製造業指數
反應美國製造業與非製造業者的經濟活動冷熱程度，常被視為重要的美國景氣領先指標。
參見P103

零售銷售
意指零售業的銷售金額增減。由於美國消費占經濟成長比重高達約七成，而零售業更是其中的大宗。此指標可說是觀察美國消費市場與整體景氣好壞最具代表性的指標之一。
參見P114

房屋開工
意指當月該地區新屋開始整地、動工、興建的總戶數，直接透露著當地房地產業成長或衰退狀態。
參見P121

成屋銷售
反應當地成屋的銷售狀況，亦是反應一國房地產景氣狀態的重要指標。
參見P128

製造業──工業生產指數（IP）

工業生產指數（Industrial Production, IP）是衡量一國「工業生產」總量的指標，主要是由編製單位將具代表性的工業的生產總量加總計算編成指數，來觀察這個國家的工業活動是熱絡還是冷清。由於工業活動占一國經濟活動有相當比重，也因此可以當做判斷一國經濟景氣榮枯的指標之一。

多數國家的經濟研究單位都會編製自己的「工業生產指數」，其中以美國的「工業生產指數」最受世界矚目，主要由於美國為全球最重要的經濟體，其經濟與景氣動向將牽動其他國家經濟表現。至於台灣的「工業生產指數」則可直接觀察台灣的工業活動與經濟動向，也值得大家多留意。以下則主要針對美國與台灣的「工業生產指數」做說明。

■基本資料

性質	■先行指標　□同期指標　□落後指標
製成國家／機構	●台灣：經濟部統計處 ●美國：聯準會（Federal Reserve Board）
公布單位／ 公布日期	●台灣：每月23日（逢例假日順延）公布前一個月的數值。 ●美國：美國聯準會／每月月中公布上一個月的數據。
取得管道	●進入台灣經濟部統計處首頁www.moea.gov.tw/MNS/dos/home/Home.aspx 從【本月統計發布】，找到【工業生產】，點入即可瀏覽各期【工業生產統計】相關資訊與檔案。 ●進入美國聯準會首頁www.federalreserve.gov，從【Data】點入，找到【Industrial Production and Capacity Utilization - G.17】點入，即可查詢相關資訊。
重要性	高度
適用對象	關心各國經濟、景氣與工業活動變化者

工業生產指數的製成概念與計算方式

工業生產指數是由一國的「工業生產」總量加總計算，藉此研判工業生產的產量變化，藉此觀察一國景氣的榮枯。每個國家「工業生產指數」的編製方式會依各個國家實際的情況來編製，通常在抽樣調查的產業別上會有些差異，或是公布時的分類方式有些不同，但主要精神都是要明確反應一國主要工業類別的產出狀況。以下以台灣和美國的工業生產指數做說明。

● 台灣「工業生產指數」製成概念

台灣「工業生產指數」主要反映台灣主要工業的產銷量變動狀況，由台灣經濟部統計處依照台灣地區當下的工業生產結構，選取最具有重要性、代表性、領導性及策略性的產品，分別調查「各月之生產量、國內外進貨量、自用量、內外銷量值、存貨量及生產量變動原因」等，主要調查對象為「在台閩地區從事礦業及土石採取業、製造業（領有工廠登記證者）、電力及燃氣供應業及用水供應業等四大行業之企業單位」，最後調查結果分別按照「工業生產、銷售、存貨」等三大部分加以統計。

● 美國「工業生產指數」製成概念

美國「工業生產指數」主要由聯準會調查計算美國製造業、礦業、公用事業等三大類工業的實際產出數量、加總起來所編製而成的指數，主要受調查的單位除了企業，也包含產業協會。工業生產指數除了公布總指數（Total IP），另外又以「市場（MARKET GROUP）」與「產業（INDUSTRY GROUP）」分類方式，分別公布「成品、非工業供應鏈、原物料」與「製造業、礦業、公用事業」等子指數。

工業生產指數的判讀

工業生產指數可顯示該國的工業生產總量的增減變化，進而判斷國內景氣的榮枯。工業生產指數的編製，通常會以某一年為比較基準，將基準年設為100編製成指數，由最新工業生產指數是大於100或小於100，進一步判斷目前國內的工業生產狀況是呈現成長或衰退。此外，將工業生產指數與前期、去年同期，甚至近年數值相比較，以及數值表現是否符合市場預期，綜合判斷下，更能掌握當下工業生產的榮枯狀態。

基本判讀

由於工業生產指數主要如實反應工業生產總量的增減，做判讀時，可從和前期或去年同期做比較，從中看出產量是增加或減少，藉此初步判斷該國的工業生產是更加活絡或是更加蕭條。

基本判讀1　當工業生產指數較前期或去年同期增長時

做工業生產指數的判讀時，可先從時間為判讀點，比較本期與上一期，或去年同期的變動幅度，來判斷工業與製造業的生產活動狀況。當工業生產指數較前期或去年同期增長時，表示國內的工業生產活動呈現擴張情形。

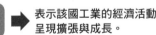

工業生產指數較前期（前一月）或去年同期上漲 ➡ 表示該國工業的經濟活動呈現擴張與成長。

基本判讀2　當工業生產指數較前期或去年同期減少時

同基本判讀1，比較本期與上一期，或去年同期的變動幅度，當工業產指數較前期或去年同時減少時，表示國內的工業生產活動呈現緊縮與衰退狀況。

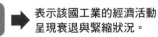

工業生產指數較前期（前一月）或去年同期下跌 ➡ 表示該國工業的經濟活動呈現衰退與緊縮狀況。

CAUTION!

進階判讀

　　由於工業生產總值每月間的數值波動幅度較大，我們亦可從工業生產指數報告或新聞稿觀察幾個要點，一、最新指數的漲跌幅較市場預期要好還是較差？二、指數的趨勢，是連續幾個月呈現上升或下跌的現象？三、指數是否創下近月或近年的新高與新低？藉由三要點即可綜合計分，進一步判斷當月的工業生產活動的榮枯狀態。

進階判讀1〔 **判讀當月工業生產活動榮枯**

　　透過三大步驟綜合觀察工業生產指數的表現，予以給分，分數愈高，意味工業生產狀況愈繁榮；分數愈低，意味工業生產狀況愈不佳。

步驟		情況	得分
Step1	將工業生產指數和市場預期相比	當指數上漲幅度較市場預期為大	+1分
		當指數上漲幅度較市場預期為小	-1分
Step2	觀察指數形成的持續期間	當指數連續上漲三個月以上	+1分
		當指數連續下跌三個月以上	-1分
Step3	與歷史資料比對	指數創新月或近年新高	+1分
		指數創新月或近年新低	-1分
總計			

結論

結果1
　　**總分愈高，
表示工業生產活動愈趨復甦。**

影響

- 當地股票市場可能會走升
- 當地債券市場將較為弱勢
- 當地貨幣則較可能較為強勢

結果2
　　**總分愈低，
表示工業生產活動愈趨衰退。**

影響

- 當地股票市場可能會下滑
- 當地債券市場較為強勢
- 當地貨幣則較可能較為弱勢

進階判讀2　留意變動較大的「工業生產指數」的子項目

編製單位每月公布工業生產指數時，都會在報告中分析變動較大的子項目和主要變動原因，由此進一步了解工業活動力。你可觀察該月哪一項產業項目上升或下跌幅度最大，對總指數的貢獻最多，便可判斷該月工業生產的變化。

例如，當看到報告中指出工業生產指數上升，且來自電子消費產業的生產上升幅度最大，表示影響指數最大的關鍵因素是電子消費產業，代表市場上電子消費買氣旺。相反地，當工業生產指數下滑，且關鍵是來自電子消費產業的生產下滑幅度最大，意味市場上電子消費買氣低迷。

| 工業生產指數上升 | ➡ 電子消費買氣旺 |
| 工業生產指數下滑 | ➡ 電子消費買氣低迷 |

進階判讀3　從月增長判斷短期工業表現

透過觀察工業生產指數的「正成長率」或「負成長率」，便能判斷該國工業生產相較於某個時間點的成長或衰退幅度，從而判斷工業景氣狀態。工業生產的月成長率代表短線一國工業景氣狀態，月成長幅度愈大，成長持續的時間愈久，代表一國的工業景氣狀況愈佳。相反地，若工業生產月增率呈現負成長，下降幅度愈大、衰退持續時間愈久，表示該國短期內的工業景氣狀況愈不佳。

進階判讀4　從季增長與年增長判斷中長期工業表現

透過工業生產的「季成長」與「年成長」數字，可以判斷一國中期與長期的景氣變化。如果工業生產較前季成長，意味一國工業生產景氣在中期的表現不錯；如較去年同期亦是呈現成長，則意味長期來看，工業景氣狀況表現佳。相反地，工業生產的成長幅度較前季衰退，表示以中期來看，一國工業生產的表現較弱；當和去年同期相比，成長率不增反減，呈現衰退趨勢，從長期來看，工業景氣狀況表現不佳、呈現衰退景象。

工業生產指數搭配其他指標的判讀

　　工業的總產值通常占一國的總體經濟滿大的比重，也因此工業的活動力常用來判斷一國經濟的榮枯，除了工業生產指數之外，其他觀察工業活動力的指標，在台灣則有「製造業銷售指數」，在美國還有「產能利用率」，前者為製造業的銷售狀況，後者是工業總產出相對於生產設備的比率，反應工業生產設備閒置的情況，兩者都可以用來判斷該國的工業與製造業的景氣好壞。

● 工業生產指數搭配台灣製造業銷售指數

　　台灣製造業銷售指數主要反應台灣製造業的銷售動能，由經濟部統計處每季公布一次。工業生產指數代表台灣工業與製造業的產量狀態，而製造業銷售指數則直接反應製造業的銷售狀態，前者從生產面，後者從銷售面，搭配判讀可以綜合判斷台灣工業的活動力趨向復甦或衰退。

判讀說明

判讀原則：●台灣製造業銷售指數愈高，表示製造業銷售愈暢旺，工業活動力愈佳。
　　　　　●台灣製造業銷售值愈低，表示製造業銷售愈低迷，工業活動力愈差。

組合判斷：

漲跌分類	漲跌情境	判斷說明
同步上漲 ↗	台灣製造業銷售指數上漲 / 工業生產指數上漲	意味工業活動力復甦。
同步下跌 ↘	台灣製造業銷售指數下跌 / 工業生產指數下跌	意味工業活動力減弱。
漲跌互見	台灣製造業銷售指數上漲 / 工業生產指數下跌 / 台灣製造業銷售指數下跌 / 工業生產指數上漲	意味工業活動力減弱或增加趨勢不明確，需持續留意後續指標的變化發展。

查詢台灣製造業銷售指數：
進入台灣經濟部統計處首頁 www.moea.gov.tw/MNS/dos/home/Home.aspx，找到【簡易查詢】，點入【製造業銷售指數】即可瀏覽相關資訊。

● 工業生產指數搭配美國產能利用率

美國產能利用率（Capacity Utilization）為工業總產出相對於生產設備的比率，主要反應工業生產設備閒置的狀況，是衡量美國工業活躍程度的指標之一，每月與工業生產指數一起公布。

判讀說明

判讀原則：● 美國產能利用率愈高，表示工業生產設備閒置狀況愈不明顯，工業活動愈活躍。
　　　　　● 美國產能利用率愈低，表示工業生產設備閒置狀況愈明顯，工業活動愈蕭條。

組合判斷：

漲跌分類	漲跌情境	判斷說明
同步上漲	↗ 美國產能利用率指數上漲 ↗ 工業生產指數上漲	意味美國工業景氣轉好趨勢更為確立。
同步下跌	↘ 美國產能利用率指數下跌 ↘ 工業生產指數下跌	意味美國工業景氣轉差趨勢更為確立。
漲跌互見	↗ 美國產能利用率指數上漲 ↘ 工業生產指數下跌 ↘ 美國產能利用率指數下跌 ↗ 工業生產指數上漲	意味美國工業景氣表現趨勢較不明確，需持續留意指標後續發展。

查詢美國產能利用率：

進入美國聯準會首頁 www.federalreserve.gov，從【Data】點入，找到【Industrial Production and Capacity Utilization - G.17】點入，即可查詢相關資訊。

 工業生產指數歷史資料哪裡找？

包括美國與台灣的工業生產指數公布網頁中，同時都公布了歷史數字資料的連結網頁，只要點進去下載，便可以看到過去的工業生產指數走勢圖，可以進一步判斷現在是處於哪個位置。

工業生產指數的日常活用

工業生產指數是每月公布的經濟指標中，能夠準確反應目前景氣位階與未來景氣趨勢的重要指標之一，因工業生產量愈多，意味工業的勞動需求愈多，整體景氣愈佳。因此，工業生產指數也常被用來預測就業市場的好壞、原物料價格行情與政府利率政策的方向。

活用1 預測就業市場與利率政策

以台灣為例，工業生產指數走揚，代表工業活動力旺盛，工廠與企業增加雇員的意願與機會便提高，通常就業市場便會比較暢旺，失業率也會隨之降低。此外，當工業生產指數持續走高，亦代表景氣愈趨復甦繁榮，同時也意謂通膨威脅會逐漸升高，此時經濟降溫的必要性會慢慢增加，台灣央行採取調高利率的緊縮政策的可能性就會增加，此時股市通常會較受壓抑，部分資金也可能移往銀行賺利息。

反之，當工業生產指數下滑，代表工業活動力較低迷，當工業生產指數持續降低，亦代表景氣愈趨衰退，同時也意謂刺激經濟景氣的必要性便增加，台灣央行採取調低利率、刺激景氣的寬鬆政策的可能性就會增加，此時股市通常會有一波資金行情，較多資金也會開始離開銀行以尋求更好的賺錢機會。

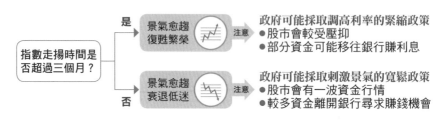

指數走揚時間是否超過三個月？

是 → 景氣愈趨復甦繁榮 注意 → 政府可能採取調高利率的緊縮政策
- 股市會較受壓抑
- 部分資金可能移往銀行賺利息

否 → 景氣愈趨衰退低迷 注意 → 政府可能採取刺激景氣的寬鬆政策
- 股市會有一波資金行情
- 較多資金離開銀行尋求賺錢機會

活用2 預測原物料價格行情

由於美國、中國可說是原物料如黃金、鋼鐵、大宗物資,以及原油的主要消費國,而工業生產又意味著當地的工業活動力強弱,工業活動強,表示對原物料需求強,原物料價格便會水漲船高;工業活動弱,表示對原物料需求降低,原物料價格便會隨之滑落。也因此,美國與中國的工業生產指數可說是原物料行情的領先指標。

當美國或中國的工業生產指數至少連續三個月走升,在市場需求推動下,意味國際原物料價格也將同步走揚,對台灣民眾而言,原物料物價可能跟著走揚,生活成本可能增加;對台灣投資人而言,可以留意原物料相關的投資,比如說天然資源、油礦金、農金等產業基金的投資。反之,國際原物料價格走跌下,對台灣民眾而言,原物料物價可能跟著下滑,生活成本可能減少;對台灣投資人而言,對原物料相關的投資便可稍微觀望或減少投資。

看到工業生產指數衰退別急,先了解背後原因!
2019年9月份台灣的工業生產指數,與2018年同期比較衰退0.75%,而且終結連續兩個月的正成長、由負轉正。但如果仔細探究背後原因,從統計處發布的報告中可以看到,工業生產指數無法延續正成長,主要是因為9月份的電子零組件業年增率僅3.14%,與8月的9.86%相較明顯減弱,由此可見2019年電子業已提前出貨,讓9月原本的旺季效應較不明顯,而且2018年9月的成長表現是歷年9月同期的新高,比較基期墊高了,並非意味著景氣步入衰退循環。

製造業——耐久財訂單

耐久財訂單（Durable Goods Orders）是指「使用壽命超過三年的商品的新訂單狀況」，從訂單的增減可以是預示製造業的景氣好壞。因為景氣好時，政府或企業增購耐久財的意願會提高，耐久財訂單便會成長，接獲訂單的廠商才會投入製造生產，使得製造業景氣活絡；但如果景氣不佳，政府或企業增購耐久財的意願便會降低，耐久財訂單便會下滑，一旦訂單減少，廠商的生產製造便會下滑，使得製造業景氣冷清，因此，耐久財訂單可以用來觀察一國的整體景氣榮枯狀況，通常也被視為製造業景氣好壞的領先指標。

由於美國景氣表現與全球連動密切，所以，美國的耐久財訂單指標極具參考意義，通常報章媒體或研究單位觀察的耐久財訂單，多指美國的耐久財訂單。

■基本資料

性質	■先行指標　□同期指標　□落後指標
製成國家／機構	美國：普查局（U.S. Census Bureau）
公布單位／公布日期	美國普查局（U.S. Census Bureau）／每月25日前後提供前月調查報告（Advance Report），隔月月初公布完整報告（Full Report）
取得管道	進入美國商務部普查局首頁www.census.gov，找到【U.S. CENSUS BUREAU ECONOMIC INDICATORS】專區，點入【Advance Report on Durable Goods Manufacturers' Shipments, Inventories, and Orders】，即可查詢相關資訊。
重要性	高度　　適用對象　關心美國製造業景氣動向者

 哪些商品算是耐久財？

使用壽命超過三年的商品可稱為耐久財。又可細分為「運輸設備」如飛機採購等；「國防設備」如軍機採購等；「資本財」例如企業機器等；「一般消費性耐久財」例如汽車、家電、電腦與電子產品等。

耐久財訂單的製成概念與計算方式

「耐久財訂單」數字其實是「製造業出貨、存貨與訂單報告 (Manufacturers' Shipments, Inventories, and Orders)」中的一項指標,也是該報告當中最常被觀察、引用、報導與研究的指標。

「製造業出貨、存貨與訂單報告」又稱「M3」,主要由美國商務部普查局抽樣調查整理來自89大製造業受訪企業的調查內容,由受訪者說明該月出貨、存貨與新訂單總值,再加總計算顯示該月製造業的出貨、存貨、新訂單總值的變動情形。不過,耐久財訂單也包含了國防及運輸的訂單,由於金額龐大,所以該指數的波動幅度也較大。

INFO 耐久財訂單也是美國領先指標的組成分子之一

耐久財訂單因為能用來預測製造業生產活動變化與景氣榮枯,不但受市場關注,也是領先指標(參見第二篇P.53)的組成項目之一。

如果要研讀英文的「製造業出貨、存貨與訂單報告」原始報告書實在有點吃力,也可以在每月下旬與月初時間瀏覽財經新聞網站,各大媒體都會報導耐久財訂單的變動情形,以及報告書中重要數值的變動幅度與原因,所以直接看新聞報導省力、又能直接抓到重點。

耐久財訂單的判讀

　　「製造業出貨、存貨與訂單報告」中的「耐久財訂單」主要反應美國整體製造業的訂單狀況，當該數值上升，表示美國製造業接獲訂單數量增加，經濟活動較為熱絡，景氣較好；反之，該數值下滑，表示美國製造業獲取訂單數量減少，經濟活動較為冷清，景氣較差。

基本判讀

　　觀察耐久財訂單的增減變化，可先和前月數值相比，藉此初步判斷美國製造業景氣朝向成長或衰退的方向發展。

基本判讀1　當耐久財訂單較前期增長時

　　和前期（前一月）的耐久財訂單數量相比，當耐久財訂單數量較上期增加時，表示美國製造業的生產活動呈現擴張情形。

> 當耐久財訂單較前期（前一月）
> **上漲時**

> **表示美國製造業經濟活動呈現
> 擴張與成長。**

基本判讀2　當耐久財訂單較前期減少時

　　比較本期的變動幅度，當耐久財訂單較前期（前一月）減少時，表示美國製造業的生產活動呈現緊縮與衰退狀況。

> 當耐久財訂單較前期（前一月）
> **下跌時**

> **表示美國製造業經濟活動呈現
> 衰退與緊縮狀況。**

進階判讀

　　耐久財訂單涵蓋範圍非常廣，更包含了國防及運輸設備，由於兩者的金額龐大，一旦政府採購軍機或航空公司訂製飛機時，當月「耐久財訂單」就會突然大增，然後隔月又大幅滑落，造成數值波動劇烈，影響正確的判讀，也因此，除了觀察「耐久財訂單」的增減幅度之外，把造成「耐久財訂單」波動劇烈的國防與運輸設備部分忽略不予計入，會更為客觀有代表性。

進階判讀1（ 排除波動劇烈項目，正確解讀耐久財訂單

　　如果耐久財訂單與剔除劇烈波動項目後的「不含國防設備新訂單」、「不含運輸設備新訂單」都上漲，得分數愈高，代表美國製造業復甦的趨勢愈確立；反之，得分數愈低，則意味美國製造業衰退的趨勢更為確立。

步驟		情況	得分
Step1	將耐久財訂單漲跌和上月相比	耐久財訂單較上月成長	+1分
		耐久財訂單較上月衰退	-1分
Step2	排除波動劇烈之影響因素1	「不含運輸設備新訂單」較上月成長	+1分
		「不含運輸設備新訂單」較上月衰退	-1分
Step3	排除波動劇烈之影響因素2	「不含國防設備新訂單」較上月成長	+1分
		「不含國防設備新訂單」較上月衰退	-1分
總計			

結論

結果1

總分愈高，表示製造業活動愈熱絡，景氣愈好。

影響

- 美國股票市場可能會走升
- 美國債券市場將較為弱勢
- 美元則較可能較為強勢

結果2

總分愈低，表示製造業活動愈衰退，景氣愈差。

影響

- 美國股票市場可能會下滑
- 美國債券市場將較為強勢
- 美元則可能較為弱勢

進階判讀2 留意資本財新訂單變動

「製造業出貨、存貨與訂單報告」中的「資本財新訂單」（Capital Goods New Orders），通常反應企業資本支出，比如說添購設備器材的訂單狀況，特別是旗下的「非國防資本財新訂單」，更是常被用來判斷企業主對未來整體景氣的看法。因為企業主唯有在看好未來景氣時，才會願意增加資本支出為未來好轉的景氣預做準備；如果企業主看壞未來景氣，通常是會「縮衣節食」對抗景氣寒冬。因此，「資本財新訂單」與其子項目的變動，是很值得留意的。

 資本財新訂單 判斷企業主對未來整體景氣的看法

進階判讀3 由移動平均值觀察趨勢變化

耐久財訂單波動較為劇烈，因此也有專家建議以耐久財訂單的每月成長值製成「三個月移動平均線」來觀察趨勢比較精準。也就是將每三個月的耐久財訂單月成長率（正成長或負成長）加總平均後成一數值，將這數值連結起來便可連成「三個月的移動平均線」。因為已將耐久財訂單數值每三個月加總平均一次，因此變動幅度會變得比較平緩，單月成長或衰退過大的部分也可以被中和分攤掉，這也是另一種較為客觀的觀察方式。

 耐久財訂單波動較為劇烈 ➡ 觀察耐久財訂單數值3個月移動平均線 ➡ 看出較為客觀的趨勢變化

觀察數值時，觀察完整報告（Full Report）中的數值較為準確，因為耐久財訂單波動較為劇烈，而且在次月月初公布的完整報告（Full Report）不時會做出很大的修正，所以如果想要搶時效下載前月調查報告（Advance Report）先睹為快的話，一定還要等完整報告出來好好驗證一下最終數值，才不會被誤導喔。

耐久財訂單搭配其他指標的判讀

耐久財訂單主要反應美國製造業的耐久財產品接獲新訂單的總值增減，而「美國企業存貨與銷售比」（Total Business Inventories／Sales Ratios, Inventories／Sales Ratio）則主要反應美國製造業與貿易業者的存貨與銷售值的狀況，兩者都是觀察美國製造業榮枯的參考指標，只是前者主要由「生產面」觀察新訂單增減，後者則由「生產面」（存貨）與「市場面」（銷售）觀察製造業的出貨銷售狀況，兩者搭配研讀，更能掌握美國整體經濟活動狀況的全貌。

● 耐久財訂單搭配美國企業存貨與銷售比指數

美國「企業存貨與銷售比」主要由製造業存貨總值除以製造業出貨銷售總值所得的比率，主要由存貨增減與銷售好壞，來衡量美國製造業的榮枯。

判讀說明

判讀原則： ●美國企業存貨與銷售比指數愈高，表示企業銷售狀況較差、存貨較多、庫存仍待消化，景氣較差。

●美國企業存貨與銷售比指數愈低，表示企業銷售狀況較好、存貨較少、企業需要補貨下訂單，景氣較佳。

組合判斷：

漲跌分類		漲跌情境	判斷說明
同步上漲	↗	美國企業存貨與銷售比指數上漲	意味美國製造業景氣轉佳趨勢更為確立。
	↗	耐久財訂單上漲	
同步下跌	↘	美國企業存貨與銷售比指數下跌	意味美國製造業景氣轉差趨勢更為確立。
	↘	耐久財訂單下跌	
漲跌互見	↗	美國企業存貨與銷售比指數上漲	意味美國製造業景氣走向不明確，需持續留意後續指標變化。
	↘	耐久財訂單下跌	
	↘	美國企業存貨與銷售比指數下跌	
	↗	耐久財訂單上漲	

查詢美國企業存貨與銷售比： 進入美國商務部普查局首頁 www.census.gov，找到【U.S. CENSUS BUREAU ECONOMIC INDICATORS】專區，點入【Manufacturing and Trade Inventories and Sales】，即可查詢相關資訊。

耐久財訂單的日常活用

由於耐久財訂單為顯示美國製造業榮枯的領先指標，而且美國製造業又占美國整體經濟的重要地位，市場會較為關注耐久財訂單的數字公布，當數字公布時，常會引發市場的投資信心的波動。

由耐久財訂單預估美股短期走勢

由於美國耐久財訂單數字常被視為美國製造業的領先指標，而美國製造業又占整體經濟相當大宗，因此，耐久財訂單數字的公布，常會引發市場的投資信心波動與股市的起伏。

通常耐久財訂單月增率較市場預期為佳，或月增幅度超過3%以上，市場投資氣氛會因預期景氣更佳而更為樂觀，美股通常也會相對強勢一陣子；倘若耐久財訂單月增率較不如市場預期，或月減幅度超過3%以上，市場投資氣氛會因預期景氣轉差而悲觀，美股通常也會相對表現較弱。

對台灣的美股投資人而言，在決定對美股的投資之前，可多參考耐久財訂單的表現，或留意最新的耐久財訂單表現狀況，當製造業景氣愈佳，對美股的投資可積極些；反之，對美股的投資最好先保守觀望。

- 耐久財訂單月增率較市場預期佳
- 月增幅度超過3% ➡ 市場投資氣氛樂觀 ➡ 美股相對表現佳

- 耐久財訂單月增率較市場預期差
- 月減幅度超過3% ➡ 市場投資氣氛悲觀 ➡ 美股相對表現不佳

INFO 耐久財訂單對美股的影響較為短線

耐久財訂單是比較有時效性的指標，每月公布一次、加上變動幅度較大，也因此對美股的影響較為短期，當確定景氣長線走多時，美股才較能維持長多走勢。

製造業 ── ISM製造業指數
商業／服務業 ── ISM非製造業指數

　　ISM製造業指數，是由全球最大的採購、供應、物流管理的專業組織「美國供應管理協會（ISM）」調查編製而成。由於此指數能真切反應美國製造業者經濟活動，如生產、員工雇用增減、存貨等的冷熱程度，能夠藉此進一步判斷美國經濟景氣的好壞狀況。ISM在每月的第一個工作天便會公布上月ISM製造業指數，其高度時效性使其常被視為重要的領先指標。特別是旗下的新訂單指數反應了亞洲等國的出口榮枯狀況，因此，ISM製造業指數特別受到市場關注。

　　ISM非製造業指數，可說是ISM製造業指數的姊妹指數，一個觀察製造業的活動力，一個觀察非製造業商業活動的繁榮狀態，藉此來判斷美國整體經濟的未來表現與景氣位階。

　　美國非製造業（即服務業）占GDP比重近八成，主要反應美國內需市場的狀況，但由於非製造業表現比較具週期性與可預測性，所以其受關注程度比起製造業指數稍微遜色一些。

■基本資料

性質	■先行指標　□同期指標　□落後指標
製成國家／機構	美國：供應管理協會（Institute for Supply Management, ISM）
公布單位／公布日期	美國供應管理協會／每月第一個工作天公布上月ISM製造業指數，ISM非製造業指數晚兩日公布
取得管道	進入美國供應管理協會首頁www.ism.ws，點向左上角Search ISM，選擇ISM Report On Business®，即可查詢相關資訊。
重要性	高度　　　適用對象　關心美國市場與全球經濟脈動者

ISM指數的製成概念與計算方式

ISM指數分為製造業指數以及非製造業指數，ISM（美國供應管理協會）長久以來均會定期對旗下製造業會員和非製造業會員以問卷方式調查，對產業營運狀況的正面看法為何。再以其中具代表的項目分別製成製造業指數和非製造業指數。調查結果於下個月公布，也就是這個月公布上個月的數字。

● 「製造業指數」的編製方式

ISM會定期對旗下製造業會員企業的採購經理人以問卷方式調查，請他們就下列十個項目，以增加、減少、不變的方式，表達其對產業營運狀況的看法為何，並編製成子項目指數，以長期追蹤。

■新訂單（New Orders）　　　　　■生產（Production）
■雇用狀況（Employment）　　　　■供應商交貨速度（Supplier Deliveries）
■存貨（Inventories）　　　　　　■客戶存貨（Customer's Inventories）
■原物料價格（Prices）　　　　　■積壓訂單（Backlog of Orders）
■新出口訂單（New Export Orders）■進口訂單（Imports）

而ISM製造業指數則是以其中最主要四個項目：新訂單、生產、雇用狀況、供應商交貨速度所編製而成。

■ISM製造業指數主要的四個項目

項目	意義
新訂單 New Orders	受訪製造業者接到新訂單的狀況，新訂單愈增加，意味工廠生意愈好。反之，生意愈差。
生產 Production	受訪製造業者生產線的狀況，生產愈增加，意味工廠生意愈好。反之，生意愈差。
雇用狀況 Employment	受訪製造業雇用員工的狀況，雇用員工愈增加，意味製造業需員較殷切，生意愈好。反之，生意愈差。
供應商交貨速度 Supplier Deliveries	受訪製造業反應供應商交貨的速度。交貨速度增加，主要反應客戶的訂單需求，意味製造業生意轉好。反之，製造業生意轉差。

● 「非製造業指數」的編製方式

ISM會定期請旗下18大類非製造業會員（即服務業）回答一份問卷，就下列十個項目，以增加、減少、不變的方式，表達其對產業營運狀況的看法為何，並編製成子項目指數，以長期追蹤。

■企業活動／生產
　（Business Activity／Production）
■雇用狀況（Employment）
■存貨（Inventories）
■積壓訂單（Backlog of Orders）
■進口訂單（Imports）

■新訂單（New Orders）
■供應商交貨速度（Supplier Deliveries）
■原物料價格（Prices）
■新出口訂單（New Export Orders）
■存貨狀況（Inventory Sentiment）

而ISM非製造業指數則是以其中最主要的四個項目：企業活動、新訂單、雇用狀況、原物料價格所編製而成。

■ISM非製造業指數主要的四個項目

項目	意義
企業活動 Business Activity	受訪服務業者認為未來企業活動更熱絡的比例，企業活動愈增加，意味服務業生意愈好。反之，服務業生意愈差。
新訂單 New Orders	受訪服務業接到新訂單的狀況，新訂單愈增加，意味服務業生意愈好。反之，服務業生意愈差。
雇用狀況 Employment	受訪服務業雇用員工的狀況，雇用員工愈增加，意味服務業需求員工較殷切，生意愈好。反之，生意愈差。
原物料價格 Prices	受訪服務業者採購原物料的價格增加或減少的狀況。價格上揚意味需求暢旺，景氣更趨熱絡。反之，價格下跌意味需求減少，景氣更趨衰退。

INFO　ISM指數的別稱

ISM指數有不少別稱，如ISM製造業指數又稱做採購經理人指數（PMI,Purchase Management Index），意指ISM製造業指數是透過企業的採購經理人對製造業中的生產、新訂單……等十個重要項目提出增加、減少、不變的看法，可視為美國製造業的體檢表；ISM非製造業指數又稱為服務業指數（NMI,Non-Manufacturing Index）因為在美國，服務業占非製造業的比重最高，所以非製造業部分又稱為服務業指數，另外非製造業還包含有建築、礦業、運輸業等產業。

ISM指數的判讀

ISM指數包含了製造業與非製造業兩種指數,這兩個指數代表了製造業的採購經理人及非製造業,也就是服務業對當下景氣前景的看法。做判讀時可從ISM指數的高低判斷美國總體景氣,並從指數連續漲跌時間的長短判斷景氣趨勢是否成立。

基本判讀

由於ISM指數是公布上個月調查的統計結果,所以,可以看出上個月的景氣好壞。ISM製造業指數與ISM非製造業指數都是以百分比來表示,根據ISM機構的報告顯示,通常建議以50%做為判斷製造業與非製造業的景氣強弱分界線。

基本判讀1 從ISM製造業指數看美國製造業冷熱

ISM製造業指數透過問卷的方式調查製造業採購經理人對產業的十項情況,如生產、新訂單等情況表示看法,因此,可以實際看出美國製造業景氣的冷熱。依據ISM機構的報告指出,當ISM製造業指數大於50%時,意味著製造業景氣呈現擴張;當ISM製造業指數小於50%時,意味製造業景氣呈現衰退;當ISM製造業指數等於50%時,意味著景氣不冷不熱,需持續觀察指數是往上或往下。

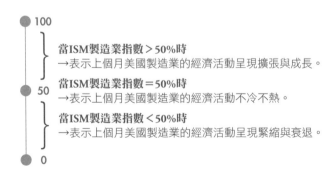

100

當ISM製造業指數>50%時
→表示上個月美國製造業的經濟活動呈現擴張與成長。

50

當ISM製造業指數=50%時
→表示上個月美國製造業的經濟活動不冷不熱。

當ISM製造業指數<50%時
→表示上個月美國製造業的經濟活動呈現緊縮與衰退。

0

基本判讀2（ 從ISM製造業指數看美國整體景氣強弱

　　根據ISM的研究資料顯示，ISM製造業指數與美國GDP的表現連動性非常高，因此，ISM製造業指數通常被視為美國整體景氣強弱的判斷指標之一。根據ISM機購的報告建議，可以42.9%做為美國整體景氣強弱的分界點線。當ISM製造業指數高於42.9%時，意味美國整體經濟呈現擴張與成長。當ISM製造業指數低於42.9%時，意味美國整體經濟呈現緊縮與衰退。

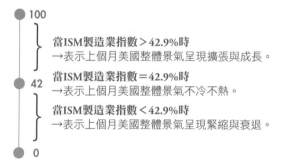

100

當ISM製造業指數＞42.9%時
→表示上個月美國整體景氣呈現擴張與成長。

42

當ISM製造業指數＝42.9%時
→表示上個月美國整體景氣不冷不熱。

當ISM製造業指數＜42.9%時
→表示上個月美國整體景氣呈現緊縮與衰退。

0

基本判讀3（ 從ISM非製造業指數看美國非製造業冷熱

　　依據ISM機構的報告指出，當ISM非製造業指數大於50%時，意味著非製造業，也就是服務業的景氣呈現擴張；當ISM非製造業指數小於50%時，意味非製造業景氣呈現衰退；當ISM非製造業指數等於50%時，意味著非製造業景氣不冷不熱，要持續觀察指數是往上或往下。

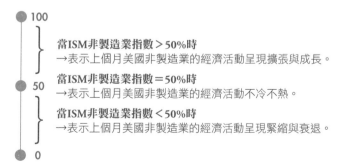

100

當ISM非製造業指數＞50%時
→表示上個月美國非製造業的經濟活動呈現擴張與成長。

50

當ISM非製造業指數＝50%時
→表示上個月美國非製造業的經濟活動不冷不熱。

當ISM非製造業指數＜50%時
→表示上個月美國非製造業的經濟活動呈現緊縮與衰退。

0

進階判讀

除了以50%為臨界點來判斷製造業與非製造業的景氣成長與衰退之外，因「ISM製造業指數」與「ISM非製造業指數」反應美國的兩大產業——製造業與服務業的現況，幾乎就等於美國整體的經濟現況。交互觀察這兩大指數，更能完整掌握美國經濟表現與景氣位階。

利用ISM指數觀察經濟趨勢時，最好連續觀察一個季度（即三個月）以上，確定其上升與下跌走勢，才能判斷是呈現成長或緊縮。如果連續上升或下跌的累積月份愈久，表示其上升或下跌的趨勢愈明確。

進階判讀1 當ISM指數連續走揚超過三個月以上，且高於50%時

當ISM製造業與非製造業指數連續走揚至少三個月，且指數都在50%之上，意味製造業與非製造業成長趨勢更為確立，連續走揚時間愈久、指數數值愈高，製造業與非製造業景氣成長力道也愈明顯。企業受惠於景氣，獲利愈佳，有利美國股市表現，債市因資金流向股市，相對較不具吸引力，可能走弱；至於美元則因為整體景氣復甦，因為吸引國際資金進駐而較有機會走強。

| 如何判斷製造業、非製造業景氣上漲趨勢確立？ | | **判斷條件**
● ISM指數連續走揚3個月以上
● ISM指數 > 50% | | **影響市場**
美股 美元 ↑
美債 ↓ |

進階判讀2 當ISM指數連續下跌超過三個月以上，且低於50%時

當ISM製造業與非製造業指數連續下跌至少三個月，且指數都在50%之下，代表製造業與非製造業衰退趨勢更為確立，連續下跌時間愈久、指數數值愈低，意味製造業與非製造業景氣衰退愈明顯。這時，企業獲利愈差，不利美國股市表現，由於資金撤出股市、轉進債市，美債較可能走強；美元則因為整體景氣不佳，國際資金可能撤出而較可能走弱。

| 如何判斷製造業、非製造業景氣下跌趨勢確立？ | | **判斷條件**
● ISM指數連續下跌3個月以上
● ISM指數 < 50% | | **影響市場**
美股 美元 ↓
美債 ↑ |

進階判讀3 〈 留意帶動指數上漲或下跌的最大貢獻指標（子項目）

在每月月初公布的ISM指數中，都會明確點出是哪一項子項目的漲跌幅度貢獻最大，藉此觀察當月影響ISM指數漲跌最主要的原因，從影響最大的子項目進一步判斷製造業或非製造業的經濟活動變化細節。

例如，當ISM報告中指出當月的ISM指數上升時，若是子項目中的雇用狀況（Employment）上升幅度最大，表示對總指數的上漲貢獻最大，可以看出製造業或非製造業的就業市場回溫，整體景氣往正向發展。

相反地，若報告指出當月ISM指數下滑，若是子項目中的雇用狀況（Employment）降幅最大，進一步拉低了ISM指數，這也表示製造業或非製造業的就業市場降溫，對整體景氣發展較為不利。

ISM 指數上升

雇用狀況上升幅度最大 ➡️

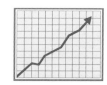

製造業或非製造業的就業市場回溫，整體景氣正向發展。

ISM 指數下滑

雇用狀況下滑幅度最大 ➡️

製造業或非製造業的就業市場降溫，不利整體景氣發展。

ISM指數定期於每月月初公布，在觀察其趨勢時，最好連續觀察一個季度（即三個月）以上，確定其上升與下跌趨勢，才能做出趨勢呈現成長或緊縮的判斷。如果連續上升或下跌的累積月份愈久，表示其上升或下跌的趨勢愈確立。

ISM指數搭配其他指標的判讀

　　ISM製造業與非製造業指數深具公信力與重要性，除了ISM之外，ISM Chicago也編製了自己的採購經理人指數，稱為「芝加哥採購經理人指數」（Chicago Business Barometer），反應芝加哥地區採購經理人對全球景氣的看法，對於想要掌握美國與全球景氣者，富有極高的參考價值。

● ISM指數搭配芝加哥採購經理人指數

　　芝加哥採購經理人指數是ISM芝加哥分會所調查公布的指數。因芝加哥為美國最重要的製造業中心，且該指數公布日期比ISM指數早一日，因此通常視為預測ISM指數的先行指標。

判讀說明

判讀原則：留意芝加哥採購經理人指數與 ISM 指數是否同步增減。

組合判斷：

漲跌分類		漲跌情境	判斷說明
同步上漲	↗	芝加哥採購經理人指數上漲	意味景氣成長趨勢更為確立。
	↗	ISM指數上漲	
同步下跌	↘	芝加哥採購經理人指數下跌	意味景氣走緩趨勢更為確立。
	↘	ISM指數下跌	
漲跌互見	↗	芝加哥採購經理人指數上漲	意味芝加哥地區採購經理人對未來前景看法與其他美國地區不一致，需持續留意下個月的指數表現。
	↘	ISM指數下跌	
	↘	芝加哥採購經理人指數下跌	
	↗	ISM指數上漲	

取得管道： 從 ISM 芝加哥採購經理人指數首頁 www.ism-chicago.org 找到
【Chicago Business Barometer ™】報告連結，點入即可獲得相關資訊。

ISM指數的日常活用

ISM指數的表現能充分反應美國經濟的活動力，所以是美國政府財經政策施政方向的重要參考指標，特別是備受矚目的利率政策，更是「唯ISM指數表現馬首是瞻」；此外，ISM指數也常用來做為預測亞洲出口動能的指標，值得多加應用。

活用1　由ISM指數預測政府的利率政策

ISM指數常被美國政府當局做為經濟決策的參考依據。若因景氣過熱而引發通貨膨脹，或因蕭條而引發通貨緊縮時，美國聯準會通常會以貨幣政策因應。

當指數高於50%時，常被解釋為美國經濟呈現擴張階段，指數愈接近100%，例如超過60%，通常通膨的威脅便會逐漸升高，此時美國聯準會通常會採取調高利率的緊縮貨幣政策，美國企業的借貸成本便會增高，企業獲利空間將縮減，通常較不利美股的表現。這對投資範疇廣及海外的台灣投資人而言，對美股的投資則減碼為宜。

相反地，若指數低於50%，則視為美國經濟呈現衰退，若指數愈接近0時，例如，當指數來到40%時，美國經濟則有蕭條的危機，此時美國聯準會通常會採取調低利率的寬鬆貨幣政策以刺激景氣，這對美國企業而言借貸成本降低，企業獲利空間相對可調升，在景氣回春下則對美股表現較為有利。這對投資範疇廣及海外的台灣投資人而言，對美股的投資則視美國景氣復甦狀況，若景氣復甦則可加碼、景氣仍低迷則減碼為宜。

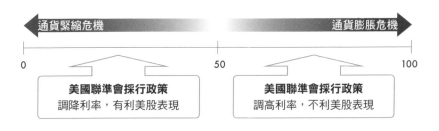

通貨緊縮危機　　　　　　　　　　　　　　通貨膨脹危機

0　　　　　　　　　　　　　50　　　　　　　　　　　　100

美國聯準會採行政策
調降利率，有利美股表現

美國聯準會採行政策
調高利率，不利美股表現

活用2 由ISM指數預測亞洲地區出口動能

　　ISM指數除了可以用來判斷美國製造業與非製造業的經濟活動熱度之外，由於美國是新興亞洲國家最主要的出口國，也因此，ISM指數中的子項目「新訂單指數」，亦可用來判讀亞洲出口動能強弱的先行指標。

　　由於ISM新訂單指數表現常領先新興亞洲出口表現約半年的時間，所以當ISM新訂單指數呈現在50%以上，即代表未來半年亞洲出口將會有不錯的成長，此時便可增加亞洲地區的投資比重。當ISM新訂單指數呈現在50%以下，即代表未來半年亞洲出口可能將會呈現衰退，此時應要減少亞洲地區的投資比重。

新訂單指數＞50% ➡ 未來半年亞洲出口將有不錯成長

新訂單指數＜50% ➡ 未來半年亞洲出口可能呈現衰退

活用3 留意「ISM指數」與「台股」的連動表現

　　根據歷史資料顯示，ISM製造業指數與台股大盤指數連動性非常高，通常ISM製造業指數落底時，台股大盤指數也隨之走跌；而ISM製造業指數走揚時，台股大盤指數也隨之走強。對台股的投資人而言，可以密切觀察ISM製造業指數的走勢動向，做為投資台股的參考依據。

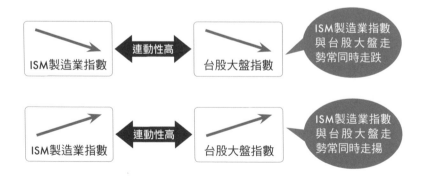

活用4　**由ISM非製造業指數判斷美國內需市場的榮枯**

　　ISM非製造業指數主要反應美國的服務業冷熱程度與內需市場的榮枯，關心美國經濟、投資美國市場，或是出口零售商品到美國市場的人，便須留意此指數的漲跌表現。

　　當ISM非製造業指數大於50％時，意味美國內需市場或服務業呈現擴張，留意報告中美國服務業各子產業的表現，找出哪些產業是持續成長的，對投資美國市場者，則可針對這些產業的進行相關投資加碼。當指數小於50％時，意味美國內需市場或服務業較為走弱，投資者應避開這些產業的相關投資。

INFO　**ISM指數中的子項目指數數據與圖形哪裡找？**

進入美國供應管理協會首頁www.ism.ws，點向左上角【Search ISM】，選擇【ISM Report On Business®】後，點入【Most Recent PMI® Report】，點選【View Report】或【View Charts】，便可查閱各子項目指數的數據圖形走勢圖與相關說明。

INFO　**INFO 台灣也有「採購經理人指數PMI」**

2012年11月起國家發展委員會正式發布台灣製造業採購經理人指數，2018年4月起發布季節調整後PMI。該指數係參考美國ISM（Institute for Supply Management, ISM）編製方法，調查範圍包括製造業與非製造業。同樣的，台灣採購經理人指數介於0%至100%之間，若高於50%表示製造業或非製造業景氣正處於擴張期（Expansion），若低於50%表示處於緊縮期（Contraction）。關心台灣景氣變化趨勢者，可以到【國家發展委員會】首頁www.ndc.gov.tw 的【重要指標】專區查詢細節。

商業／服務業 —— 零售銷售

　　美國零售銷售（Retail Sales）是指零售業的銷售金額增減，由於美國消費占經濟成長比重高達約七成，而零售業更是其中的大宗，因此，每個月零售業者的銷售金額的成長或衰退，可說是觀察美國消費市場與整體景氣好壞的最具代表性的指標之一。

　　美國零售銷售除了做為觀察美國零售消費市場消長的重要指標之外，亦是美國經濟分析局（Bureau of Economic Analysis）用來預測經濟成長GDP值的觀察指標之一；而美國聯邦準備委員會（Federal Reserve Board）亦用此指標來預測美國的經濟趨勢；美國經濟分析局（Council of Economic Advisors）亦以此指標來進行經濟政策的分析與執行效益的估測。

■基本資料

性質	■先行指標　□同期指標　□落後指標
製成國家／機構	美國：美國商務部普查局（U.S. Census Bureau）
公布單位／公布日期	美國商務部普查局／每月11日至15日公布前月數字。
取得管道	●進入美國商務部普查局首頁www.census.gov，找到【U.S. CENSUS BUREAU ECONOMIC INDICATORS】專區，點入【Advance Monthly Sales for Retail and Food Services】，即可查詢相關資訊。 ●直接點入www.census.gov/retail，即可查詢相關資訊。
重要性	高度
適用對象	關心美國景氣狀況者

INFO 零售銷售已經超過60歲了

美國商務部普查局自1953年起，便以每月一次的頻率調查美國零售業的銷售消長，至今已超過60年，對經濟研究單位而言，深具參考價值。

零售銷售的製成概念與計算方式

美國零售銷售由美國商務部普查局（U.S.Census Bureau）以每月一次的頻率，定期針對全美國的零售與食品銷售企業進行零售與食品業銷售調查（Monthly Retail Trade Surveys, MRTS）並公布分析報告，用以觀察美國消費市場的熱度。

● 零售銷售的製成概念

由於零售業的範圍非常廣泛，無法每月一一取得銷售數字，因此美國商務部普查局以隨機抽樣的方式，每月針對隨機抽樣出的零售與食品業者發出問卷，並從確定回收的5500份有效問卷中，統計各零售業者回覆的當月銷售總額，進行分類統計，以求得較具代表性的零售業銷售數字。

在零售銷售公布的資料當中，除了可以看到零售總銷售數字的增減，還有依耐久財或非耐久財來分類的細項（如下表）銷售資料。將這些分類商品的銷售數字加總，便是零售銷售總數字。

零售總銷售數字	
零售總銷售數字Retail & food services, total	
零售銷售數字 — 細項	
百貨公司GAFO	加油站Gasoline stations
汽車相關Motor vehicle & parts dealers	服飾Clothing & clothing accessories stores
家具Furniture & home furn. Stores	運動休閒書籍音樂等Sporting goods, hobby, musical instrument, & book stores
電子用品Electronics & appliance stores	綜合賣場General merchandise stores
建築材料相關Building material & garden eq. & supplies dealers	雜貨零售Miscellaneous store retailers
食品飲料Food & beverage stores	無店鋪零售商Nonstore retailers
健康個人用品店Health & personal care stores	食品服務與飲料店Food services & drinking places

 零售銷售調查統計方式

直接點入www.census.gov/retail/about_the_surveys.html，即可查閱相關資訊。

零售銷售的判讀

　　零售銷售主要反應美國零售消費市場的消長情形，一旦零售銷售持續成長，對消費市場則為一大利多，對整體景氣來說也有正面助益；如果零售銷售持續減少，對消費市場則為一大利空，對整體景氣來說也較為不利。當發現持續成長或持續衰退的情況持續愈久，表示經濟朝正向發展或負向發展的趨勢愈確立，接著再從子項目的變化去觀察，找出影響零售銷售變化的主因。

基本判讀

　　做零售銷售基本判讀時，應就上月的數據做比較，從數字的增減即可看出美國民眾消費行為的冷熱。

基本判讀1　當零售銷售較前月增加時

　　當零售銷售較前月增加，表示該月美國零售業銷售總金額較前月增加，意味民眾消費行為較為積極，消費市場買氣增溫，整體經濟景氣也將更佳。

當月「零售銷售」＞前月「零售銷售」 表示美國消費市場增溫，整體景氣轉佳

基本判讀2　當零售銷售較前月減少時

　　零售銷售較前月減少，表示該月美國零售業銷售總金額較前月減少，意味民眾消費行為較為消極，消費市場買氣降溫，整體經濟景氣也可能更差。

當月「零售銷售」＜前月「零售銷售」 表示美國消費市場降溫，整體景氣轉差

INFO 零售銷售為個人消費支出的先行指標

美國零售銷售的公布時間為每月月中公布前月數值，比起美國個人消費支出月底才公布，較具時效性，是觀察美國消費市場的重要先期指標，也可用來預估月底公布的個人消費支出增減方向。

進階判讀

　　零售銷售報告詳載銷售數據的增減，當連續三個月以上增加或減少時，表示零售市場的消費行為趨勢愈強，此外，還可觀察銷售數據的月增率與年增率變化，以確認實際的銷售動能。

進階判讀1 (**當零售銷售連續三個月以上成長時**

　　當零售銷售連續三個月以上正成長時，意味美國零售銷售總金額持續增加，民眾消費行為轉為積極，消費市場的買氣逐漸增溫成長，整體經濟景氣轉佳與轉趨熱絡的可能性增加。

進階判讀2 (**當零售銷售連續三個月以上負成長時**

　　當零售銷售連續三個月以上呈現衰退時，意味美國零售銷售總金額持續減少，民眾消費行為則變得逐漸消極，消費市場的買氣可能因此不斷地滑落，整體經濟景氣變差與日益衰退的可能性提升。

進階判讀3 觀察年增率變化

除了觀察零售銷售的月增率增減，從年增率更能掌握當下零售業的表現好壞，因為由與去年同期相較後的增減幅度，更能明確掌握目前美國零售業較去年同期的消長情形。首先看當月的月增率是成長或衰退，再將當月的零售銷售月增率與去年同期相較做解讀。例如月增率呈現衰退狀況，但若與去年同期增加，意味美國零售仍處成長階段，整體狀況不致於太壞，後續仍須持續觀察其消長。

月增率成長 → 和去年同期相比 → 成長：代表零售銷售成長趨勢更為確立

月增率成長 → 和去年同期相比 → 衰退：代表短線零售銷售呈現成長，但長線仍呈衰退趨勢，仍需觀察後續發展

進階判讀4 留意零售銷售增減的主因

在零售銷售的公布報告中，除了觀察數字的增減，更重要的是留意影響銷售數字增減的主因，包括哪些產業的銷售數字明顯增加或減少，所以導致整體零售銷售數字的增減，零售銷售新聞公布的資料都有明確的說明。

當某產業商品零售銷售數字較前期增加幅度最大，或增加金額最多，則意味該產業商品則是造成零售銷售增加最大主因；當某產業商品零售銷售數字較前期增加衰退幅度最大，或減少金額最多，則意味該產業商品則是造成零售銷售減少最大主因。

以2019年9月美國的零售銷售數字為例，其出現連續7個月以來首見的下滑，從報告中可以看出，主要是受到家庭在汽車、建材、無店鋪購物等支出減少所致，反映了民眾對貿易戰可能拖累景氣的擔憂，但該數字仍維持相當水準，不能單因一期數字下跌就斷言景氣已見衰退。

INFO 零售銷售不含服務業部分的銷售

由於服務業的範圍極廣、銷售數字不易取得，因此，美國零售銷售數字並不含服務業的銷售數字。想要觀察美國服務業銷售數字的話，則可從個人消費支出這項經濟指標來觀察。

零售銷售搭配其他指標的判讀

　　美國商務部在公布零售銷售時，也會同時公布「躉售銷售」相關資料，兩者搭配判讀，可以更精確掌握美國消費市場的銷售動能好壞狀況。

● 零售銷售搭配美國躉售銷售指標

　　美國躉售銷售（Sales of Merchant Wholesalers）與美國零售銷售一樣，由美國商務部普查局於每月十日左右公布上月資料。主要由美國企業所提供的每月商品躉售批發的銷售數字，與月底存貨的金額數字，進行統計後公布，但由於整理統計數據約需六週時間，時效性較為不足，屬於落後指標，較常用來於事後確認消費市場的銷售動能。

判讀說明

判讀原則：留意「躉售銷售」與「零售銷售」是否同步表現。

組合判斷：

漲跌分類	漲跌情境	判斷說明
同步上漲	↗ 美國躉售銷售上揚	顯示美國消費市場的銷售動能出現增溫情況的趨勢更為確立。
	↗ 美國零售銷售上揚	
同步下跌	↘ 美國躉售銷售下跌	顯示美國消費市場的銷售動能出現降溫情況的趨勢更為確立。
	↘ 美國零售銷售下跌	
漲跌互見	↗ 美國躉售銷售上揚	意味美國消費動能趨勢方向尚不明確，需留意後續發展變化。
	↘ 美國零售銷售下跌	
	↘ 美國躉售銷售下跌	
	↗ 美國零售銷售上揚	

取得管道：①進入美國商務部普查局首頁 www.census.gov，找到【U.S. CENSUS BUREAU ECONOMIC INDICATORS】專區，點入【Monthly Wholesale Trade】，即可查詢相關資訊。
　　　　　②直接點入 www.census.gov/wholesale，即可查詢相關資訊。

零售銷售的日常活用

美國零售銷售可說是直接觀察美國零售銷售動能的最重要指標，因此若美國零售業的銷售暢旺，即表現在指標上，也意味著受惠產業的獲利盈餘佳，對於相關的投資可積極以對。若消費動能持續增強，帶動了景氣增溫，一旦有景氣過熱的情況，政府為了使景氣降溫，會透過利率政策來調節，使景氣維持在健康的狀態。

活用1 由零售銷售消長掌握受惠產業的投資機會

零售銷售因為直接反應美國零售業的銷售狀況，因此，除了用來觀察美國消費市場的榮枯之外，也可用來判斷美國零售業的營運與盈餘狀況。換言之，當零售銷售持續增加，意味零售相關產業銷售狀況愈佳，獲利能力也更好，股價也較有表現空間與機會，對台灣民眾而言，對於相關的美國投資機會便可以更為積極，台灣的出口商可樂觀看待美國零售產業的出口業務。

反之，零售銷售持續減少，受影響的零售相關產業獲利能力變差，股價較無表現空間。對台灣民眾而言，對於美國相關投資最好轉為保守，台灣出口商對於美國零售產業的出口業務也應轉為觀望。

活用2 由零售銷售增減判斷美國政府政策方向

美國政府持續地觀察零售銷售，藉以判斷經濟成長的冷熱，做為經濟政策施政方向的指南針。通常零售銷售持續增加，意味消費市場愈趨熱絡，整體經濟景氣轉佳，在此趨勢下，如果景氣有過熱疑慮，美國政府便可能採取較緊縮的貨幣政策，比如說升息，讓景氣稍為降溫。

反之，零售銷售持續減少，意味消費市場愈趨清淡，整體經濟景氣轉差，如果景氣有過於低迷的壓力，美國政府便可能採取更寬鬆的貨幣政策比如說降息，以刺激景氣回升。

對台灣民眾而言，美國零售銷售增加，通常美國景氣會明顯好轉，美股與美元也較有表現機會，可以較積極布局美國相關投資。但如美國零售銷售減少，通常美國景氣也會較為轉差，美股與美元較難有表現機會，對於美國相關投資則需較保守觀望。

地產業 —— 房屋開工

房屋開工（Housing Starts）又常被稱為「新屋開工」，簡而言之，便是當月該地區新屋開始整地、動工、興建的總戶數。購屋通常是消費占比最高的家庭支出，消費者會格外關心進場購屋前後的利率水準變化、償還貸款能力，如果對未來經濟前景及工作狀況持悲觀態度，消費者不會冒然購屋。因此，購屋意願影響了房屋開工率。由於房地產景氣好壞直接反映整體景氣榮枯，新屋開工戶數的成長或衰退，直接透露當地房地產的成長或衰退，因此，許多國家如美國、法國、日本、加拿大等，都會針對自己國家的房屋開工狀況進行調查、追蹤並發布相關報告。

由於美國經濟景氣影響全球甚鉅，因此，美國房地產好壞以及房屋開工的數據，格外受大家矚目。以下則以最重要的美國房屋開工經濟指標為例，做詳細的說明。

■基本資料

性質	■先行指標　□同期指標　□落後指標
製成國家／機構	美國：商務部普查局（U.S. Census Bureau）與住都發展部（Department of Housing and Urban Development）共同調查發表
公布單位／公布日期	美國商務部普查局（U.S. Census Bureau）／每月月中公布前一月的資料
取得管道	●進入美國商務部普查局首頁www.census.gov，找到【U.S. CENSUS BUREAU ECONOMIC INDICATORS】專區，點入【New Residential Construction】，即可查詢相關資訊。 ●直接點入www.census.gov/construction/nrc，即可查詢相關資訊。
重要性	高度　　**適用對象**　關心美國地產與總體經濟景氣動向者

房屋開工的製成概念與計算方式

　　房屋開工（Housing Starts）主要由美國商務部普查局（U.S. Census Bureau）以及住都發展部（Department of Housing and Urban Development），每月定期針對全美各地的房屋建築發照單位進行調查匯整而來，可看出全美各地產業者開始整地、動工、興建的總新屋戶數。

● 計算方式

　　房屋開工的調查主要從房屋建照的發照單位開始，做法如下：

（1）調查單位每月定期整理全美房屋建物執照發照單位的資料，先估算出當月已獲建照的房屋單位的總數量。

（2）從9,000處抽樣出來的建物發照單位，針對旗下每張執照的持有者或建商，詢問調查該建物房屋哪一月份（或哪一年）已開始動工建屋，並將調查資料分為「獨棟房屋」（1 unit）與「連棟房屋」（5 units or more，如公寓）的開工資料。

（3）將當月已開始動工的房屋數量匯整統計後，便得到當月的房屋開工數值資料。

（4）調查結果每月彙整成「新住宅營建」（New Residential Construction）報告中定期公布。

INFO 善用財經網站尋找各國的「房屋開工」資料

美國房屋開工資料公布時，幾乎各大財經媒體都會報導，若不善於研讀英文報告者，可定期留意財經媒體的報導即可。至於其他國家的房屋開工資料重要性遠不如美國，但仍有專業財經網站也會定期報導，有興趣了解者，不必尋找各國公布單位的原始資料，可以到鉅亨網首頁www.cnyes.com搜尋欄搜尋關鍵字【房屋開工】，就可以找到相關新聞報導。如需歷史資料或資料走勢圖，可以從【首頁】→【全球市場】→【經濟指標】，從【主要國家指標分析】，找出【房屋銷售】即可找到相關資料。

房屋開工的判讀

　　房屋開工總戶數的成長與否和房地產相關的採購、投資的增長與否呈現正相關，所以透過觀察房屋開工的數量增減變化，上漲或下跌區間長短是否成為趨勢等，都可從中看出對整體景氣的影響和透露訊息。

基本判讀

　　首先，和前期也就是上月的數量相比，從數量的增減變化去判斷目前美國房地產景氣的冷熱。

基本判讀1　當月房屋開工較前月成長

　　和前期（前一月）的房屋開工數量相比，當房屋開工數較上期成長時，代表該月美國房地產景氣呈現復甦與成長，美國整體景氣狀況也將不錯。

當月房屋開工 >
前月房屋開工　➡️　美國各地新屋整地、開工、建造案愈多　➡️　相關房地產投資增多　➡️　美國房地產景氣復甦

基本判讀2　當月房屋開工較前月縮減

　　和前期（前一月）的房屋開工數量相比，當房屋開工數較上期下跌時，代表該月美國房地產景氣呈現成長停滯與衰退，美國整體景氣狀況也將受到負面衝擊。

當月房屋開工 <
前月房屋開工　➡️　美國各地新屋整地、開工、建造案愈少　➡️　相關房地產投資減少　➡️　美國房地產景氣衰退

進階判讀

當觀察房屋開工總戶數愈是成長時，代表當下美國各地的新屋整地、開工、建造案子愈多，相關的採購、投資將會增加，隨之帶動的房屋相關耐久財如家具與家用品的添購也將增加，形成環環相扣、彼此良性刺激的正面循環，最後對整體景氣與GDP經濟成長的帶動也有相當正面的助益。反之，亦然。

進階判讀1 ⟨ 當房屋開工數連續三個月以上成長時

當月房屋開工較前月成長，且出現至少連續三個月的成長，代表美國房地產景氣持續呈現復甦與成長的趨勢，美國整體景氣的復甦趨勢也更為確立。美國房地產景氣愈好，除了房地產相關的股票投資表現會較佳之外，美股的整體表現也會較為正面，相較而言，美國債券市場的吸引力就會比較小。

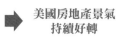

| 房屋開工數連續三個月以上成長 | ➡ | 美國房地產景氣持續好轉 | ➡ | ● 美股表現較佳
● 美債表現較為不佳 |

進階判讀2 ⟨ 當房屋開工數連續三個月以上下滑時

當月房屋開工較前月縮減，且出現至少連續三個月都呈現下滑，代表美國房地產景氣呈現衰退的趨勢也愈為明顯，美國整體景氣持續衰退的趨勢也更為確立。美國房地產景氣表現愈差，也進而影響了房地產相關的股票投資表現變差，美股的整體表現也會較為負面，相較而言，美國債券市場的吸引力就會增加。

| 房屋開工數連續三個月以上下滑 | | 美國房地產景氣持續衰退 | | ● 美股表現不佳
● 美債表現較為正向 |

進階判讀3 〔 與上月、去年數字相比

　　觀察房屋開工的月成長率，也就是較上月增加或衰退的幅度，可以初步判斷房屋開工在短線內的增加或減少的幅度。

　　而房屋開工的年成長率可以比較和去年同期的房屋開工數字，在這一年來是成長或衰退，由於是以較長時間做為比較基準，更能掌握目前房市的榮枯位置。

　　例如，美國2019年9月新屋開工自高峰下滑9.4%，而且市場預期為成長3.2%，從報告中可以看到，連棟房屋如公寓的住房下滑是主因，但由於9月新屋開工仍較去年同期成長1.6%，依此看來，低利率的環境仍支撐著美國房市的發展，還不至於步入衰退。

> 觀察月成長率 ➡ 掌握房屋開工增減幅度
>
> 觀察年成長率 ➡ 掌握房屋開工榮枯位置

INFO 造成「房屋開工」數字的變動的因素

「季節變化」
一般而言，「房屋開工」狀況受氣候的影響極大，特別在寒冬時，因為無法順利整地開工，使當月或整個冬季月份的「房屋開工」數量明顯下滑，這時就要特別與去年同期相比較，或者留意新聞資料或報告中的分析，是否有指出「房屋開工」的劇烈變動與季節氣候因素有關。

「獨棟房屋」的變動
由於獨棟房屋占整體開工戶數約七到八成，且連棟房屋開工數量波動較為劇烈，因此，除了整體開工戶數的成長或衰退趨勢之外，排除「連棟房屋開工數量」的「獨棟房屋開工戶數」的成長或衰退，也可持續留意。

房屋開工搭配其他指標的判讀

　　「建築許可」（Building Permits）是指在某段期間（通常是指某個月份）建商開工建房子前要先取得的許可執照，有許可，未來才會有更多房子建蓋出來，同時也意味建商有更高意願要蓋房子出售或出租，可說是房地產的領先指標，主要用來判斷未來房地產的景氣好壞。美國商務部普查局在公布「房屋開工」時，同時也會公布當月的「建築許可」。

● **房屋開工搭配建築許可指標**

　　「建築許可」（Building Permits）也可稱做「新屋開工許可」，是較房屋開工領先的指標，「建築許可」數量通常會在未來三～四個月後反應，成為實際新屋開工的戶數，因此常用來預測未來的新屋開工戶數或水準。開工搭配許可同時，也被美國商務部列為「領先指標」的組成指標之一。（參見第二篇P54）

　　不過，因為美國某些地區開工前並不需要建築許可，因此通常未來實際的開工數會比建築許可多出10%左右。

判讀說明

判讀原則：建築許可增加，表示未來一季房屋開工也會增加，未來房地產活動將更趨熱絡；反之，意味未來房地產活動將更趨清淡。

組合判斷：

漲跌分類		漲跌情境	判斷說明
同步上漲	↗	建築許可數量增加	意味美國房地產景氣轉趨熱絡的趨勢更為確立。
	↗	房屋開工數量增加	
同步下跌	↘	建築許可數減少	意味美國房地產景氣轉趨清淡的趨勢更為確立。
	↘	房屋開工數減少	
漲跌互見	↗	建築許可數量增加	意味美國房地產景氣的好壞趨勢較不明確，需持續留意後續數據變化。
	↘	房屋開工數減少	
	↘	建築許可數減少	
	↗	房屋開工數量增加	

查詢美國建築許可：
①進入美國商務部普查局首頁 www.census.gov，找到【U.S. CENSUS BUREAU ECONOMIC INDICATORS】專區，點入【New Residential Construction】，即可查詢相關資訊。
②直接點入 www.census.gov/construction/nrc，即可查詢相關資訊。

房屋開工的日常活用

房屋開工可明顯反應美國房地產景氣的好壞，對於在美國投資房地產的台灣民眾，密切觀察這項指標的變化，較能掌握美國房市的景氣變化；另外，房地產景氣好壞，也意味整體經濟環境的狀況，此也將影響美國的利率變化，對台灣投資人而言，也是相當重要的觀察指標。

活用1　決定美國房市或房地產相關投資的策略與方向

由於房屋開工或建築許可等指標可以預先反應美國房地產景氣狀況與美國整體經濟景氣狀況，因此，對於將要至美國移民、置產或投資的台灣民眾而言，應持續觀察這兩個指標，先確認美國房地產市場已經步入復甦，再進行投資或提高投資金額也不遲。如果確認美國房地產市場仍處於衰退，則還是暫緩投資或降低投資金額比較恰當。

活用2　判斷美國利率的走勢

房屋開工等房地產指標也反應了美國整體經濟景氣的狀態，當房地產市場不佳，意味美國經濟景氣不樂觀，通常美國政府會降低利率刺激景氣；當房地產市場熱絡，意味美國經濟景氣樂觀，通常美國政府會調升利率避免通貨膨脹或景氣過熱，也因此，利用房屋開工也可以預測美國利率的走向。

對台灣民眾而言，美國利率看升，意味美國企業借貸成本將增加、企業獲利將縮減，較不利美股的表現，台灣投資人對美股的相關投資應較為觀望。美國利率看跌，意味美國企業借貸成本將減少、企業獲利將增加，對美股的表現較為有利，台灣投資人對美股的相關投資便可較為積極。

房屋開工 ➡ 反應美國整體景氣狀態 ➡ 預測美國政府利率政策

地產業 ── 成屋銷售

　　成屋銷售（Existing-Home Sales）反應著當地成屋的銷售狀況，報章媒體常報導的「成屋銷售」主要是指美國「全美不動產協會（NAR）」定期調查公布的成屋銷售數據。由於房屋消費金額龐大，可說是一般民眾最大的消費品與資產（或負債），且房屋銷售狀況也跟家具、家電用品等耐久財高度相關，因此，美國「成屋銷售」所反應的房地產景氣狀況，亦同步反應美國整體景氣狀態。而美國經濟占全球經濟相當重要的位置，因此美國的「成屋銷售」遂成為全球關注的經濟指標。

■基本資料

性質	■先行指標　□同期指標　□落後指標
製成國家／機構	美國：全美不動產協會（National Association of Realtors, NAR）
公布單位／公布日期	全美不動產經紀人協會（National Association of Realtors, NAR）／每月25日前後公布前一月的銷售數字。
取得管道	●進入全美不動產經紀人協會首頁www.nar.realtor，找到【Research and Statistics】專區，點入【Housing Statistics】，即可查詢相關資訊。 ●直接進入www.nar.realtor/research-and-statistics/housing-statistics，即可查詢相關資訊。
重要性	中度　　**適用對象** 關心美國地產與總體經濟景氣動向者

INFO 認識超過130萬名會員的NAR

NAR全名National Association of Realtors，創立於1908年，會員從當年的120名成長至今已超過130萬名，僅有房地產業相關工作者如住宅公寓、商用地產的銷售人員、經紀商、地產經理人、估價鑑定人、地產法律顧問等，才可申請加入、經過審核通過後成為會員，因此該協會的相關調查或發聲在美國房市與經濟研究上相當具有重要性。

成屋銷售的製成概念與計算方式

　　成屋銷售主要由「全美不動產協會（NAR）」定期對旗下會員調查當月成屋（即二手屋）銷售狀況後所發表的數字與報告，報告中包含全美與分區各地（包含南部、西部、東北部、中西部等）的成屋銷售數字（Existing Home Sales）、成屋銷售售價（Sales Price of Existing Homes）與待售成屋庫存數量（Inventory，可觀察以目前的銷售速度來換算既有成屋銷售完畢所需的消化時間）。其中最常被討論研究的還是以「成屋銷售」數字為主。

● 成屋銷售的製成概念

成屋銷售由NAR統計全美東北部、中西部、南部與西部的成屋銷售數據，加以匯總後計算成年化的銷售量公布之。

INFO　NAR的研究專區

全美不動產經紀人協會官網上的研究報告【Research Reports】專區www.nar.realtor/research-and-statistics/research-reports，裡面有不少美國房地產市場當下的熱門話題或市場趨勢的專題分析，可以協助大家掌握美國房地產市場最新動態，對美國房地產市場擁有高度興趣、也不怕讀英文報告者，可以第一時間獲得美國房地產市場當前的重要消息。

下載成屋銷售報告
點選www.nar.realtor/research-and-statistics/housing-statistics/existing-home-sales便可直接下載最新報告、以及查閱過去數值走勢圖。

成屋銷售的判讀

　　成屋銷售數字愈高、愈成長，意味房市銷售熱絡、景氣好；成屋銷售數字愈低、愈衰退，意味房市銷售清淡、景氣不佳，因此，成屋銷售通常被用來觀察美國景氣狀況的重要指標之一。在觀察時，還需同時觀察月成長、年成長的數字趨勢變化，以實際比較出成屋銷售的漲跌幅度和榮枯位置。

基本判讀

　　觀察成屋銷售數字的成長或衰退，便可進一步判斷當下美國房市的景氣狀況。

基本判讀1　當成屋銷售數字較前一個月成長或增加時

　　和前期（前一月）的成屋銷售數量相比，當成屋銷售數較上期成長時，代表該月美國房地產景氣呈現復甦與成長，美國整體景氣狀況也將更為熱絡。

當月成屋銷售＞前月成屋銷售　➡　美國房市銷售熱絡　➡　美國房地產景氣呈現復甦

基本判讀2　當成屋銷售數字較前一個月縮減或減少時

　　和前期（前一月）的成屋銷售數量相比，當成屋銷售數較上期下滑時，代表該月美國房地產景氣呈現成長停滯與衰退，意味美國整體景氣狀況也將轉差。

當月成屋銷售＜前月成屋銷售　➡　美國房市銷售停滯　➡　美國房地產景氣呈現衰退

進階判讀

　　當觀察成屋銷售持續三個月以上連續成長或衰退時，即可判斷一個趨勢正在形成，當景氣往成長的方向前進時，景氣持續轉好，連帶美股的市場表現也愈佳，同時，更為細膩的去比較月成長率及年成長率時，更能看出成長或衰退的幅度和程度。

進階判讀1　當成屋銷售數連續三個月以上成長時

當成屋銷售數字較前一個月成長或增加，且出現至少連續三個月的成長，代表美國房地產景氣的復甦與成長趨勢更為明顯，美國整體景氣往復甦方向前進的趨勢也更為確定。在整體經濟景氣轉佳的趨勢愈形確立下，對美股的投資相對較為有利，特別是房地產類股的相關投資，而美國債市的吸引力便相對較低。

成屋銷售數
連續三個月以上成長　➡　美國房地產景氣
持續好轉　➡　● 美股表現較佳
● 美債表現較為不佳

進階判讀2　當成屋銷售數連續三個月以上下滑時

當成屋銷售數字較前一個月縮減或減少，且出現至少連續三個月都呈現下滑，代表美國房地產景氣逐漸衰退的趨勢更為明顯，而美國整體景氣往衰退方向邁進的趨勢也更為確定。在整體經濟景氣轉差的趨勢愈形確立下，對美股的投資相對較為不利，特別是房地產類股的相關投資，而美國債市的吸引力便相對較高。

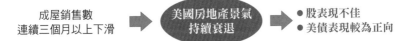

成屋銷售數
連續三個月以上下滑　➡　美國房地產景氣
持續衰退　➡　● 股表現不佳
● 美債表現較為正向

進階判讀3　與上月、去年數字相比

觀察成屋銷售時，需同時觀察「月成長」與「年成長」趨勢。NAR每月在公布「成屋銷售」時，都會先說明「本月」成屋銷售數量較「上月」成長或衰退多少，然後點出「本月」成屋銷售數字與「去年同期」相比，成長或衰退多少。與「前月」相比能了解成屋銷售量的月成長狀況，與「去年同期」相比，則可確定本月的成屋銷售數字規模在一年期間內，約是處在怎樣的水位。

例如，美國2019年9月份的成屋銷售比起前月衰退2.2%，為近三個月來最大降幅，但9月較去年同期上升3.86%，從年增率來看是連續第三個月正成長，長線看來，在房貸利率持續低水準環境下，美國房市仍有新的買盤進入市場，但較高的房價限制了成屋銷售的成長空間。

觀察月成長率

掌握房屋開工成長、衰退幅度

觀察年成長率

掌握房屋開工數的歷史榮枯位置

成屋銷售搭配其他指標的判讀

除了NAR定期公布成屋銷售，美國商務部普查局亦每月定期公布「新屋銷售」數據，雖然來自不同機構，但都是很值得參考的指標。

● 成屋銷售搭配新屋銷售指標

新屋銷售（New Home Sales）是判斷美國房地產產業銷售動能的一項觀察指標，由美國商務部普查局向各大建商調查新屋銷售數字而得。

判讀說明

判讀原則：新屋銷售數字成長，意味美國房市銷售動能暢旺，美國房市景氣較佳；新屋銷售數字衰退，意味美國房市銷售動能不佳，美國房市景氣較差。

組合判斷：

漲跌分類		漲跌情境	判斷說明
同步上漲	↗	新屋銷售數量增加	意味美國房市往上成長趨勢愈形確立。
	↗	成屋銷售數量增加	
同步下跌	↘	新屋銷售數量減少	意味美國房市往下衰退趨勢愈形確立。
	↘	成屋銷售數量減少	
漲跌互見	↗	新屋銷售數量增加	意味美國房市成長或衰退趨勢並不明確，需持續留意後續數據變化。
	↘	成屋銷售數量減少	
	↘	新屋銷售數量減少	
	↗	成屋銷售數量增加	

查詢新屋銷售：從美國商務部普查局首頁（www.census.gov）→ 找到【U.S. Census Bureau Economic Indicators】→ 找到【New Residential Construction】，當中就可以找到新屋銷售的資料。

 「成屋銷售」與「新屋銷售」的比重

「成屋銷售」大約占全美房市交易量約八成到九成，而「新屋銷售」則占全美房屋銷售數字約一成上下的比重，且每月數據變動較大。

成屋銷售的日常活用

成屋銷售可說是美國房地產景氣的領先指標，因此，對於美國市場投資有興趣者，應持續觀察活用銷售數字的變化，做出最好的投資決策。

活用1　美國房產投資的決策參考

成屋銷售與其他房市指標一樣，都可用來判斷美國房地產市場的景氣好壞、以及房價可能的變化。如果成屋銷售數字持續走揚與成長，意味美國房市看好，投資美國房市或地產相關股票也比較有賺頭，對台灣的投資人而言，對於美國地產類股與美國房市的相關投資也可以更積極；如果成屋銷售數字持續下滑與衰退，意味美國房市看淡，投資美國房市或地產相關股票也比較容易虧損，對台灣的投資人而言，對於美國地產類股與美國房市的相關投資，則應該較為謹慎消極。

 房屋銷售與利率高低息息相關

房貸利率高低直接反應購屋者的購屋成本，如果利率水準低，有能力或有興趣買房者就會比較多，以美國為例，2019年聯準會已將利率連三降，聯邦資金利率目標區間已降到1.5%至1.75%，美國房貸利率也降至2.7%至3%上下，支撐美國房市表現。

就業與所得指標

就業與所得，可說是與所有民眾息息相關的議題，只有高就業與高所得，民眾才會有錢投入消費、去投資，景氣環境才會更繁榮，也因此，「就業」與「所得」相關指標，不但是政府財經單位持續緊密追蹤的指標，做為施政的參考依據，同時也是民眾相當留心的指標，要觀察一國經濟好壞，就業與所得相關指標不能不持續觀察。

本篇教你

- ✅ 就業的三個重要指標的意涵與觀察竅門
- ✅ 所得的兩個重要指標的意涵與觀察竅門
- ✅ 如何利用就業與所得相關指標觀察一國的景氣狀態？
- ✅ 如何活用就業與所得相關指標來決定投資方向？

什麼是就業與所得指標？

　　「就業與所得」相關指標的重要性在於，直接影響民眾的荷包重量——就業率高、失業率低，民眾所得較為穩定、收入也較有機會增長，消費意願可望增加，消費市場轉趨繁榮，整體景氣便會更趨熱絡；反之，就業率低、失業率高，民眾所得較不穩定、收入也較無機會增長，消費意願因此減低，消費市場表現低迷，整體景氣更加不振。這也是為什麼「就業與所得」相關指標是市場持續關注的重要經濟指標。

認識就業與所得相關指標

失業率

一國失業人口占就業人口的比例，除了反應企業增雇員工的意願之外，也反應民眾的所得狀況，公布結果常影響投資市場的信心與表現。

參見P137

上週初次申請失業救濟金人數

是美國常見的就業市場相關經濟指標，美國當週首次申請失業救濟金人數的增減，反應美國失業人數增減的重要領先指標。

參見P148

非農業就業人口

美國非農產業的就業人口增減，主要反應製造業、服務業等的就業市場狀況，為市場相當關注的就業指標。

參見P157

個人所得

美國一般民眾個人所得的成長或衰退狀況，直接影響消費市場的榮枯，以及整體經濟景氣的好轉或惡化。

參見P166

儲蓄率

反應一國民眾的儲蓄狀況，以及消費意願，可做為觀察消費市場榮枯、經濟體質好壞的重要指標。

參見P175

失業率

　　失業率是一種反應整體經濟狀況的經濟指標，也是經濟學家相當重視的統計調查，雖然失業率算是比較落後的總體經濟指標，但由於就業狀況對一般消費信心有重大影響，通常無法確保工作飯碗的情況下，民間消費也會跟著保守，進而影響總體消費支出與經濟景氣，因此，失業率可說是直接影響投資與消費心情的指標。

　　美國是全球重要的經濟體，美國失業率數字的高低不但反應了美國景氣好壞，更能看出美國民眾的消費信心，所以是全球相當關注的指標；至於台灣的失業率增減與我們的生活切身相關，因此本篇將針對美國與台灣的失業率數字加以說明。

■基本資料

性質	□先行指標　　□同期指標　　■落後指標
製成國家／機構	●台灣：行政院主計總處 ●美國：勞工部勞工統計局（Bureau of Labor Statistics）
公布單位／ 公布日期	●台灣行政院主計總處／每月25日前後公布上月數字。 ●美國勞工部勞工統計局／每月第一個週五公布上月數字。
取得管道	●進入台灣行政院主計總處首頁www.dgbas.gov.tw，從【重要指標】，找到【失業率】，點入即可瀏覽相關資訊。 ●進入美國勞工部勞工統計局首頁www.bls.gov，從【Economic Releases】點入，找到【EMPLOYMENT & UNEMPLOYMENT】點入，即可查詢相關資訊
重要性	高度　　　　適用對象　　關心台灣或美國景氣狀態者

INFO　失業率為何是經濟的落後指標？

因為企業決定要裁減員工，通常是大環境非常嚴峻之下，才祭出的不得已手段，同樣地，企業決定增聘員工，也要等到大環境確定好轉之下，才會開始動作，所以，從就業數字或失業報告來判斷景氣狀態，會有時間落差。

失業率的製成概念與計算方式

失業率是指十五歲以上，有能力且有意願工作者的失業人口占勞動人口的比率，失業率反應了勞動市場的供需狀況，是觀察一國或地區失業狀況的主要指標。失業率的計算方式，是由「失業勞動人數」除以「總勞動人數」計算得來。

計算公式

$$失業率 = \frac{失業勞動人口數}{總勞動人口數} \times 100\%$$

● 台灣失業率的製成概念

行政院主計總處查編台灣地區人力資源統計，每月以家庭為單位，透過抽樣調查蒐集15歲以上人口之勞動狀況。該調查第一階段樣本涵蓋約520個村里；第二階段樣本戶約20,660戶，總抽出率約2.4‰，包括年滿 15 歲的人口近6萬人。

在調查過程中，抽樣家庭中有工作的人，會被列入就業中的勞動人口，如無工作者，則將進一步詢問是否正在積極尋找工作，若無尋找工作的意願與動作，則被列為「非勞動人口」，若有尋找工作的意願與動作但尚未找到，則被列為「失業的勞動人口」。

計算公式

$$失業率 = \frac{台灣失業勞動人口數(失業人口)}{台灣總勞動人口數(就業人口+失業人口)} \times 100\%$$

● 美國失業率的製成概念

美國勞工部（Labor Department）每月會針對6萬戶抽樣家庭進行就業調查，詢問家庭成員的就業或失業狀態，且其中四分之一的抽樣樣本家庭會每月置換，以提高調查的正確性。

在調查過程中，抽樣家庭中有工作的人，會被列入就業中的勞動人口，如無工作者，則將進一步詢問是否正在積極尋找工作，若無尋找工作的意願與動作，則被列為「非勞動人口」，若有尋找工作的意願與動作但尚未找到，則被列為「失業的勞動人口」。

計算公式

$$失業率 = \frac{美國失業勞動人口數(失業人口)}{美國總勞動人口數(就業人口+失業人口)} \times 100\%$$

失業率的判讀

　　失業率的高低直接影響了消費者對就業市場的看法，同時也更進一步地影響了消費意願，若失業率大增，社會上沒有生產力且無收入的人數增加，大多數人消費意願降低，形成普遍的消費信心不足，拖累經濟成長。失業率雖然是相對落後的經濟指標，但數據公布時常常影響市場投資與消費信心甚鉅，是政府、企業、民眾都關心的指標，從中可以看出就業市場的供需及景氣好壞，進而做出適當的決策。

基本判讀

　　一國勞動力是否充分就業，是否供需失衡，可從失業率看出，就業和所得連動深，若失業率高，無收入的民眾大增，使得大多數人寧願緊縮消費，影響景氣表現。所以，觀察失業率增減幅度，先從和上月比較開始。

基本判讀1　當失業率較前月增加時

　　當失業率較前月增加，表示該國企業僱員意願減低，社會上有更多的失業人口，因為完全沒收入，使得市場消費意願下滑，整體經濟景氣可能更差。

| 當期失業率 | > | 前期失業率 | ➡ | 失業人口增加 | ➡ | ● 沒收入的人數增加
● 消費力降低、消費意願下滑 |

基本判讀2　當失業率較前月減少時

　　當失業率較前月減少，表示該國企業僱員意願增加，社會上失業人口減少，有收入的人增加，市場上有消費意願的人上升，整體經濟景氣可能轉佳。

| 當期失業率 | < | 前期失業率 | ➡ | 失業人口減少 | ➡ | ● 沒收入的人數減少
● 消費力提高、消費意願上揚 |

INFO 失業率歷史數據資料哪裡找？

- 進入台灣行政院主計總處首頁www.dgbas.gov.tw，從【重要指標】，找到【失業率】，下方即有歷史資料圖表。
- 進入美國勞工部勞工統計局首頁www.bls.gov，從【Economic Releases】點入，找到【EMPLOYMENT & UNEMPLOYMENT】點入，找到【Employment Situation】點入【Charts】即可查詢相關資訊。

進階判讀

失業率的高低表現出經濟狀況的好壞，高失業率持續愈久表示景氣愈不佳、愈不利。通常會持續觀察一段時間，三個月是基本的觀察區間，若持續上漲或下跌超過三個月則表示失業率高漲或下滑的趨勢已經形成。

進階判讀1　當失業率連續三個月以上走揚時

當失業率長期居高不下時，意味著企業聘僱員工的意願持續下滑，影響所及失業人口已經愈來愈多，失業者的消費意願隨著收入遞減而走低，在缺乏消費刺激下，企業商品銷售量下滑、獲利受到衝擊，景氣狀況愈來愈不樂觀，連帶地因為缺乏資金動能，使得股票市場下滑，而債券市場因為資金轉向較安全性資產而受惠，貨幣則因當地景氣不佳、持有者較少而轉為弱勢。

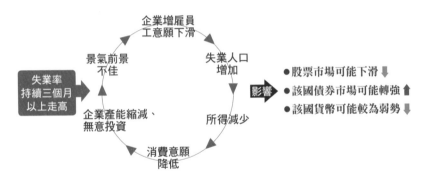

進階判讀2　當失業率連續三個月以上下滑時

　　當失業率連續三個月以上下滑時，意味著企業聘僱員工的意願持續地增加，因此失業人口也會逐步減少，連帶地使民眾的消費意願逐漸提高，企業商品銷售量增加、獲利跟著增加，使得景氣狀況漸漸轉佳，連帶地因為資金動能增溫，使得股票市場上漲，而債券市場則可能因資金流向風險性資產而轉弱，貨幣可能因當地景氣好轉，持有者增加而轉為強勢。

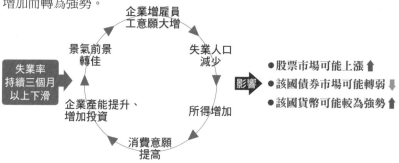

失業率搭配其他指標的判讀

　　除了台灣失業率，行政院主計總處亦定期公布「台灣工業及服務業受僱員工人數」的增減，可以從受僱員工增減角度觀察台灣就業市場的榮枯，與失業率搭配判讀，可以更確定就業市場的好壞趨勢。由於美國是全球重要的經濟體，故判讀失業率時，也會參照美國的部分。美國公布失業率數字時，在就業報告中也會公布「美國勞動力參與率」與「美國就業人口比率」，與失業率數字表現搭配觀察，較能深入了解美國就業市場的真實面貌。

INFO　從哪裡可得知市場對失業率的預估數字？

從各大財經網站中搜尋「失業率」新聞，就可以找到主要國家失業率訊息，內容中也會提及市場對未來失業率的預估看法。除了搜尋新聞，讀者也可以到鉅亨網www.cnyes.com從【首頁】→【全球市場】→【經濟指標】，從【經濟指標預告】，選擇【國家】、找到【失業率】即可找到市場對該指標的預估值，不過通常要指標公布前幾天，才會有預估數值公布。

● 台灣失業率搭配台灣工業及服務業受僱員工成長率指標

　　台灣受僱員工成長率主要反應台灣工業與服務業受僱員工人數的增減，受僱員工人數愈增加，意味就業人數愈多，失業率愈低，是失業率的反向指標。留意受僱員工成長率與失業率的表現是否同步好轉或惡化，更能掌握台灣就業市場好壞狀況。

判讀說明

判讀原則：留意失業率數字與受僱員工成長率是否同步改善或惡化。

組合判斷：

漲跌分類		漲跌情境	判斷說明
同步上漲	↗	受僱員工成長率成長	兩項指標表現一好一壞，意味就業市場好轉或惡化趨勢尚不明確，需持續留意後續指標變化。
	↗	失業率數字上漲	
同步下跌	↘	受僱員工成長率呈現衰退	兩項指標表現好壞趨勢相同，意味就業市場好轉趨勢更加確立。
	↘	失業率數字下跌	
漲跌互見	↗	受僱員工成長率呈現成長	兩項指標表現好壞趨勢相同，意味就業市場惡化趨勢更加確立。
	↘	失業率數字下跌	
	↘	受僱員工成長率呈現衰退	
	↗	失業率數字上漲	

查詢【台灣工業及服務業受僱員工人數】：

進入台灣行政院主計總處首頁 www.dgbas.gov.tw，點入【新聞稿及即時新聞澄清】，找到【受僱員工薪資與生產力】，點入最新連結即可瀏覽相關資訊。

● 美國失業率搭配美國勞動力參與率指標

　　美國勞動力參與率（Civilian Labor Force Participation Rate）是指「勞動力人口數／16歲以上人口數」，即實際參與市場的勞動者（不管是就業中或失業待業中的人，只要有就業意願者都計算在內）占16歲以上的人口比率。勞動力參與率增加，意味投入勞動市場的人數更多了，如果失業率也同步增加，意味企業並沒有同步增加僱員；勞動力參與率減少，意味投入勞動市場的人數變少了，如果失業率也同步下滑，有可能只是反應勞動市場人數變少，而非企業增加僱員。

判讀說明

判讀原則：留意失業率數字與勞動力參與率是否同步改善或惡化。

組合判斷：

漲跌分類	漲跌情境	判斷說明
同步上漲	↗ 美國勞動力參與率指標上漲	意味企業並未同步增加僱員，就業市場仍待企業有明顯增加僱員意願才能改善。
	↗ 失業率數字上漲	
同步下跌	↘ 美國勞動力參與率指標下跌	可能意味投入勞動市場的人數變少了，所以失業率才下滑，並不一定是企業真的增加僱員，需留意後續指標變化。
	↘ 失業率數字下跌	
漲跌互見	↗ 美國勞動力參與率指標上漲	參與率增、失業率跌，意味企業真正增加僱員的可能性較高，就業市場好轉趨勢較為確立。
	↘ 失業率數字下跌	
	↘ 美國勞動力參與率指標下跌	參與率減、失業率增，意味參與人數減少下失業率卻更加惡化，就業市場惡化的趨勢較為確立。
	↗ 失業率數字上漲	

查詢美國勞動力參與率：
進入美國勞工部勞工統計局首頁 www.bls.gov，從【Economic Releases】點入，找到【EMPLOYMENT & UNEMPLOYMENT】點入，找到【Employment Situation】點入新聞資料，找到【Civilian labor force/Participation rate】即可查詢相關資訊。

● 美國失業率搭配美國就業人口比率指標

美國就業人口比率（Employment-Population Ratio）為就業人口占總人口的比率，比較是由就業人數增減的角度來觀察就業市場。就業人口比例愈高，意味就業市場愈繁榮；就業人口比例愈低，意味就業市場愈低迷，是失業率的反向指標。

判讀說明

判讀原則：留意失業率數字與就業人口比率是否同步改善或惡化。

組合判斷：

漲跌分類	漲跌情境		判斷說明
同步上漲	↗	美國就業人口比率指標上漲	兩者表現一好一壞，意味就業市場好轉或惡化趨勢不明確，需持續留意後續變化。
	↗	失業率數字上漲	
同步下跌	↘	美國就業人口比率指標下跌	兩者表現一好一壞，意味就業市場好轉或惡化趨勢不明確，需持續留意後續變化。
	↘	失業率數字下跌	
漲跌互見	↗	美國就業人口比率指標上漲	兩者表現同步意味就業市場好轉趨勢更加明確。
	↘	失業率數字下跌	
	↘	美國就業人口比率指標下跌	兩者表現同步意味就業市場惡化趨勢更加明確。
	↗	失業率數字上漲	

查詢美國就業人口比率：
進入美國勞工部勞工統計局首頁 www.bls.gov，從【Economic Releases】點入，找到【EMPLOYMENT & UNEMPLOYMENT】點入，找到【Employment Situation】點入新聞資料，找到【Employment-population ratio】即可查詢相關資訊。

失業率的日常活用

失業率不但反應一國就業市場的狀況，更反應了民眾荷包的重量、消費投資的意願、一國景氣好壞及企業對景氣前景的預測。政府也會藉由利率政策來調節失業率。

活用1　失業率能確定一國經濟景氣真實面貌

失業率數字能真實反應民間的購買力，以及可看出企業對經濟前景的樂觀程度，唯有真正看好景氣前景，企業才會願意增加員工人數。

換言之，當就業市場真正好轉，失業率回到較為正常的水準，才是真正意味經濟景氣已經回穩與回春。失業率的正常水準通常是與過去十年相比，相對較為低檔的位置，以美國為例，過去十年來，美國失業率最高達10%（2009年10月），近年來則降到4%以下最低檔，顯現美國景氣仍處在相對穩健的位置；台灣的失業率曾在98年8月達到最高峰6.13%，近年則多維持在4%以下，意味著景氣狀況依舊健康。

美國近十年來失業率（%）走勢圖

資料來源：美國勞工部勞工統計局網站

台灣失業率表現（%）

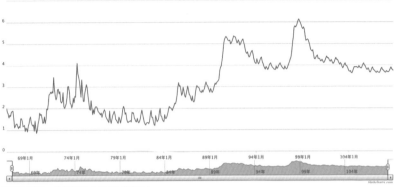

資料來源：行政院主計總處網站

活用2〔 由失業率判斷一國的利率政策方向

　　失業率雖然是相對落後的經濟指標，卻能真實反應一國經濟景氣的真實面貌，因此公布時，往往能直接影響市場投資與消費信心。當失業率數字持續惡化時，為了挽救高失業率，避免經濟持續惡化，政府相當有可能在不久的將來，以降息的方式刺激經濟景氣、提高消費與投資意願。這時資金便會從銀行流出轉向風險性資產如股票等，以求取更高收益，相關投資便有較佳表現機會，這時可增加股市的投資比重。

　　反之，當失業率數字持續好轉時，隨著消費意願及投資逐漸熱絡情況下，政府相當有可能在不久的將來，以升息的方式讓利率回歸較正常的水準，以降低通膨的壓力或避免景氣過熱。這時資金可能回流利率較高的銀行體系，以吸收較高利息，對風險性資產如股票而言則較為不利，這時應降低股市的投資比重。

活用3　從失業率走勢圖掌握就業市場狀態

　　對於經濟指標使用新手而言，如果看到媒體公布失業率數字為5%或10%，可能感覺「失業率好像很高」，但不確定到底失業問題有多嚴重。這時就要仰賴過去的數字與圖表來判斷。

　　衡量失業率的高低時，可先找出一國失業率的歷史趨勢圖，並設定一個長期的觀察區間，一般設定為10年，並從這段區間中，找出歷史高點與低點，藉此觀察失業率在觀察區間中，究竟是處在什麼樣的水位上。

　　舉例來說，如看到美國2019年10月失業率為3.6%，感覺好像蠻低的。參考美國近十年來的失業率數字可以看到，3.6%這個數字不但相當低、而且還是近10年（更是近50年）來的最低，比起2007～2009年金融海嘯時失業率一路上攀到10%，2019年的美國就業市場確實表現相當強勁。

活用4　留意失業率與市場預期是否產生落差

　　失業率反應了市場勞動力是否充分運用,當閒置的勞動力增加時,影響的層面除了經濟需求面上,還包含了政治方面,高失業率也容易對社會治安帶來不利的影響。因此,每個月美國或台灣失業率數字公布之前,多數券商研究單位會發布對最新失業率數字的預估值,一旦公布出來的失業率數字表現明顯優於市場預期,通常對市場投資或消費信心會有相當的助益,這時股市表現通常會較好,可以較積極投入股市;反之,一旦公布出來的失業率數字表現明顯不如市場預期,通常對市場投資或消費信心則會有相當的負面衝擊,這時股市表現通常會較差,對股市的投資則可較為觀望。

公布
失業率數字

優於市場預期 ➤ 對市場投資或消費信心
有相當助益

不如市場預期 ➤ 對市場投資或消費信心
有相當衝擊

INFO 世界主要國家的失業率如何呢?

台灣行政院主計總處公布台灣失業率數字時,也會同時揭露世界主要國家與地區的最新失業率,可以互相比較。以2019年最新數據為例,各國失業率分別如下:
法國8.5%(8月),加拿大5.5%(9月),英國3.8%(6月),美國3.5%(9月),德國3.1%(8月),南韓3.1%(8月),香港2.9%(9月),日本2.2%(8月),新加坡2.2%(第2季;居民失業率 3.1%),台灣3.8%(9月)。

上週初次申請失業救濟金人數

　　上週初次申請失業救濟金人數（Unemployment Insurance Weekly Claims, UI Claims），簡稱初領失業救濟金人數，主要反應美國一週內首次申請領取失業救濟金，也就是新產生的失業人數的增減，是媒體上常看到的美國就業市場相關經濟指標，由於這數據每週公布一次，可以每週定期觀察美國申請失業救濟金的新增人口增減變化，通常用來預測接下來的失業率數字，可說是失業率等就業報告的先行指標，其重要性可想而知。

■基本資料

性質	■先行指標　□同期指標　□落後指標
製成國家／機構	美國：勞工部（U.S. Department of Labor）
公布單位／公布日期	美國勞工部（U.S. Department of Labor）／每週四公布上週數據。
取得管道	進入美國勞工部就業培訓管理局The Employment and Training Administration (ETA)首頁www.doleta.gov，找到【Latest Numbers】，點入【Unemployment Insurance Initial Claims】，即可查詢相關資訊。
重要性	高度　　適用對象　關心台灣或美國景氣狀態者

INFO　初領失業救濟金人數歷史數據哪裡找？

從美國勞工部就業培訓管理局ETA公布的Unemployment Insurance Initial Claims新聞稿（News Release）資料中，就會有近一年來的走勢圖與資料可以參考。如想查詢更久遠的資料，則可以直接輸入以下網址查詢：oui.doleta.gov/unemploy/claims.asp

初領失業救濟金人數的製成概念與計算方式

初領失業救濟金人數直接反應美國最新的申請失業救濟金,即失業人數的增減,是最具時效性的就業指標。

● 初領失業救濟金人數的製成概念

初領失業救濟金人數資料主要來自全美各地失業救濟金申請辦公室,並由總部失業保險辦公室(Office of Unemployment Insurance)匯整最新失業人數的申請案件資料而來。

● 初領失業救濟金計算方式

初領失業救濟金人數的計算方式,簡單來說,是由美國失業保險辦公室(Office of Unemployment Insurance)定期向美國各失業救濟金申請辦公室匯整資料,以每週一次的頻率所公布的數字。

在完整的「初領失業救濟金人數」報告中,同時還會揭露美國各州當中,「初領失業救濟金人數」增加與減少超過1,000人的州別以及增加與減少的數字,可以同時觀察哪一州的初領失業救濟金人數增加最多,以及哪一州的初領失業救濟金人數減少最多,有時還會說明增加與減少的主要原因。

INFO 初領失業救濟金人數指標的重要性

美國「初領失業救濟金人數」自1967年1月7日即有統計數字,至今已有50多年的歷史,因此記錄了初領失業救濟金的人數,也等於是完整的失業率先行指標,透過此指標可以預估當月的失業率高低,更是美國領先指標的10項組成指標之一(參見第二篇P.53),其完整性與重要性可想而知。

初領失業救濟金人數的判讀

初領失業救濟金人數算是就業報告的先行指標，這每週公布一次的數字如果逐週攀升，下個月公布的當月失業率數字也將高漲，即意味美國就業市場持續低迷，整體經濟環境也不會太好。

基本判讀

初領失業救濟金人數是失業者向美國失業保險辦公室申請失業救濟金的人數。所以，從請領人數即可看出當週失業人數的消長，進而判斷景氣的好壞。

基本判讀1（ 當初領失業救濟金人數較上週增加時

若初領失業救濟金人數較前週增加，表示當週失業人口增加，意味企業僱員意願減低，當月失業人口可能攀升，市場消費將意願下滑，整體經濟景氣可能更差。

基本判讀2（ 當初領失業救濟金人數較上週減少時

初領失業救濟金人數較前週減少，表示當週失業人口減少，意味企業僱員意願可能增加，當月失業人口可能減少，市場消費意願將增加，整體經濟景氣可能轉佳。

143

進階判讀

初領失業救濟金人數除了需每週持續觀察外，還要留意和市場預期的落差程度、中長期表現趨勢，才能更精確掌握美國就業市場的整體狀況。

進階判讀1　當初領失業救濟金人數連續四週以上走揚時

若發現初領失業救濟金人數連續走揚時，可以觀察是否持續走揚，持續多久時間。當指標連續四週以上走揚時，意味著企業聘僱員工的意願持續下滑，失業率將會逐步增加，市場上充斥著更多失業人口。受此影響，市場開始消費不振、企業商品銷售成績變差、獲利逐漸下滑，股票市場較無表現空間，此時，資金便會移往較安全的債市，債券表現便可能較強，因為整體景氣環境轉差，國際資金投資美國、持有美元意願減少，美元可能較弱勢。

進階判讀2　當初領失業救濟金人數連續四週以上下滑時

當初領失業救濟金人數連續四週以上下滑時，意味著企業聘僱員工的意願將會持續地增加，使得失業率下降，市場上就業的人數將逐步增多，人們也較有消費意願帶動企業銷售，獲利逐步轉佳，股票市場較有上漲空間，因為資金偏好移往股市，債券表現便可能較弱，同時，整體景氣環境轉佳，國際資金投資美國、持有美元意願增加，美元可能較強勢。

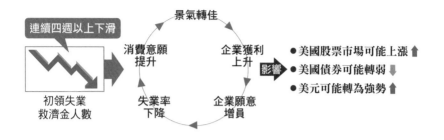

進階判讀3（與去年同期、歷史數字相比

　　由於初領失業救濟金人數每週公布一次，每月便至少公布四到五次。如果只觀察近期數字，短期內數字的連續增減容易誤判，但與去年同期或歷史數據相較，則能看出實際好壞。

　　如果最近四、五次的初領失業救濟金人數比去年同期增加，增加人數愈多，代表目前就業市場環境愈不佳；反之，如果比去年同期減少，減少人數愈多，代表目前就業市場環境愈好。

　　如果最近四、五次的初領失業救濟金人數與過去特定期間（景氣大好或景氣大壞時）相較，結果相近或差很多，就可判斷目前的就業市場環境是好或壞。像2009年初領失業救濟金人數曾高達66萬多人，2019年來人數逐漸下滑，大多維持在20萬人上下，顯見2019年的就業市場相當不錯。

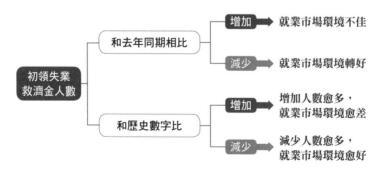

初領失業救濟金人數搭配其他指標的判讀

美國勞工部在公布「初領失業救濟金人數」時,也會同時公布「美國申領人數4週均線」和兩週前的「連續申請失業救濟金人數」,搭配判讀可以幫助正確地了解美國就業市場的轉好或轉差的程度。

● **美國初領失業救濟金人數搭配上週連續申請失業救濟金人數**

美國上週連續申請失業救濟金人數(UI Continued Claims)是指上週持續申請失業救濟金的人數,此數字如下滑,意味之前失業且持續尋找工作的人,已經有較多的人找到工作了,就業市場已有改善。若數字上揚,代表失業且持續找工作的人尚未找到工作,就業市場狀況仍然不佳。

判讀說明

判讀原則:留意兩項失業救濟金申請人數的增減是否同步改善或惡化。

組合判斷:

漲跌分類	漲跌情境	判斷說明
同步上漲	↗ 美國上週連續申請失業救濟金人數上漲 ↗ 初領失業救濟金人數上漲	失業人數持續增加,就業市場依舊不振。
同步下跌	↘ 美國上週連續申請失業救濟金人數下跌 ↘ 初領失業救濟金人數下跌	失業人數持續減少,就業市場呈現好轉。
漲跌互見	↗ 美國上週連續申請失業救濟金人數上漲 ↘ 初領失業救濟金人數下跌 ↘ 美國上週連續申請失業救濟金人數下跌 ↗ 初領失業救濟金人數上漲	失業人數呈現不同步增減,意味就業市場前景不明,需持續留意後續變化。

查詢美國上週連續申請失業救濟金人數:
直接點選 oui.doleta.gov/unemploy/claims.asp 即可查詢相關資訊。

● 初領失業救濟金人數搭配美國申領人數四週均線

美國申領人數四週均線（UI Claims 4-Week Moving Average）也就是前四週的「初次申請失業救濟金人數」平均值，可以剔除某一週突然增加或減少的波動，得到比較平均平滑的趨勢。

由於「初領失業救濟金人數」可能因為某產業或企業的大幅裁員而有突然上升的現象，因此美國勞工部也同時公布波動度較小、較能反應當月平均狀態的「美國申領人數四週均線」，供各方參考。

判讀說明

判讀原則：留意兩項失業救濟金申請人數的增減是否同步改善或惡化。

組合判斷：

漲跌分類		漲跌情境	判斷說明
同步上漲	↗	美國申領人數四週均線上漲	失業人數持續增加，就業市場依舊不振。
	↗	初領失業救濟金人數上漲	
同步下跌	↘	美國申領人數四週均線下跌	失業人數持續減少，就業市場呈現好轉。
	↘	初領失業救濟金人數下跌	
漲跌互見	↗	美國申領人數四週均線上漲	兩指標不同步增減，表示就業市場前景不明，需持續留意後續變化。
	↘	初領失業救濟金人數下跌	
	↘	美國申領人數四週均線下跌	
	↗	初領失業救濟金人數上漲	

查詢美國申領人數四週均線數字：
直接點選 oui.doleta.gov/unemploy/claims.asp 即可查詢相關資訊。

初領失業救濟金人數的日常活用

初領失業救濟金人數反應了美國每週的就業與失業狀態,每週持續觀察、靈活運用,更能確切掌握美國就業市場與整體經濟的好壞。對台灣民眾而言,可以藉由此項指標判斷美國景氣好壞趨勢,對於美國市場如股、債、匯市有興趣者,便可參考此指標做出較佳投資決策。

活用1 由初領失業救濟金人數預測下月美國失業率的高低

「初領失業救濟金人數」之所以備受眾人矚目,是因其為一週公布一次的就業數據,就時效性來說,比失業率更有領先意義,也因此,通常被經濟學家或研究單位拿來做為預測當月失業率的重要預測指標。

一般民眾雖然無法單純就「初領失業救濟金人數」的增減或高低來預測美國下月公布的失業率會是多少,但至少可以由這每週一次的數據,感受到美國就業市場是否改善。如果「初領失業救濟金人數」連續四週上揚,當然當月的失業率數字也不會太好看;如果「初領失業救濟金人數」連續四週下滑,想當然爾當月的失業率數字應會傳出佳音。

對台灣投資者而言,美國失業率降、就業市場繁榮,整體景氣轉佳機會便大為增加,景氣好、企業獲利佳,對美股是利多一樁,可以較樂觀看待美股相關投資;景氣好,資金偏好流向股市,美債表現空間可能較弱,對美債相關投資可較為觀望;景氣好,國際資金流向美國意願增加,美元表現可能較為強勢。反之,則對美股、美元應較為觀望,對美債投資可較為積極。

初領失業救濟金人數連續上揚 → 美國失業率上漲 → 就業市場蕭條、整體景氣轉差 → 影響 ● 美股表現轉差 ⬇ ● 美債表現空間增加 ⬆ ● 美元表現較為弱勢 ⬇

初領失業救濟金人數連續上揚 → 美國失業率下跌 → 就業市場繁榮、整體景氣轉佳 → 影響 ● 美股表現看好 ⬆ ● 美債表現空間不佳 ⬇ ● 美元表現較為強勢 ⬆

活用2〉由初領失業救濟金人數判斷美國政府的政策方向

　　失業率數據的好壞將會影響美國經濟與利率政策的方向，以及民眾的消費信心，「初領失業救濟金人數」也有同樣的應用效果，且因為每週公布一次更具時效性，對於觀察美國政府的政策方向，更有參考價值。特別是如果下週美國聯準會將召開利率會議時，當週公布的「初領失業救濟金人數」，因為是當週最新的就業與失業狀況而格外受矚目，成為當下美國聯準會參考的重要指標。

　　當「初領失業救濟金人數」持續攀升時，美國政府相當有可能在不久的將來，以降息的方式刺激經濟景氣、提高市場消費與投資意願。反之，當「初領失業救濟金人數」持續下滑時，美國政府相當有可能在不久的將來，以升息的方式讓利率回歸較正常的水準，以降低通膨的壓力或避免景氣過熱。

活用3〉留意公布數字與市場預期間的落差有多大

　　各券商研究單位也會針對「初領失業救濟金人數」定期公布預估數字，一旦公布出來的「初領失業救濟金人數」比市場預期少，便意味就業市場表現比市場預期好，通常對投資市場或消費信心會有不錯的提振作用。

　　若公布出來的人數較市場預期多，則表示就業市場的現況比預期還差，不利於資市場及消費信心。對台灣投資者來說，美國就業市場轉好，企業獲利可望轉佳，可以較樂觀看待美股相關投資；當景氣熱絡，資金偏好流向股市，美債表現空間可能較弱，對美債相關投資可較為觀望；受景氣好轉激勵，國際資金流向美國意願增加，美元表現可能較為強勢。反之，則對美股、美元應較為觀望，對美債投資可較為積極。

非農業就業人口（NFP）

　　非農業就業人口（Nonfarm Payroll Employment, NFP）就是非農業單位的就業人口數，由美國勞動部勞動統計局定期於每月月初公布非農就業人口的增減人數。由於非農就業人口的增減，代表支撐美國經濟主體的服務業、製造業等產業的就業市場狀態，可說是就業指標中的領先指標，也是市場相當關注的就業市場指標之一。

■基本資料

性質	■先行指標　□同期指標　□落後指標
製成國家／機構	美國：勞工部勞工統計局（Bureau of Labor Statistics）
公布單位／公布日期	美國勞工部勞工統計局（Bureau of Labor Statistics）／每月第一個週五公布上月數字。
取得管道	進入美國勞工部勞工統計局首頁www.bls.gov，從【Economic Releases】點入，找到【EMPLOYMENT & UNEMPLOYMENT】點入，找到【Employment Situation】點入新聞資料，找到【nonfarm payroll employment】即可查詢相關資訊。
重要性	高度
適用對象	關心美國景氣狀況者

INFO 非農業就業人口指的是哪些產業或單位呢？

　非農業就業人口是指非農業單位，簡單來說，包含了工廠、辦公單位、商店與政府機關等。

非農業就業人口的製成概念與計算方式

非農業就業人口主要是由美國勞工統計局與各州政府轄下的就業機構合作，每月進行「目前就業統計調查」（Current Employment Statistics survey, CES establishment survey），調查結果稱為 Establishment Data，最後彙整於就業現況（The Employment Situation）報告中，與失業率等指標一起公布。

● 非農業就業人口的製成概念

非農業就業人口的構成要素，來自：（1）私部門（Private sector）的礦採業、營建業、製造業、耐久財業（如汽車業）、零售買賣業、躉售買賣業、資訊業、金融業、運輸業等；以及（2）公部門（Government）的中央政府、聯邦政府、地方政府等。

由美國勞工局與各州政府就業機構的目前就業統計調查的樣本數包含美國大概14.2萬個企業與政府單位，涵蓋了約68.9萬個就業機構，其中約40%的調查樣本為員工人數少於20人的美國中小企業，以期更有效反應非農業機構的就業狀態。

● 非農業就業人口的計算方式

從全美非農業企業與政府單位中隨機抽樣出約68.9萬個就業機構，再追蹤調查這些機購的就業人口增加與減少的數量。

在公布非農就業人口增減時，報告中同時會說明非農就業人口的增加或減少，主要來自哪些非農產業，讓市場更能深入了解美國非農產業的員工就業狀況與產業景氣榮枯。

以2019年10月為例，美國非農就業人口新增12.8萬人，市場原先預期是僅有新增7.5萬人。就業人口新增的產業別主要是在食品服務、飲品店、社會支援、金融相關等，但在製造業就業人口則減少3.6萬人，主要是受到罷工的影響。

INFO 非農業就業人口的「目前就業統計調查」詳情

想更了解「目前就業統計調查」（Current Employment Statistics Survey, CES establishment survey）的詳情，可以直接輸入此連結www.bls.gov/ces，裡面有相當多的資訊可以參考。

非農業就業人口的判讀

非農業就業人口是美國就業報告中相當重要的領先指標，主要觀察數字增減的幅度與持續的時間。如果逐月增加，且增加持續的期間愈久，意味就業市場的好轉趨勢更為確立，整體經濟景氣也更為好轉。如果逐月減少，且減少持續的期間愈久，意味就業市場惡化趨勢更為明顯，整體經濟景氣也會受到負面影響。

基本判讀

由於非農就業人口代表了支撐美國經濟主體的服務業、製造業等的從業人員，非農人員的增減都反應了美國就業市場的情況，更映現了整體經濟主體的榮枯興衰，若從「非農就業人口」指標觀察，可初步由從人員的增減情形做判斷。至於是否形成趨勢，則需要拉長觀察時間。

基本判讀1　當非農業就業人口較前月增加時

非農業就業人口較前月增加，表示當月非農產業如服務業、製造業已開始增加僱員，意味非農產業的景氣好轉，整體經濟景氣將更為轉佳。

當月非農業就業人口 ＞ 前月非農業就業人口 ➡ 表示美國服務業、製造業景氣好轉

基本判讀2　當非農業就業人口較前月減少時

非農業就業人口較前月減少，表示當月非農產業仍不願增加僱員，意味非農產業的景氣依舊不佳，整體經濟景氣也未見好轉。

當月非農業就業人口 ＜ 前月非農業就業人口 ➡ 表示美國服務業、製造業景氣不佳

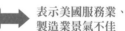 非農業就業人口的歷史資料哪裡找？

進入美國勞工部勞工統計局首頁www.bls.gov，從【Economic Releases】點入，找到【EMPLOYMENT & UNEMPLOYMENT】點入，找到【Employment Situation】點入【Charts】，再從【Establishment Survey data】中點入，找到【Employment by Industry】即可查詢相關圖表。或直接點入www.bls.gov/charts/employment-situation/employment-levels-by-industry.htm

進階判讀

　　由於非農業就業人口的增減反應了美國就業市場的狀態，因此需要持續觀察其數字增減表現之外，還要留意影響數字增減主要是來自公部門或私部門，才能夠更清楚美國就業市場的好轉或低迷的主因。

進階判讀1　當非農業就業人口連續三個月以上正成長時

　　當觀察到非農業就業人口數量連續三個月以上持續增加、較前月呈現正成長時，意味著非農業企業正持續地增雇員工、市場失業人口逐漸地減少、景氣愈來愈好，企業獲利表現愈佳，對美國股票市場而言是一大利多，股市可能上漲，而美國公債可能因為資金流向股市而轉弱，美元則因國際資金有較高興趣持有美國資產而較為強勢。

進階判讀2　當非農業就業人口連續三個月以上負成長時

　　當觀察到非農業就業人口數量連續三個月以上持續減少、較前月呈現負成長時，意味著非農業企業仍不願增雇員工、市場失業人口持續地增加、景氣依舊不佳，企業獲利表現也衰退，對美國股票市場而言是一大利空，股市可能下跌，而美國公債可能因為資金流出股市轉向債市而轉強，美元則因國際資金持有美國資產意願降低而較為弱勢。

153

進階判讀3　觀察帶動非農業就業人口增減的主要部門

在非農業就業人口公布的同時，報告中同時會載明非農業公部門與民間部門的就業人口增減，可以詳細看一下到底是哪些非農產業增加較多就業人口，進一步預測這些增加比較多的產業景氣狀態。

比如說，如果民間私部門明顯增加，特別是服務業、製造業等產業就業人口明顯增加，意味這些產業看好景氣復甦，所以開始增加員工了，景氣好轉的可能性便增加許多。再比如說，如果只是一些臨時性雇員增加許多，使「非農業就業人口」明顯增加，則因為只是臨時的增加，下個月很有可能又回到負成長或成長數字有限，則景氣是否復甦仍需要觀察。

| 觀察帶動非農業就業人口增減主部門 | → | 來自民間部門 | 影響 | 景氣可能好轉 |
| | → | 來自臨時雇員 | 影響 | 景氣復甦仍待觀察 |

進階判讀4　觀察非農業就業人口的增減趨勢

通常非農業就業人口不會忽增忽減，一旦非農就業人口每月都穩定地增加或減少，表示就業市場的復甦或衰退趨勢更為確立。而根據美國勞工統計局資料顯示，一旦非農就業人口每月都穩定地增加超過10萬，且持續三個月以上，表示非農產業就業人數穩定成長，就業市場穩定復甦的趨勢可說是相當確立了。

反之，若非農業就業人口每月都維持負成長的減少狀態，且持續三個月以上，代表非農產業的就業狀態仍未見復甦，可見美國就業市場仍相當低迷。

非農就業人口

↓

- 每月穩定超過10萬
- 持續增加三個月以上

↓

就業市場穩定復甦趨勢確立

在非農業就業人口公布的同時，報告中的表格還會揭露去年同期的非農業就業人口的增減情況，也可以與一年前比較看看，非農產業就業是否有明顯好轉或惡化喔。

非農業就業人口搭配其他指標的判讀

美國勞工部統計局在公布非農業就業人口時，也會同時公布「美國平均每週工時」以及「美國平均每小時工資」，這三項指標搭配判讀，可以從就業人口數、工時與工資三個層面來觀察美國就業市場，可以得到更精確地美國就業市場狀態與輪廓。

● 非農業就業人口搭配美國平均每週工時指標

美國平均每週工時（Average Weekly Hours）是指美國受僱員工每週平均工作小時數，此指標與非農就業人口來自同一份調查報告，主要反應企業員工每週工時的增減。工時增加，意味工作產出可望增加，經濟景氣狀況轉佳；工時減少，意味工作產出也將減少，經濟景氣狀況轉差。

判讀說明

判讀原則：留意平均每週工時與非農就業人口的增減是否同步改善或惡化。

組合判斷：

漲跌分類	漲跌情境	判斷說明
同步上漲	↗ 美國平均每週工時增加 ↗ 非農業就業人口人數增加	兩項指標都朝正面方向發展，意味就業市場好轉趨勢更加確立。
同步下跌	↘ 美國平均每週工時減少 ↘ 非農業就業人口人數減少	兩項指標都朝負面方向發展，意味就業市場轉差趨勢更加確立。
漲跌互見	↗ 美國平均每週工時增加 ↘ 上非農業就業人口人數減少 ↘ 美國平均每週工時減少 ↗ 非農業就業人口人數增加	兩項指標走向不一，意味就業市場走向尚不明確，需持續留意後續變化。

查詢美國平均每週工時：
美國平均每週工時與非農就業人口、失業率來自同一份報告，可以直接點入 www.bls.gov/ces/ 從最新新聞資料中，便可查閱詳細資料。

● 非農業就業人口搭配美國平均每小時工資

美國平均每小時工資（Average Hourly Earnings）是指美國企業僱員平均每小時賺得的工資水準。此指標與非農就業人口來自同一份調查報告，主要反應企業員工平均每小時工資的增減，工資增加，意味個人所得將同步提升，消費市場將獲提振，景氣將好轉；工資減少，意味個人所得將同步下滑，消費市場將持續低迷，景氣未見好轉。通常觀察其年增率增減為主。

判讀說明

判讀原則：留意平均每小時工資與非農就業人口的增減是否同步改善或惡化。

組合判斷：

漲跌分類	漲跌情境	判斷說明
同步上漲	↗ 美國平均每小時工資增加 ↗ 非農業就業人口人數增加	兩項指標都朝正向成長，顯示美國就業市場持續改善的可能性大增。
同步下跌	↘ 美國平均每小時工資減少 ↘ 非農業就業人口人數減少	兩項指標都朝負向成長，顯示美國就業市場持續惡化的可能性大增。
漲跌互見	↗ 美國平均每小時工資增加 ↘ 非農業就業人口人數減少 ↘ 美國平均每小時工資減少 ↗ 非農業就業人口人數增加	兩項指標走向不一，顯示美國就業市場復甦或衰退趨勢並不明顯，需持續留意後續變化。

查詢美國平均每小時工資：
美國平均每小時工資與非農就業人口、失業率來自同一份報告，可以直接點入www.bls.gov/ces/，從最新新聞資料中，便可查閱詳細資料。

非農業就業人口的日常生活

非農業就業人口的增減充分反應美國就業市場的好壞,對於實際公布結果與市場預期間出現差距,對投資市場通常會有影響,也可能左右美國政府的財經政策方向。

對於台灣的投資者而言,美股的相關投資即可以此為參考。

活用1〈 留意市場預期與真實數字間的差距

與其他眾多重要的經濟指標一樣,許多券商與研究單位,也會定期對非農業就業人口進行預測,一旦最後公布出來的數字優於市場預期,意味非農就業市場的回春狀況較市場預期更好,通常投資市場會上演慶祝行情。例如,如果市場原先期望非農業就業人口是負成長,結果公布出來不但遠遠優於預期,而且還是正成長,通常投資市場的慶祝行情就會更為明顯。這時對台灣的投資人而言,對美國股票市場的投資就可以較為積極樂觀。

反之,如果最後公布出來的數字不如市場預期,意味非農就業市場的回春狀況不如大家所預期,通常投資市場便會出現失望賣壓。例如,如果市場原先期望非農業就業人口是正成長,結果公布出來不如預期,而且還是負成長,通常投資市場的失望賣壓就會比較明顯。這時對台灣的投資人而言,對美國股票市場的投資就必須較為謹慎保守。

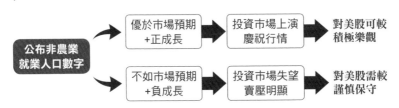

活用2　由非農就業人口增減預測美國政府的財經政策方向

非農就業人口與失業率同時公布，是市場相當矚目的就業指標，因此，市場常藉由觀察非農就業人口的表現，預估美國政府後續的政策方向。

比如說，非農就業人口表現優於市場預期，意味美國就業市場好轉，美國政府的財經政策便有可能在不久的將來，恢復到比較正常的決策方向，例如，將利率升到較為正常的水準，不再需要以低利率刺激景氣，或不再需要用相當積極的刺激就業等政策來刺激整體景氣。在這樣的環境下，由於美國景氣狀況還不錯，企業獲利表現也會不錯，台灣的投資人對美國市場的投資可以較為樂觀積極。

假如非農就業人口表現不如市場預期，意味美國就業市場未見好轉，美國政府將持續以低利率方式，或有可能在不久的將來，以更低的利率來刺激景氣，甚至推出更積極的財經政策刺激就業市場與整體景氣。在這樣的環境下，由於美國景氣狀況仍待改善，企業獲利表現也會較弱，台灣的投資人對美國市場的投資便需要較為謹慎。

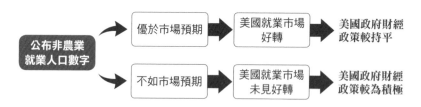

留意美國「非農就業人口」是否維持「增加」趨勢

儘管遇上通用汽車的大罷工，導致汽車及零組件產業就業人口減少了4.2萬人，但2019年10月非農就業人口仍新增12.8萬人，比市場預期的7.5萬人多出許多，讓市場大感意外。如拉長時間來看，「每月新增非農業就業人口」已是連續第109個月淨增加，但2019年截至10月每月平均新增人數為16.7萬，而2018年每月平均新增人數則為22.3萬元，顯示新增人數有較為減緩的趨勢。

個人所得

個人所得（Personal Income）簡言之就是每月個人所得的增減狀況，主要反應一國民眾的荷包重量。因民眾的所得高低代表其購買能力高低，直接影響消費能力與消費市場的榮枯，對整體景氣好壞也有直接影響，特別是美國的經濟體，一方面是全球經濟景氣的重要火車頭，加上其「消費支出」占其GDP比重約七成，也因此，影響「消費支出」能力背後的個人所得高低，便是市場相當關注的經濟指標。

■基本資料

性質	□先行指標　□同期指標　■落後指標
製成國家／機構	美國：商務部經濟分析局（Bureau of Economic Analysis, U.S. Department of Commerce）
公布單位／公布日期	美國商務部經濟分析局（Bureau of Economic Analysis，U.S. Department of Commerce）／每月最後一週公布前月數字
取得管道	●進入美國商務部經濟分析局首頁www.bea.gov，找到【Principal Federal Economic Indicators】，點入【Personal Income】，即可查詢相關資訊。 ●直接點入www.bea.gov/data/income-saving/personal-income，即可查詢相關資料。
重要性	中度	適用對象	關心美國景氣狀況者

INFO　美國商務部經濟分析局擁有豐富經濟資料

在美國商務部經濟分析局首頁www.bea.gov，從【Principal Federal Economic Indicators】專區中，可以很快查到美國重要的經濟數據，像是美國GDP、消費支出、收入與儲蓄等。

個人所得的製成概念與計算方式

個人所得（Personal Income）主要由美國商務部經濟分析局（BEA）旗下的各區域所得單位（Regional Income Division）定期調查而得，與個人消費支出（Personal Consumption Expenditure, PCE）同時公布。

● 個人所得的編製概念

美國商務部調查的個人所得主要的涵蓋範圍包括薪資總和、加班或額外打工的薪資所得、來自地產房屋的租金收入、銀行存款的利息收入、或是移轉性支付的收入所得如食物券、社會福利、失業救濟金等，其中薪資所得占個人所得的比重最高，約占六成，股利等利息收入約占兩成。

個人所得的調查來源並非同一單位，主要多從工作單位（發放薪資方）調查估計而來。比如，來自一般僱員的薪資所得主要向所得來源（比如像產業工會、公司行號）調查估計而來；來自非農業企業主的薪資所得主要從企業主的報稅資料估算而來；來自農業企業主薪資所得主要從企業主的生產產能估算而來；來自一般個人的利息收入、社會福利收入等則主要從個人申報調查而來。

由於個人所得的調查來源相當廣泛，資料蒐集與統計方法也相當複雜，使得調查資料統計出爐要等到次月月底，比如，二月的個人所得資料要等到三月底才公布。

● 個人所得的計算方式

主要向各大產業工會、公司行號、企業主蒐集其所得資料，如從產業工會、公司行號得到旗下僱員薪資所得資料，從非農企業主得到企業主的薪資所得資料等，加以匯總統計估算。

INFO 個人所得經濟指標歷史悠久

美國商務部經濟分析局（BEA）早自1930年代中期便開始美國境內的個人所得相關調查，1940年四月開始公布相關報告，且屢次變更研究與調查方式以求更完整精確表達美國民眾的所得概況，此報告與數據相當具參考價值。

個人所得的判讀

個人所得關係著一國內個人所得的高低，也就是一國民眾的荷包輕重。因為所得多寡直接連動了所能運用的購買力高低，直接影響消費市場，所以在做判讀時，會先從個人所得的增減觀察起，同時留意個人所得的公布資料中，其所得來源的增減情況，藉此判斷美國民眾的消費實力如何。

基本判讀

個人所得的多寡影響了民眾的消費意願，對消費市場的影響較為直接，對投資市場的影響則較為間接，但只要個人所得呈現增加的趨勢，對市場總是利多一件，如果個人所得呈現縮水的趨勢，對市場則為利空。

基本判讀1（當個人所得較前月增加

個人所得較前月增加，表示當月美國平均每位個人的所得總數增加的，表示荷包比較滿，消費能力比較好，美國消費市場買氣可望增加。

基本判讀2（當個人所得較前月減少

個人所得較前月減少，表示當月美國平均每位個人的所得總數減少的，表示荷包比較縮水，消費能力較差，美國消費市場買氣可能隨之減少。

161

個人所得對投資市場的直接影響較小

由於個人所得的公布時程較為落後,直到月底才公布前月的數字,且占個人所得比重最高的項目薪資所得,可由月初公布的「就業報告」中的工時與工資變動得知概況,因此,個人所得公布時出現令人意外數值的機率並不大,所以,投資市場對個人所得指標通常也比較不會有太大的反應。

進階判讀

除了和前月份的個人所得做比較,以判斷增減外,接著,以數值呈現正成長或負成長的時間,更可看出趨勢是否形成,若做更細膩的觀察,則從個人所得的所得來源看增減情況,從中看出美國民眾的消費實力。

進階判讀1 (當個人所得連續三個月以上正成長時

當個人所得連續三個月以上正成長時,意味個人收入持續增加、荷包較豐足,消費能力也持續增加,消費市場的買氣有機會持續增加,整體經濟景氣轉佳的可能性也增加。

個人所得連續三個月以上走揚

 ➡
個人收入
持續增加

➡
消費市場買
氣持續增加

➡
整體經濟景
氣轉好

進階判讀2 (當個人所得連續三個月以上負成長時

當個人所得連續三個月以上負成長時,意味個人收入持續減少、荷包較匱乏,消費能力也持續減弱,消費市場的買氣可能因之持續減少,整體經濟景氣轉差的可能性也增加。

個人所得連續三個月以上負成長

 ➡
個人收入
持續減少

➡
消費市場買
氣持續減弱

➡
整體經濟景
氣轉差

進階判讀3〔觀察個人所得增減的主要來源

在個人所得的公布資料中，可看到許多所得來源的增減狀況，持續觀察這些細項的增減趨勢，能進一步判斷美國民眾的消費實力是否有效提升。

個人所得中的「薪資」部分因為是一般民眾最主要的收入來源，如連續三個月以上穩定成長，對消費意願與實力幫助最大；如果持續三個月以上減少，對消費意願與實力負面衝擊最大。

個人所得中的「利息」部分因為占一般民眾收入來源比例較低，且算比較短暫的收入來源（租金收入有時有、有時無，利息收入也並非每月都有），所以如果出現增加，對消費意願與實力幫助較小，仍須持續觀察是否持續成長；如果減少，對消費意願與實力負面衝擊也相對較小。

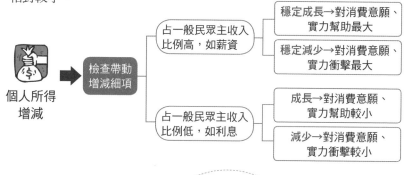

個人所得增減 → 檢查帶動增減細項

占一般民眾主收入比例高，如薪資
- 穩定成長→對消費意願、實力幫助最大
- 穩定減少→對消費意願、實力衝擊最大

占一般民眾主收入比例低，如利息
- 成長→對消費意願、實力幫助較小
- 減少→對消費意願、實力衝擊較小

觀察個人所得「月增率」比「絕對數值」更方便掌握趨勢。在個人所得公布的同時，報告中也會揭露增減的金額數字，不過對一般民眾而言，看這些絕對金額數字並無法馬上感覺出到底增加或減少的金額是多還是少，因此，直接看月增長的表格，從增減幅度百分比，就可以判定增減是多還是少。

個人所得搭配其他指標的判讀

美國商務部在公布個人所得時，也會同時公布個人消費支出，以及個人可支配所得相關資料，這幾個指標搭配判讀，可以更清楚了解美國民眾荷包的真實重量。

● 個人所得搭配美國個人消費支出

美國個人消費支出（Personal Consumption Expenditure, PCE）是指美國民眾當月平均的消費支出金額，主要反應美國民眾當月的消費力。

判讀說明

判讀原則：留意美國民眾的個人所得與消費支出的消長趨勢，進一步判斷美國民眾的消費支出的增減是來自儲蓄或因為所得的增減。

組合判斷：

漲跌分類	漲跌情境	判斷說明
情況1	個人所得增幅＞個人消費支出增幅	代表民眾未來可動用所得較多，後續消費動能可期。
	個人所得增幅＜個人消費支出增幅	代表民眾動用儲蓄來消費的趨勢出現。
情況2	個人所得減幅＞個人消費支出減幅	代表民眾雖然所得減少，但動用儲蓄來消費的意願仍存。
	個人所得減幅＜個人消費支出減幅	代表民眾支出意願大減，儲蓄意願大增。

查詢美國個人消費支出指標：
美國個人消費支出指標與個人所得都來自同一份調查報告。下載個人所得新聞資料後，從內文與表格中，便可看到 Personal Consumption Expenditure 的增減金額與幅度。

● 個人所得搭配美國個人可支配所得

美國個人可支配所得（Disposable Personal Income）是指個人所得減去「所得稅」、「社會保險、健保」等必要的支出後，真正可使用的所得。主要是反應美國民眾當月的消費支出金額增減。

判讀說明

判讀原則：通常與個人所得同步增減，可留意是否出現不同步的狀況與背後的原因。

組合判斷：

漲跌分類	漲跌情境	判斷說明
同步上漲	↗ 美國個人可支配所得增加 ↗ 個人所得增加	同步增加意味個人所得與購買力真正呈現成長。
同步下跌	↘ 美國個人可支配所得減少 ↘ 個人所得減少	同步減少意味個人所得與購買力真正呈現衰退。
漲跌互見	↗ 美國個人可支配所得增加 ↘ 個人所得減少 ↘ 美國個人可支配所得減少 ↗ 個人所得增加	所得增減不同步意味個人所得與購買力真正狀況不明，還需持續觀察。

查詢美國個人可支配所得指標：

美國個人可支配所得指標與個人所得都來自同一份調查報告，下載個人所得新聞資料後，從內文與表格中，便可看到 Disposable Personal Income 的增減金額與幅度。

留意「個人所得」與「個人支出」的消長關係

美國「個人所得」與「個人支出」兩項數據因為一起公布、且收支消長常互有關連，最好一起判讀。以2019年9月為例，美國個人所得月增0.3%符合市場預期，但比8月修正後的0.5%月增幅下降；而個人消費支出月增0.2%，與8月修正值相同，但低於市場預期的0.3%，無論是個人所得或支出都未見轉強，這對經濟成長表現是較為不利的。

個人所得的日常活用

個人所得和消費市場的榮枯高度相關,若個人所得成長,連帶將推升消費力道,使美國企業業績有所成長,讓美國整體景氣好轉,因此,從個人所得的增減中,不但可以預估未來景氣好壞,還可判斷受惠的產業,注意相關投資;而民眾也可從個人所得增減所帶來的後續影響中,預測美國聯準會的利率政策方向。

活用1 由個人所得判斷美國消費市場榮枯與可能受惠產業

個人所得因為與民眾的個人消費實力息息相關,因此,如果個人所得持續增加,即意味個人消費能力也同步增加,通常民眾的消費意願會提高,消費市場也會跟著繁榮起來,可能直接受惠的產業包括零售百貨業、旅遊業等內需產業,因為生意好轉,獲利也會隨之成長,通常股價也會較為強勢。中長線來看,美國景氣也會逐漸好轉,甚至房地產市場因民眾購屋能力增加,房市景氣也會開始好轉。從投資的角度,便可以增加美國內需產業或房地產的相關投資。

反之,如果個人所得持續減少,即意味個人消費能力也同步減少,受影響的也是民眾的消費意願,房地產、內需產業需求低迷,投資者應避開相關投資。

活用2 由個人所得增減判斷美國聯準會的利率政策方向

由於個人所得增加將使消費市場增溫,整體經濟景氣會愈來愈好,如果景氣有過熱的疑慮,美國政府與聯準會便會採取較緊縮的財經政策,比如升息,讓景氣稍為降溫。如果景氣沒有過熱的疑慮,美國政府與聯準會應會繼續維持現有財經政策,以保持景氣的熱絡。

反之,個人所得減少將使消費市場降溫,整體經濟景氣會愈來愈差,如果景氣有低迷的壓力,美國政府與聯準會便會採取較寬鬆的財經政策,比如降息,希望刺激景氣回升。

活用3 留意市場預期與真實數字間的差距

　　個人所得的重要性雖不如其他經濟指標，但因為能真實反應美國民眾的購買能力，因此，研究單位仍會定期預測個人所得的增減。市場會關注研究單位的預測數字，如果個人所得公布的數值較市場預估的平均值有所出入，便會引發市場進一步去深究其背後原因。例如，個人所得增加較預期多，則研判是否真的是民眾的薪資所得大幅成長超越一般預期；或是個人所得減少較市場預期多，亦會研判是否真是因為民眾薪資所得因失業問題等而大幅減少。

活用4 由個人所得留意美國投資機會

　　對台灣民眾而言，美國個人所得的增減的直接意義與影響相對有限，但因為美國的個人所得與美國消費市場榮枯與整體景氣表現息息相關，有興趣投資美國的台灣投資者，可以列為觀察指標持續留意。

　　簡單來說，當美國個人所得持續增加，意味美國消費市場與景氣將會好轉，對美國的投資便可以較為積極樂觀；當美國個人所得持續減少，意味美國消費市場與景氣將會轉差，對美國的投資便可以較為謹慎保守。

儲蓄率

　　儲蓄率（Saving Rate）又稱個人儲蓄率（Personal Saving Rate），該比率高低顯示一國民眾儲蓄與消費或投資的習慣。儲蓄率愈高，代表民眾傾向將資金留在身邊而非拿去花用或投資；儲蓄率愈低，代表民眾習慣先消費或投資，其次才是存起來。因此，由一國儲蓄率高低，可判斷該國的消費市場潛力，以及整體社會的負債狀況，如想深入了解一國經濟體質良莠與消費市場動能，儲蓄率是相當需要持續關注的指標。

　　特別值得留意的是美國的儲蓄率。由於美國是全球最為重要的消費市場，也是全球經濟的火車頭，美國儲蓄率高低反應了美國民眾的消費意願，同時直接影響了各國出口產業的榮枯，本篇以介紹美國儲蓄率為主，讓各位了解個人儲蓄率的真實意涵與應用方法。

■基本資料

性質	□先行指標　　□同期指標　　■落後指標
製成國家／機構	美國：商務部經濟分析局（Bureau of Economic Analysis, U.S. Department of Commerce）
公布單位／公布日期	美國商務部經濟分析局／每月最後一週公布前月數字
取得管道	●進入美國商務部經濟分析局首頁www.bea.gov，找到【Principal Federal Economic Indicators】，點入【Explore Data by Topic】，找到【Income & Saving】點入【Personal Saving Rate】即可查詢相關資訊。 ●直接進入www.bea.gov/data/income-saving/personal-saving-rate，即可查詢相關資料。
重要性	中度　　　　適用對象　　關心美國與全球景氣狀況者

INFO　儲蓄率是比較長期的經濟指標

儲蓄率的公布，通常不會對投資市場或金融市場產生立即的影響或衝擊，而是要從較長期的角度來觀察儲蓄率變化，了解其背後反應的民眾消費心態、荷包重量，以及國家經濟體的體質的好壞。

儲蓄率的製成概念與計算方式

　　儲蓄率是指一國民眾將可使用所得儲蓄起來的比率。美國的個人儲蓄率每月與個人所得與個人消費支出（參見第五篇P.201）同時由美國商務部經濟分析局（BEA）旗下的各區域所得單位（Regional Income Division）定期調查並公布結果。

　　與個人所得資料一樣，由於所得來源相當廣泛，資料蒐集與統計方法也相當複雜，使得個人所得、消費支出與儲蓄率資料統計出爐要等到次月月底，換言之，即是二月的儲蓄率資料要等到三月底才公布，在時效上會有些落後，但仍是觀察美國民眾消費習慣與荷包重量相當重要的觀察指標。

● 儲蓄率的計算方式

　　根據美國商務部經濟分析局（BEA）發布的 Personal Income and Outlays 新聞資料，可以看到簡單的個人儲蓄率計算方式如下：

計算公式

❶ 個人可支配所得（Disposable Personal Income）＝個人所得（Personal income）－社會保險等必要支出（Contributions for government social insurance）－個人所得等稅賦（Personal current taxes）
❷ 個人儲蓄率（Personal Saving Rate）＝個人儲蓄金額（Personal saving）÷ 個人可支配所得（disposable personal income）
❸ 個人儲蓄金額（Personal Saving）＝個人可支配所得（Disposable personal income）－個人消費支出（Personal outlays）

　　以2019年9月為例，美國個人儲蓄金額為1兆3840億美元，個人可支配所得為16兆6407億美元，美國當月的個人儲蓄率則為8.3%。

個人儲蓄率＝個人儲蓄金額÷個人可支配所得
＝ 13,840÷166,407
＝ 8.32%（公布資料為四捨五入後的8.3%）

儲蓄率的判讀

儲蓄率的解讀,主要可從兩方面來討論。一是對消費市場的影響,這也是最常拿來應用判讀的角度;二是反應整體經濟體的健康程度,即債務比例是否過高,這部分比較常被經濟學家從總體經濟學角度來判讀研究。

基本判讀

基本判讀主要是觀察儲蓄率的增減對消費市場的影響。

基本判讀1〈 儲蓄率上揚

儲蓄率上揚,表示民眾將閒置資金拿來儲蓄的比例增加,用來消費的比例與金額減少,對消費市場而言較為不利,對整體景氣也較有負面影響。

基本判讀2〈 儲蓄率下滑

儲蓄率下滑,表示民眾將閒置資金拿來儲蓄的比例減少,拿來消費的比例與金額增加,對消費市場而言較為有利,對整體景氣也較有正面影響。

INFO 文化差異影響「儲蓄率」高低

其實每個國家因文化差異,儲蓄率也常呈現不同高低水準。以美國為例,2018年至2019年期間,儲蓄率大約維持在7.2%～8.8%之間,但亞洲國家像是台灣,儲蓄率大約都在30%上下,這一方面與亞洲人「現金為王」的觀念根深蒂固有關,一方面也與亞洲國家退休制度較不完善,退休金要自己儲備有關。

進階判讀

　　儲蓄率可以檢查一國的經濟體質和政府債務比，但儲蓄率的判讀不同於其他經濟指標，不是「增加」就代表較好、「減少」就表示較差，需要視不同國情與經濟狀態來判斷，過高或過低都不好。觀察儲蓄率時，通常是和一國過去的儲蓄率數字相比，例如以十年為一個長期的觀察區間，觀察政府債務比和金運用的效能。

進階判讀1 （ 儲蓄率高，國家「債務比」較低

　　儲蓄率還能反應整個國家的經濟健康程度，也就是檢查債務比率是否過高。因此，當儲蓄率偏高時（跟一國過去的儲蓄率數字相比較來看），意味個人與家庭擁有較高儲備資金可用來投資與使用，代表政府整體負債程度較低、國家整體財務體質較佳，在景氣不好時較有財力面對挑戰與衝擊、在景氣較好時有更好的財務狀況讓經濟更成長。

進階判讀2 （ 儲蓄率低，國家「債務比」較高

　　當儲蓄率偏低，意味個人與家庭可用來投資與使用的儲備資金較低，代表政府整體負債程度較高、國家整體財務體質較差，景氣差時較沒有財力面對挑戰與衝擊，景氣較好時則因財務狀況較不理想，可能無法加速經濟成長。

儲蓄率高低與歷史背景也有相當關聯

> 法、德等許多歐元區國家的儲蓄率都相對較高（接近或超過10%），有部分原因是因為這些歐洲國家過去歷經數場戰爭浩劫，此記憶仍深藏民眾心中，不少民眾仍保有相對較為節儉的生活方式。

進階判讀3（ 觀察儲蓄率漲跌的主要原因

　　儲蓄率的漲跌，主要與個人可支配所得、個人消費支出息息相關。如果儲蓄率上揚，應進一步探究是因為個人可支配所得增加，可以拿來儲蓄的錢變多了，還是因為個人消費支出減少，可以拿來儲蓄的錢變多了，前者意味民眾真的比較有錢，對景氣較有正面幫助，後者意味民眾消費趨於謹慎，對景氣發展較為不利。如果儲蓄率下滑，應進一步探究是因為個人可支配所得減少，可以拿來儲蓄的錢變少了，還是因為個人消費支出增加，可以拿來儲蓄的錢變少了，前者意味民眾荷包較緊繃，對消費市場與景氣發展較為不利，後者意味民眾消費意願增加，對消費市場與景氣發展較有正面幫助。

進階判讀4（ **留意儲蓄率的長期趨勢**

　　每個國家的儲蓄率高低並沒有一定的準則，所以觀察一國儲蓄率是否過高過低，或是當下正處於怎樣的水準，應要觀察儲蓄率或個人儲蓄金額長期以來、比如最近五年、十年的趨勢變化。如果近年儲蓄率比起過去持續攀高，意味民眾消費意願較為保留，儲蓄意願較高，對消費市場與景氣發展較為不利；如果近年儲蓄率比起過去持續下滑，意味民眾消費意願更為增加，儲蓄意願較低，對消費市場與景氣發展較為有利。

> **美國「儲蓄率」高或低的兩難**
>
> 美國的「消費」貢獻了2/3的經濟成長，儲蓄雖是好事，但民眾如存太多錢，意味著消費意願低落。近年來，美國千禧世代逐漸取代嬰兒潮世代，成為主要的收入產出與消費者，但千禧世代畢竟受過金融風暴的洗禮，用錢上顯得更為謹慎，這也使美國儲蓄率逐漸攀升（2019年美國個人儲蓄率約在7%-8%上下，1996年此數字僅為5.7%），這使消費需求成長未如過往，美國經濟成長力道也受到影響。

儲蓄率的日常活用

　　雖然景氣不好時，政府與企業都會鼓勵民眾增加消費來激勵景氣，但歷史經驗顯示，景氣不好時，民眾反而會因為危機意識增加，利用增加儲蓄的方式來面對不景氣。反之，景氣好時，政府擔心過熱的風險，會希望壓抑民間消費，但民眾反而因為景氣好、所得增加，消費意願大增，儲蓄意願大減。從儲蓄率的增減不但可看出民眾對未來景氣的看法，還能窺探一國經濟體質的優劣。

活用1 由儲蓄率增減判斷民眾對未來景氣的樂觀程度

　　儲蓄率可說是反應一國民眾對未來景氣樂觀與否的另類「晴雨計」，從儲蓄率的攀高或降低，可以由此來判斷一國民眾的消費意願與對景氣的看法，如果台灣民眾始終維持較高的儲蓄率，意味台灣民眾對景氣的危機意識尚未消除，台灣的景氣真的好轉還需要一些時間，對台灣的相關投資就最好保守一點；如果台灣儲蓄率降低，則意味民眾認為台灣景氣已好轉到可以盡情消費的景況了，台灣的景氣應會逐步好轉，對台灣相關的投資就可以積極一些。

活用2 由儲蓄率高低判斷一國經濟體質良莠

　　儲蓄率高低也代表一國的「真實富裕程度」。如果一國的國民儲蓄率過低，代表民眾多是賺多少、花多少，甚至還借錢透支消費，雖然短期創造出「消費市場暢旺」的榮景，但其實也正上演過度消費的泡沫危機，進一步擴大成國家整體來看，國家的財政赤字問題（也就是國家收入少於支出）也會愈來愈嚴重，甚至瀕臨破產，對這個國家的相關投資，也最好少碰為妙。美國就是其中最佳的例子，民眾儲蓄率約略在5%上下，過去甚至還出現過負儲蓄率的狀況，顯見美國民眾有重消費、負債壓力較大的壓力，從此角度來看美國投資，台灣投資人可相對較為保守一點。

消費指標

消費（Consumption）是經濟成長 GDP 構成項目中相當重要的一項。消費金額愈高、消費動能愈佳，經濟景氣便會更好；消費金額愈少、消費動能愈差，經濟景氣便會更差，除了政府財經單位需緊密追蹤消費指標的增減趨勢，以做出更好的施政決定之外，同時也是關心景氣好壞變化的民眾，應持續留意的指標。

本篇教你

✅ 三大消費指標的意涵與觀察窺門

✅ 如何利用消費指標觀察一國的景氣狀態?

✅ 如何活用消費指標做出最好的投資決定?

什麼是消費指標？

在一些以「內需消費」做為推升經濟成長動能主力的國家如歐美等國，「消費」相關指標的重要性格外顯著，因為一旦消費市場熱絡，GDP成長動能更為明顯，景氣亦會隨之熱絡；反之，一旦消費市場趨於清淡，GDP成長動能便顯疲弱，景氣也會轉差，因此，經濟研究單位與政府機構莫不持續緊密追蹤消費相關指標的消長，以掌握景氣變化，進一步做出更好的經濟政策判斷。

認識消費指標

密西根大學消費者信心指數

此指標精確反應美國民眾的消費意向，因美國消費支出占GDP比重高達七成，美國民眾消費力的強弱，幾乎主導了美國經濟的榮枯，這也是此指標備受重視的主因。 **參見P185**

個人消費支出

是指美國「個人消費支出」金額每月的增減狀況，個人消費支出金額究竟是成長或衰退，直接影響美國景氣好壞，是大家相當留意的經濟指標。 **參見P201**

美國消費者信心指數

美國經濟評議會編製的「CB消費者信心指數」是觀察美國消費者樂觀程度與消費市場榮枯的重要指標，亦是觀察美國景氣好壞必備的項目。 **參見P193**

INFO 查詢消費相關指標

讀者可到各大財經媒體中以關鍵字搜尋，也可到鉅亨網www.cnyes.com從【首頁】→【全球市場】→【經濟指標】，選擇【經濟指標教室】，點選【消費】，即可找到各種消費相關指標的說明。

密西根大學消費者信心指數

　　只要是曾經瀏覽過財經報紙雜誌的人，幾乎都聽過密西根大學消費者信心指數（University of Michigan Consumer Sentiment Index），這個可說是反應美國民眾消費信心程度的首要代表性指標，幾乎是觀察美國市場不可不觀察的經濟指標。

　　由於密西根大學消費者信心指數精確反應美國民眾的消費意向，且美國消費支出占GDP比重約七成，美國民眾消費力的強弱，幾乎主導了美國經濟的榮枯，這也是密西根大學消費者信心指數備受市場關注的主要原因。

■基本資料

性質	■先行指標　□同期指標　□落後指標
製成國家／機構	美國：密西根大學（University of Michigan）委託 Survey Research Center 執行研究
公布單位／公布日期	密西根大學／每月第二個週五公布上月初值，每月最後一個週五公布上月終值與完整報告。
取得管道	進入密西根大學消費者信心指數官網www.sca.isr.umich.edu，或是data.sca.isr.umich.edu，點入即可瀏覽相關資訊。
重要性	高度　　適用對象　　關心美國消費者信心與景氣榮枯者

INFO　密西根大學消費者信心指數已經超過70歲了

「密西根大學消費者信心指數」可說是所有消費者信心相關調查的最老祖宗，早自1946年起便已進行調查編製，至今已經超過70年了，由於其精確反應美國民眾的消費態度與預期，可說是所有研究單位都會密切追蹤的經濟指標。

密西根大學消費者信心指數的製成概念與計算方式

密西根大學消費者信心指數（Index of Consumer Sentiment, ICS）主要由密西根大學調查研究中心調查、編製與美國民眾消費意向的相關報告，調查與統計方法是每月定期以電話方式抽樣調查美國至少500個民眾的消費意向與樂觀程度。

編製單位所設計的調查問卷約有50項核心題目，以期完整追蹤消費者態度與期望的不同面向，問卷內容包括三大面向，如個人財務狀況（personal finances）、企業營運環境（business conditions），與購物環境（buying conditions）。問卷中也會針對通膨、失業率、利率、對政府經濟政策的信心程度等問題進行調查訪問，另針對大型耐久財、汽車、與房屋等消費支出的消費意向，也會持續追蹤探問。

● 密西根大學消費者信心指數的計算方法

密西根大學消費者信心指數的編製，主要由五個核心問題計算而得。五個問題分別是：

$x1=$你與家人覺得你們的財務經濟狀況比一年前好還是差呢？

$x2=$你與家人覺得你們的財務經濟狀況在一年之後，會變比較好、比較差、或者不變呢？

$x3=$你覺得我們國家的經濟環境在未來12個月間是好或差或者是如何呢？

$x4=$你覺得在未來五年期間，我們國家的經濟環境會持續處在一個好的狀態、還是會出現失業或景氣衰退的時候或是其他狀況呢？

$x5=$你認為目前是人們為自己的家購買大型家具或電冰箱、暖爐、電視等大型家用品的好時機或不佳時機呢？

每個問題都可以得到一個分數（以下分別以 $x1$、$x2$、$x3$、$x4$、$x5$ 為代號），分數主要是以「樂觀看法的人數比例」減掉「悲觀看法的人數比例」，再加上100而得。

　　五個問題分數加總，除上6.7558（以1966年的6.7558為基期），然後加上2（樣本設計改變過程的修正值）便可得出「密西根大學消費者信心指數」。

計算公式

$$ICS = \frac{x_1 + x_2 + x_3 + x_4 + x_5}{6.7558} + 2.0$$

　　同樣的計算方式，則可以得到另外兩個子指標，分別為消費者預期指數（Index of Consumer Expectations, ICE）與當下經濟狀況指數（Index of Current Conditions, ICC）。

　　消費者預期指數由 x_2、x_3、x_4 三個分數構成，主要反應消費者對自己與國家整體的「未來」經濟展望看法；當下經濟狀況指數由 x_1、x_5 兩個分數構成，主要反應消費者個人的「目前」的經濟狀態與消費購買意願。

INFO　消費者信心指數問卷製作

消費者信心指數問卷內容
想了解更多調查指數的內容，可以直接到data.sca.isr.umich.edu/survey-info.php點選【Questionnaire】、【Index Calculation】以及【Survey Description】等項目。

許多國家也有編製「消費者信心指數」
正由於消費者的樂觀與信心程度，能明顯反應一國的經濟狀態與樣貌，也因此，許多國家也複製「密西根大學消費者信心指數」的調查方式，定期對國民進行抽樣調查並編製自己的消費者信心指數，包括奧地利、澳洲、比利時、加拿大、丹麥、芬蘭、法國、德國、英國、希臘、愛爾蘭、義大利、日本、盧森堡、挪威、西班牙、瑞典、瑞士與台灣。

密西根大學消費者信心指數的判讀

與其他經濟指標相似，密西根大學消費者信心指數的漲跌與景氣好壞呈正相關，指數愈高，意味消費市場愈繁榮，整體景氣愈好；指數愈低，意味消費市場愈清淡，整體景氣愈不佳。

基本判讀

密西根大學消費者信心指數的基本判讀，主要從和前月數值的比較開始，當指數較前月上揚，則表示市場信心的好轉，當指數較前月下滑，表示市場信心轉差。

基本判讀1 (當密西根大學消費者信心指數較前月上揚時

當密西根大學消費者信心指數較前月上揚，表示美國民眾的消費信心與對未來前景更為樂觀，消費市場有機會更為暢旺，整體景氣環境應將更好。

表示美國民眾消費信心
與對未來前景樂觀

基本判讀2 (當密西根大學消費者信心指數較前月下滑時

當密西根大學消費者信心指數較前月下滑，表示美國民眾的消費信心與對未來前景較為悲觀，消費市場可能會較為清淡，整體景氣環境變差的可能性增加。

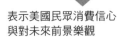

表示美國民眾消費信心
與對未來前景較為悲觀

進階判讀

通常觀察密西根大學消費者信心指數會長期觀察指數的漲跌高低變化，並且與過去的數值相較，這樣才能更精確掌握美國消費者心態變化。

進階判讀1〈 當密西根大學消費信心指數連續三個月以上走揚時

當密西根大學消費者信心指數連續三個月以上上揚時，意味美國民眾消費意願持續升高，對未來經濟環境看法更為樂觀，在消費提升下，整體景氣環境將也可望變得更好。企業營收獲利將因為民眾提升的消費力而增加，相關股票股價上漲機會也會增加。因為民眾消費增加有利經濟增長，但相對地通膨也可能伴隨而來，導致利率上揚，不利債市的表現。此外，因經濟好轉、利率上揚，投資者持有美元意願也會增高，使美元有機會走強。

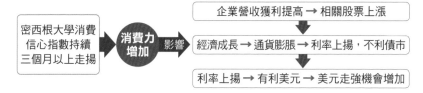

進階判讀2〈 當密西根大學消費信心指數連續三個月以上下跌時

當密西根大學消費者信心指數連續三個月以上下滑時，意味美國民眾消費意願持續降低，對未來經濟環境看法更為悲觀，整體景氣環境將可能變得更差。企業營收獲利可能將會因為民眾下滑的消費力而減少，使相關股票股價下跌機會增加；因為民眾消費減少將不利於經濟增長、可能出現為刺激景氣，而實施的寬鬆性質貨幣政策，使利率下滑，如此一來，將有利債市的表現；但民眾消費減少，經濟轉差、利率下滑，投資者持有美元意願亦將降低，使美元走弱機會增加。

進階判讀3 和歷史數據相比判斷消費者信心

密西根大學消費者信心指數透露的是，美國消費者消費信心樂觀程度，所以，可以目前的信心指數比對過去去年同期或前年數字做比較，更能獲知目前美國民眾的消費樂觀或悲觀程度。

舉例來說，2012年以來，密西根大學消費者信心指數一路震盪走高，2016年之後都能維持在90上下的高讀值，顯示美國消費者對景氣的樂觀看法，但在美中貿易戰風暴夕戲拖棚之下，2019年之後指數出現較明顯波動，顯示消費者對未來前景的信心有所動搖。

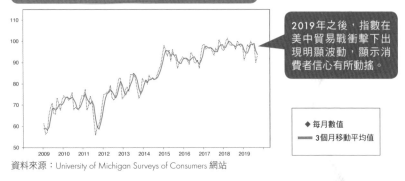

近七年來美國密西根大學消費者信心指數走勢圖

2019年之後，指數在美中貿易戰衝擊下出現明顯波動，顯示消費者信心有所動搖。

◆ 每月數值
—— 3個月移動平均值

資料來源：University of Michigan Surveys of Consumers 網站

進階判讀4 從子項目觀察美國民眾的消費信心

密西根大學消費者信心指數分別反應了美國民眾對自己荷包在未來可能變薄變厚、國家整體經濟好壞、還有消費購買意願強弱等狀態。

透過觀察兩項子指標：消費者預期指數（Index of Consumer Expectations, ICE）與當下經濟狀況指數（Index of Current Conditions, ICC）的漲跌表現，可探知美國民眾對未來整體環境的樂觀程度，以及消費者個人經濟狀況和對消費的意願與看法。比如說，消費者預期指數持續上漲，意味美國民眾對未來整體經濟環境看法更趨樂觀，美國相關投資可以優先考慮；當下經濟狀況指數持續上揚，意味消費者在目前的消費動作會更加積極，美國消費市場率先受惠，相關的內需投資標的或機會便可更加積極。

觀察美國民眾對未來整體經濟樂觀程度、對消費的意願與看法 觀察兩項子指標：
● 消費者預期指數
● 當下經濟狀況指數

密西根大學消費者信心指數搭配其他指標的判讀

對美國而言，具代表性的「消費者信心指數」主要有「密西根大學消費者信心指數」和「美國消費者信心指數」兩項，如可一起搭配判讀、分析各自表現與趨勢，對美國消費者意願的掌握將會更明確。

● 密西根大學消費者信心指數搭配美國消費者信心指數

美國消費者信心指數（Consumer Confidence Index, CCI）是由美國經濟評議會（The Conference Board）調查編製的消費者信心指數，同樣也是觀察美國消費者樂觀程度與消費意向的重要指標。

判讀說明

判讀原則：留意兩項消費者信心指數的漲跌趨勢是否同步上漲或下跌以及背後原因。

組合判斷：

漲跌分類	漲跌情境	判斷說明
同步上漲	↗ 美國消費者信心指數上漲 ↗ 密西根大學消費者信心指數上漲	回升趨勢同步，顯見美國民眾的消費信心逐漸好轉。
同步下跌	↘ 美國消費者信心指數下跌 ↘ 密西根大學消費者信心指數下跌	下滑趨勢同步，顯見美國民眾的消費信心正逐漸轉差。
漲跌互見	↗ 美國消費者信心指數上漲 ↘ 密西根大學消費者信心指數下跌 ↘ 美國消費者信心指數下跌 ↗ 密西根大學消費者信心指數上漲	兩者指標表現不同步，意味美國民眾的消費信心趨勢尚不明確，需持續觀察後續表現。

查詢美國消費者信心指數：
從美國經濟評議會官網首頁 www.conference-board.org 點入【ECONOMIC INDICATOR】專區，即可查詢相關資料。

密西根大學消費者信心指數的日常活用

密西根大學消費者信心指數直接反應美國消費者的想法，具有相當參考價值，因此美國政府常會參考該指標的漲跌表現，做為擬定財經政策的依據之一。

由指數漲跌預測美國的利率政策方向

從歷史資料得知，密西根大學消費者信心指數可提早反應利率的漲跌趨勢，換言之，當密西根大學消費信心指數顯示美國民眾預期利率可能將走升或下跌，通常不久的將來，美國政府也的確將利率調升或調降，兩者可說是相當同步。

對台灣民眾而言，密西根大學信心指數走揚、美國景氣好轉，通常美股與美元也較有表現機會，可以較積極布局美國相關投資。但如果密西根大學信心指數下滑、美國景氣轉差，通常美股與美元也較難有表現機會對於美國相關投資則需較保守觀望。

密西根大學消費者信心指數調查民眾對未來一年升降息的看法

Expected Change in Interest Rates During the Next Year（%Down -%Up, Plus 100, 3MMA）

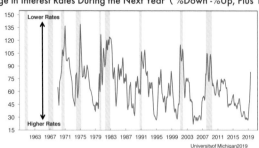

資料來源：University of Michigan Surveys of Consumers 網站

INFO 密西根大學消費者信心指數較受重視

雖然密西根大學消費者信心指數終值的公布時間較美國經濟評議會的消費者信心指數晚幾天公布（前者為每月最後一個週五公布、後者為每月最後一個週二公布），但一般來說，密西根大學消費者信心指數由於「歷史悠久」，公布結果通常較受市場重視。

美國消費者信心指數（CCI）

除了能見度相當高的密西根大學消費者信心指數之外，美國經濟評議會（The Conference Board, TCB）編製的消費者信心指數（Consumer Confidence Index, CCI），亦是相當重要的經濟指標，可說是觀察美國消費者樂觀程度與消費市場榮枯的兩大指標，亦是觀察美國景氣好壞必備的項目。

■基本資料

性質	■先行指標　□同期指標　□落後指標
製成國家／機構	美國：美國經濟評議會（The Conference Board）
公布單位／公布日期	美國經濟評議會／每月最後一個週二公布該月數值與報告。
取得管道	從美國經濟評議會官網首頁www.conference-board.org點入【ECONOMIC INDICATOR】專區，即可查詢相關資料。
重要性	高度　　　適用對象　　關心美國消費者信心與景氣榮枯者

INFO 美國消費者信心指數已經超過50歲了

消費者信心指數早自1967年起就開始進行消費者信心調查了，那時是以每兩個月一次的頻率進行調查分析，至今已經超過50年，自1977年起便改為以每個月一次的頻率進行調查並編製指數。

美國消費者信心指數的製成概念與計算方式

　　每月底由美國經濟評議會（The Conference Board Index, TCB）定期公布的消費者信心指數（Consumer Confidence Index, CCI），主要來自該會定期對美國境內消費者進行隨機抽樣的消費者信心調查（Consumer Confidence Survey, CCS）。該調查主要針對美國消費大眾對目前以及未來六個月的整體經濟、就業環境與自身收支狀況的樂觀程度以及購買慾望強弱進行問券調查，之後加以整理分析後公布。

● 美國消費者信心指數（Consumer Confidence Index®）的編製方式

　　美國消費者信心指數的調查辦法為每月月初由執行單位尼爾森調查公司（Nielsen Holdings plc）對抽樣出來的全美住家寄出問卷，針對回覆的問卷進行統計分析，編製成相關指數。每月回收並納入統計的有效問卷數至少為3000份。

　　這份問卷分別以下五個問題，請受訪者提出看法或評價：

- 目前經濟情勢
- 目前就業市場
- 未來半年經濟情勢
- 未來半年就業市場
- 未來半年家庭總收入

　　另外，也同時調查受訪者在未來六個月內購買汽車、房屋、家電用品、進行國內外旅行等消費意向的可能，以及對通膨、利率與股票市場的看法。美國消費者信心指數是以1985年為基期，衡量每一年消費者信心的相對變化，因此得分高於100，表示該年消費者信心較1985年樂觀，低於100則是較1985年悲觀。

INFO 台灣的消費者信心指數（Taiwan CCI）

　　由中央大學台灣經濟發展研究中心主辦，以電話訪問方式進行，採電腦隨機抽樣，以2019年10月為例，共訪問2832位台灣地區20歲以上的民眾，指數介於0至200之間，以100表示中立水準，超過100表示消費者信心較為樂觀，低於100則表示消費者信心較為悲觀。更多資訊可以直接由此網址查閱rcted.ncu.edu.tw。

column

專欄

兩大美國消費者信心指數的主要差異

密西根大學消費者信心指數和美國消費者信心指數是美國兩大消費者信心指數，都是觀察美國消費者樂觀程度與消費市場榮枯的兩大指標，雖然性質相同，卻有細微差異。

指數名稱	密西根大學消費者信心指數	美國消費者信心指數
統計樣本	有效樣本的500人當中，有40%與前月相同。	有效樣本至少3,000個家庭，皆與前月不同。
問券設計與主要反應	較著重消費者對收入的看法，對收入預期較佳或較差，會主導指數的表現。	較著重消費者對就業市場的看法，對就業市場轉好或轉差的預期，會主導指數的表現。
消費者詢問的期間	主要詢問消費者對未來一到五年的看法。	主要詢問消費者對未來六個月的看法。

● 兩大美國消費者信心指數為何有時會出現分歧？

美國兩大消費者信心指數常是不謀而合，但有時又出現分歧現象，主要還是調查方式與內容有所差異所致，包括統計樣本數、問券設計方向、以及消費者對不同期間的預期看法，兩者其實都相當不同。

兩大美國消費者信心指數走勢圖

美國消費者兩大信心指數的走勢常相近，但有時的分歧現象說明了調查方式與內容的不同。

資料來源：中央大學台灣經濟發展研究中心2019年10月份消費者信心指數調查
報告連結:140.115.78.29/cci/cci_1081028.pdf

187

美國消費者信心指數的判讀

美國消費者信心指數的高低、漲跌幅度、持續時間長短與景氣好壞呈正相關，指數愈高、上漲時間愈久，意味消費市場愈繁榮，整體景氣愈好；指數愈低、下跌時間愈長，表示消費市場愈清淡，整體景氣愈不佳。

基本判讀

美國消費者信心指數的基本判讀，主要先從與基期100相較，以及與前月的數值相較來判斷趨勢變化。

基本判讀1 從指數高低趨勢掌握消費者心態變化

美國消費者信心指數代表美國民眾的消費心態，指數愈高代表美國民眾的消費信心愈樂觀，指數愈低代表美國民眾的消費信心愈悲觀。若得分落在100～200間，表示偏向樂觀；落在0～100間則偏向悲觀；若剛好落在100表示態度中立。

消費者信心愈悲觀　　　　　　　　　　消費者信心愈樂觀

0　　　　　　　　　　　100　　　　　　　　　　　200

基本判讀2 當美國消費者信心指數較前月上揚時

當美國消費者信心指數較前月上揚，表示民眾的消費信心與對未來前景更為樂觀，消費市場有機會更為暢旺，整體景氣環境應將更好。

| 當月消費者
信心指數 | > | 前月消費者
信心指數 | | 表示民眾的消費信心與
對未來前景感到樂觀 | |

基本判讀3 當美國消費者信心指數較前月下滑時

當消費者信心指數較前月下滑，表示民眾的消費信心與對未來前景較為悲觀，消費市場可能會較為清淡，整體景氣環境變差的可能性增加。

| 當月消費者
信心指數 | < | 前月消費者
信心指數 | | 表示民眾的消費信心與
對未來前景感到悲觀 | |

進階判讀

　　由於美國消費者信心指數上揚或下跌時間愈久，愈能確定民眾信心轉佳或轉差的趨勢，加上對子指標的表現的持續觀察，更能掌握消費者對不同議題的樂觀程度。

進階判讀1〔 當美國消費者信心指數連續三個月以上上揚時

　　當美國消費者信心指數連續三個月以上上揚時，意味著美國民眾消費意願持續地升高，對未來經濟環境看法也愈加樂觀，整體景氣環境因消費提升轉好。企業營收獲利因為民眾更高的消費力而成長，帶動相關股票股價上漲機會；因消費力大為提升而帶動的經濟成長，也將帶來通膨，為了抑制過熱的景氣，政府可能會採取緊縮的利率政策而提高利率，導致債券價格下跌，不利債市的表現；在利率推升的情況下，投資者持有美元意願增高，使得美元走強機會大增。

| 消費者信心指數連續三個月以上 ⬆ | 民眾對未來經濟看法更為樂觀，整體景氣環境更為轉佳。 | 影響 | ●美國股票市場可能上漲 ⬆
●美國債券可能轉弱 ⬇
●該國貨幣可能轉為強勢 ⬆ |

進階判讀2〔 當美國消費者信心指數連續三個月以上下跌時

　　當美國消費者信心指數連續三個月以上下滑時，意味著美國民眾消費意願持續地降低，對未來經濟環境看法愈趨悲觀，整體景氣環境將朝負向發展。日益減弱的民間消費力也將使企業營收獲利大幅減少，相關股票股價少了獲利支撐而下跌機會增加；在經濟成長停滯的情況下，政府為了提振景氣，可能祭出降息政策，利率下滑將有利於債市的表現；該國的貨幣也會因民眾消費疲弱、利率下滑，導致持有意願不高，貨幣因此可能走弱。

| 消費者信心指數連續三個月以上 ⬇ | 民眾對未來經濟看法更為悲觀，整體景氣環境更為轉差。 | 影響 | ●美股票市場可能下滑 ⬇
●債券可能轉強 ⬆
●該國貨幣可能轉為弱勢 ⬇ |

INFO 美國消費者信心指數與就業市場榮枯關聯性高

就業市場榮枯通常與消費者信心高度相關，就業機會愈多，表示更多人的消費能力更穩定與樂觀，因此，美國消費者信心指數主要的五個問卷題目中，有兩題便與就業市場相關。

189

進階判讀3〔 從子指標的漲跌觀察美國民眾的消費信心

　　美國消費者信心指數底下的「現況指數」、「期望指數」兩項子指標，分別展現美國民眾對現況與未來的樂觀程度，因此，追蹤這兩項子指數的漲跌，可以觀察美國民眾更細部的想法，通常在每月的公布新聞資料中會有詳盡的揭露。

　　以現況指數（Present Situation Index）為例，該指數如果持續上揚，意味消費者在目前的消費動作會更加積極，美國消費市場率先受惠，相關的內需投資標的或機會便可更加積極；以期望指數（Expectations Index）為例，美國民眾對未來六個月整體經濟環境看法更趨樂觀，美國相關投資可以優先考慮。

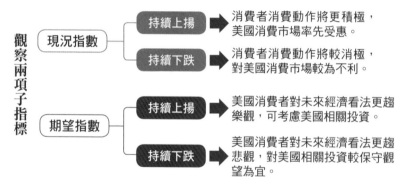

INFO 美國消費者信心指數歷史資料何處尋？

目前如要從美國經濟評議會（The Conference Board）官網下載美國消費者信心指數的歷史資料，需要另外加入付費會員，投資朋友如有興趣，可以從：

● 從中央大學台灣經濟發展研究中心消費者信心指數調查報告中可以查到，直接查詢此網站rcted.ncu.edu.tw。

● 從Haver Analytics首頁www.haver.com點入【ECONOMY IN BRIEF】專區，尋找標題【U.S. Consumer Confidence】的文章點入，即可找到最新資料與圖表。

美國消費者信心指數搭配其他指標的判讀

在美國具代表性的消費者信心指數主要有密西根大學消費者信心指數和美國消費者信心指數兩項，因兩者皆是觀察美國消費者對未來景氣的樂觀程度、消費意願，一起搭配判讀、分析兩項指標漲跌趨勢是否同步或乖離，對未來趨勢走向能更確立。

● 美國消費者信心指數搭配密西根大學消費者信心指數

密西根大學消費者信心指數是由路透社與美國密西根大學調查編製的消費者信心指數，同樣也是觀察美國消費者樂觀程度與消費意向的重要指標。

判讀說明

判讀原則：留意兩項消費者信心指數的漲跌趨勢是否同步上漲或下跌以及背後原因。

組合判斷：

漲跌分類		漲跌情境	判斷說明
同步上漲	↗	密西根大學消費者信心指數上漲	同步上揚表示美國民眾的消費信心轉佳。
	↗	美國消費者信心指數上漲	
同步下跌	↘	密西根大學消費者信心指數下跌	同步滑落表示美國民眾的消費信心轉差。
	↘	美國消費者信心指數下跌	
漲跌互見	↗	密西根大學消費者信心指數上漲	指標表現不同步意味美國民眾消費信心趨勢尚未十分明確，需留意後續發展變化。
	↘	美國消費者信心指數下跌	
	↘	密西根大學消費者信心指數下跌	
	↗	美國消費者信心指數上漲	

查詢密西根大學消費者信心指數：
進入密西根大學消費者信心指數官網 www.sca.isr.umich.edu，或是 data.sca.isr.umich.edu，點入即可瀏覽相關資訊。

美國消費者信心指數的日常活用

　　美國消費者信心指數每月持續反應美國消費者的樂觀程度與想法，持續觀察其趨勢漲跌，善加活用，可幫助自己更精確掌握美國與全球投資機會。

由指數漲跌預測美國的利率政策方向

　　由於美國消費者信心指數反應美國民眾對景氣的樂觀程度與消費意向，相當具參考價值，也因此美國政府常會參考該指標的漲跌表現，做為擬定財經政策的依據之一。

　　通常，美國消費者信心指數持續好轉走揚，美國政府的利率政策也會較為緊縮，換句話說利率將會逐漸走升、以避免通膨壓力過高；當美國消費者信心指數持續轉差下滑，美國政府的利率政策也會較為寬鬆、以期透過低利率環境激勵景氣。

持續觀察美國兩個消費者信心指數「美國消費者信心指數」與「密西根大學消費者信心指數」，可以發現兩指數有時會出現一漲一跌的分歧現象，主要還是因兩者調查方式與問卷設計不同，所以出現歧異也很正常。所以，觀察兩個指數的長期趨勢更為重要。

個人消費支出（PCE）

　　個人消費支出（Personal Consumption Expenditure, PCE），就是每月「個人消費支出」金額的增減狀況。個人消費支出愈多，表示消費市場愈暢旺、經濟活動更熱絡、企業獲利愈佳、景氣狀況更好。特別是美國的個人消費支出數據格外受注目，一方面由於美國為全球經濟火車頭，許多國家的產品都外銷到美國，美國消費市場繁榮與否，牽涉到這些國家的出口數字，一方面美國消費支出占其GDP比重約七成，因此，個人消費支出是成長或衰退，直接影響美國景氣好壞，是大家相當留意的經濟指標。

■基本資料

性質	□先行指標　□同期指標　■落後指標
製成國家／機構	美國：美國商務部經濟分析局（Bureau of Economic Analysis, U.S. Department of Commerce）
公布單位／公布日期	美國商務部經濟分析局／每月最後一週公布前月數字
取得管道	●進入美國商務部經濟分析局首頁www.bea.gov，找到【Principal Federal Economic Indicators】，點入【Personal Income】，找到【Personal consumption expenditures (PCE)】即可查詢最新數字。 ●直接點入www.bea.gov/data/income-saving/personal-income，即可查詢最新數字。
重要性	中度　　**適用對象**　關心美國景氣狀況者

個人消費支出的製成概念與計算方式

個人消費支出（Personal Consumption Expenditure, PCE）主要由美國商務部經濟分析局（BEA）定期針對美國民眾的消費支出狀況調查而得，與個人所得（Personal Income）同時公布。

● 個人消費支出的編製概念

BEA的個人消費支出主要調查美國民眾在下列三大消費項目的支出增減狀況：

耐久財 durable goods	如：汽車、房屋
非耐久財 nondurable goods	如：食物
服務 services	如：金融服務

在個人消費支出三大項目中，以「服務」的支出占最大比重，約占總消費比重的近六成，但因為「服務」支出的增減較為穩定，較不會有明顯的起落，因此，通常主要觀察的部分為「耐久財」與「非耐久財」的增減幅度。

● 個人消費支出的計算方式

個人消費支出主要計算加總美國民眾在各項耐久財商品、非耐久財商品，以及服務的消費金額，並定期公布其增減變化。

美國個人消費支出的耐久財部分，可從公布時程較早的汽車與房屋銷售來預估，這兩項都是對民眾相當重要的耐久財消費項目，而非耐久財部分則可以從早些公布的零售銷售報告一探究竟，而服務部分雖然並沒有較早公布的相關報告可供探知，但因其變動幅度較不明顯，對消費支出直接影響也較小。整體來看，個人消費支出數字公布前已有相關報告可先探冷熱，時效性來看較為不足，因此通常報告出爐時，市場因已有心裡預期而較不會有太大的反應。

個人消費支出的判讀

　　個人消費支出可看出美國個人消費支出的變化**趨勢**與意涵。判讀時，可先比較前月的增減變化，同時，拉長觀察時間以便研判**趨勢**是否形成。最後，再細部比較個人支出的細項，以進一步判斷美國民眾的消費方向。

基本判讀

　　個人消費支出直接反應美國消費市場的榮枯情形，雖然對投資或金融市場的直接影響較小，但只要個人消費支出持續成長，對消費市場是一大利多，對整體景氣來說也是一件好事；相反地，如果個人消費支出持續縮水，對消費市場則為一大利空，對整體景氣也有負面效應。

基本判讀1〔 當個人消費支出較前月增加時

　　個人消費支出較前月增加，表示當月美國平均每位個人的消費支出總金額是增加的，意味民眾消費意願提升，實際的消費行為也較積極，在消費市場買氣增溫下，整體經濟景氣也將更為轉好。

個人消費增加

前月　當月

當月美國平均每位個人消費支出總金額增加

消費意願增加，消費市場買氣增溫

整體經濟景氣轉好

基本判讀2〔 當個人消費支出較前月減少時

　　「個人消費支出」較前月減少，表示當月美國平均每位個人的消費支出總金額是減少的，意味民眾消費意願減少，實際的消費行為也較消極，在消費市場買氣增溫下，整體經濟景氣也將更為轉差。

進階判讀

　　持續地每月觀察個人消費支出、留意其細項的增減情況，即能看出美國民眾的實際消費力道及景氣興衰。

進階判讀1　**當個人消費支出連續三個月以上正成長時**

　　當個人消費支出連續三個月以上呈現正成長時，意味個人消費支出金額持續地增加，消費意願也較以往提升，消費市場的買氣有機會持續成長，整體經濟景氣轉佳與成長的可能性增加。

進階判讀2　**當個人消費支出連續三個月以上負成長時**

　　當個人消費支出持續三個月下滑時，表示民眾的消費意願日益低落，使得個人消費支出持續地減少，連帶地消費市場買氣因此衰退，整體經濟景氣轉差與衰退的可能性大為增加。

進階判讀3　觀察個人消費支出細項的增減狀況

持續觀察個人消費支出的增減趨勢，可更進一步判斷美國民眾的消費方向、對消費市場是否有效提振。

個人消費支出最主要的消費項目分別是「耐久財」、「非耐久財」、「服務」。在比較消費支出細項的增減狀況時，和前月或去年同期相比，再從增加幅度最大的項目分析。主要成長若來自於變動幅度較大的「耐久財」與「非耐久財」部分，顯示美國民眾的消費力的確較為落實，消費市場有機會更加蓬勃。「服務」通常變化幅度不大，如果此項目增加，對消費市場則有加分效果。

INFO Personal Outlays與Personal Consumption Expenditure的差異

從美國商務部經濟分析局（BEA）的原文報告中，可以下載最新的「Personal Income and Outlays」報告，其實「Personal Outlays」與「Personal Consumption Expenditure」從字面上來看，都是「個人花費支出」，只是前者包含範圍更廣，除了包含了「Personal Consumption Expenditure」之外，還包含了家庭的利息支出如房貸支出，以及支付給政府單位的勞健保支出等，後者則單純僅是「消費性」的支出，如耐久財、非耐久財與服務相關支出等。

個人消費支出搭配其他指標的判讀

　　美國商務部在公布個人消費支出時，也會同時公布個人所得相關資料，而因為個人所得影響了人們可支配的消費預算，進而影響個人消費支出，因此，從所得與消費支出的判讀中，可先大要知道未來消費市場的冷熱。

● 個人消費支出搭配美國個人所得

　　美國個人所得（Personal Income）是指衡量個人各種收入來源的指標，它與個人消費支出同時公布，主要反應美國民眾當月的所得金額增減狀況。

判讀說明

判讀原則：留意美國民眾的個人所得與消費支出的消長趨勢，進一步判斷美國民眾得消費支出的增減是來自於儲蓄或因為所得的增減。

組合判斷：

漲跌分類		漲跌情境	判斷說明
同步上漲	↗	美國個人所得增幅＞個人消費支出增幅	意味美國民眾消費支出增加是因為所得變多、荷包變重所帶動。
	↗	美國個人所得增幅＜個人消費支出增幅	意味美國民眾動用儲蓄來消費的趨勢出現。
同步下跌	↘	美國個人所得減幅＞個人消費支出減幅	代表民眾雖然所得減少，但動用儲蓄來消費的意願仍存。
	↘	美國個人所得減幅＜個人消費支出減幅	代表民眾支出意願大減，儲蓄意願大增。
漲跌互見	↗	美國個人所得上漲	代表美國個人所得與消費支出趨勢呈現不同步，需持續留意後續變化。
	↘	美國個人消費支出下跌	
	↘	美國個人所得下跌	
	↗	美國個人消費支出上漲	

查詢美國個人所得指標：

①進入美國商務部經濟分析局首頁 www.bea.gov，找到【Principal Federal Economic Indicators】，點入【Personal Income】，即可查詢相關資訊。

②直接點入 www.bea.gov/data/income-saving/personal-income，即可查詢相關資料。

個人消費支出的日常活用

個人消費支出可說是直接反應美國消費市場榮枯表現的溫度計，投資人可觀察個人消費支出預測受惠產業；另一方面，個人消費支出增減帶動的景氣冷暖都將使得政府在適當的時機調節景氣。對台灣民眾而言，則可透過該指標的增減，判斷對美國市場或消費產業的投資方向與趨勢。

由個人消費支出判斷美國消費市場變化與受惠產業

個人消費支出因為直接反應美國民眾消費行為的積極或消極程度，因此，只要個人消費支出持續增加，意味有更多資金流到消費市場，消費市場也更趨活絡，與消費相關的產業如百貨零售業、汽車業等，獲利率增加的機會也將更高，股價也更有表現空間與機會。對台灣民眾而言，可以對相關投資機會樂觀以待。

反之，個人消費支出持續減少，意味流到消費市場的資金變少了，消費市場轉為清淡，相關的投資最好較為保守觀望。

由個人消費支出增減判斷美國利率政策方向

由於個人消費支出增加，意味消費市場將增溫，整體經濟景氣將會愈來愈好，但如果景氣有過熱疑慮，美國聯準會便可能採取較緊縮的貨幣政策比如說升息，讓景氣稍為降溫。如果景氣沒有過熱的疑慮，美國聯準會應會繼續維持現有貨幣政策，以保持景氣的熱絡。

反之，個人消費支出減少，意味消費市場將降溫，整體經濟景氣有低迷的壓力，美國聯準會便可能會採取更寬鬆的貨幣政策比如說降息，以刺激景氣回升。

對台灣民眾而言，個人消費支出增加、消費市場增溫，通常美國景氣也會明顯好轉，在此環境下，美股與美元也較有表現機會，投資上可以較積極布局美國相關投資。但如個人消費支出減少、消費市場降溫下，通常美國景氣也會較為轉差，在此環境下，美股與美元也較難有表現機會，投資上對於美國相關投資則需較保守觀望。

物價指標

　　「物價」可說是最貼近一般民眾的經濟指標。物價上漲、通膨壓力增加，民眾荷包跟著縮水，進一步衝擊民間消費意願，國家整體經濟表現受到相當大的影響，也因此，控制物價在合理的水準，可說是政府要維持經濟健康與穩健成長的首要任務，對一般民眾而言，留意物價指標的變化，也等於為自己的荷包把關，在進行投資決策時有相當的幫助。

本篇教你

- ⊘ 認識三大物價指數
- ⊘ 消費者物價指數與通膨的連動
- ⊘ 生產者物價指數、進出口物價指數與通膨的連動
- ⊘ 活用物價指數

什麼是物價指標？

　　物價是指市場上物品商品的價格。物價的波動，不但反應在民眾荷包的輕重上，也關係到一國經濟的成長動能與健康程度。一般來說，可以從「消費者」、「生產者」與「進出口商品」三種角度，來觀察物價的變化。當一國經濟穩健成長時，物價會呈現溫和走升，表示消費需求增溫帶動了物價的上揚；物價大幅攀升，表示消費需求過熱使物價過度走揚，可能有景氣泡沫化的風險，不利整體經濟的表現。因此，要了解一國經濟的發展健康情形，有必要同時觀察消費者物價指數、生產者物價指數和進口&出口物價指數，觀察三者間是否同步溫和走揚。

生產者物價指數

消費者物價指數

從消費者角度觀察一國物價指數的變動，是反應一國通膨水準的最重要指標。

參見P211

進口&出口物價指數

反應一國進出口商品價格的變動。進口物價指數是觀察一國通膨狀況的觀察指標之一，出口物價指數則可看出海外市場對該國出口品的需求增減。

參見P236

生產者物價指數

從生產者角度觀察一國物價指數的變動，能預測未來消費品物價漲跌趨勢，可視為CPI的先行指標，也是反應一國通膨水準的重要指標之一。

參見P223

INFO 查詢物價相關指標

讀者可到各大財經媒體中以關鍵字搜尋，也可到鉅亨網www.cnyes.com從【首頁】→【全球市場】→【經濟指標】，選擇【經濟指標教室】，點選【物價】，即可找到各種物價相關指標的說明。

消費者物價指數（CPI）

消費者物價指數（Consumer Price Index, CPI）是反應一般民眾，也就是和消費者生活有關的產品、服務等價格變動程度的指標，也是觀察一個國家「通貨膨脹」程度的重要指標。當CPI愈高，意味該國通貨膨脹壓力愈高，民眾購買力會因為物價上揚而降低；相反地，若CPI愈低，該國通貨膨脹壓力愈低，民眾購買力也會因為物價下跌而增加。各國政府都會編製自己國家的消費者物價指數，用來追蹤自己國家的物價漲跌狀況，同時透過各種財經政策以控制通貨膨脹在合理的水準。

■基本資料

性質	□先行指標　□同期指標　■落後指標
製成國家／機構	●台灣：行政院主計總處 ●美國：勞工部勞動統計局（U.S. Bureau of Labor Statistics）
公布單位／公布日期	●台灣：行政院主計總處／每個月5日（遇假日順延） ●美國：勞動統計局每月第三個星期公布上月CPI
取得管道	●進入台灣行政院主計總處首頁www.dgbas.gov.tw，從【重要指標】找到【消費者物價指數】，點入即可瀏覽相關資訊。 ●進入美國勞工部勞工統計局首頁www.bls.gov，從【Economic Releases】點入，找到【INFLATION & PRICES】點入，即可查詢相關資訊。
重要性	高度
適用對象	所有人

INFO 通貨膨脹與CPI的關係

當一國的物價持續上揚，使得民眾手頭上的錢變薄，購買力下降，稱為通貨膨脹，而CPI反應了物價的變動，從消費者物價指數年增率可觀察物價的變動情形，衡量一國的通貨膨脹情況。

CPI的製成概念與計算方式

　　各國消費者物價指數（CPI）的編製方式大同小異，不同之處在於，物價指數的編製構成細項比重取捨不同。在CPI編製完成後，會設定某一年的物價指數為比較基期，以評估物價的水準，並以月增率、年增率的增減看通貨膨脹的變化程度。

● CPI的編製方式

　　CPI是政府從一國消費者的立場衡量民生消費商品及勞務價格的物價變動情形。

　　在台灣，行政院主計總處從下列七大類具代表性的商品計算CPI。每一類商品與勞務都有獨立的分類指數，經由加權計算後得出：

- 食物類
- 交通通訊類
- 衣著類
- 醫療保健類
- 居住類
- 教養娛樂類
- 雜項（無法歸納入前述六大類者）類，如香菸、個人服務等。

INFO 基期年度CPI設為100

在應用統計學上，編製指數時，為方便比較，通常會選定一個為基準，稱為基期（base period），而一般物價指數都是定基指數（fixed base period），也就是將計算基準期固定於某年（月），且設定其值為100。定基指數有計算手續簡便，且各期可直接與基期做比較的優勢。

　　台灣的物價調查地涵蓋範圍包括全台17個查價縣市，依照民國105年台灣地區家庭消費型態各選查368個項目群查價調查。製成CPI時，會選定某一年作為比較基期，將該年的CPI設為100，以比較最新物價與基期年度間的變動水準。實際觀察此指標時，多以月增率、年增率方式來判讀物價的實際變動。舉例來說，目前台灣CPI以105年為基期，108年10月的CPI為103.04，意味自105年以來，CPI增加了3.04%；如與前一月份相比，月增率則為0.03%；如與去年同期相比，則年增率為0.39%。

　　美國物價調查調查範圍涵蓋全美75個城鎮、6000個家庭單位、約22000個零售銷售據點，以食品、能源、汽車、服裝、醫療用品、居家用品、運輸服務等代表性商品來查價計算，每一類商品都有其分類指數，經過加權計算後，得到CPI總指數。編製CPI時會設定某一區間的平均物價當作比較基期，目前是設定1982～1984年期間的平均物價為100基期，比較物價變動的方式與台灣相同。

INFO　主要國家的CPI指數資料

在台灣主計總處每月發布的「消費者物價指數」新聞資料中，同時也整理了一個「主要國家CPI年增率」的表格資料，裡面涵蓋台灣、美國、日本、中國、南韓、新加坡、香港這幾個與台灣貿易往來較為密切的國家的CPI年增率，可以用來比較台灣與其他主要國家物價變動的情形。

CPI指數的判讀

　　CPI反應民生用品物價水準，能夠觀察物價與消費力間的消長變化。台灣目前以民國105年的CPI為基期，並以和前月、前年同期做比較的月增率、年增率形式，表現物價實質的變動水準。

　　若拉長觀察區間的話，即可從CPI月增率、年增率是否連續上漲或下跌來判讀通貨膨脹的壓力強度，觀察物價的變化趨勢。

基本判讀

　　CPI能夠反應國內一般民生消費物價的平均水準，和基期年度（CPI平均等於100）相比，可以衡量一般民眾的購買力強弱。

基本判讀1 **與基期年度相比，判斷物價與購買力的增減**

　　當CPI大於100，表示所衡量物價較比較基期年度上漲，透露了民眾購買力下滑。當CPI小於100，意味著目前物價較比較基期年度下跌，表示民眾購買力上升。當CPI等於100，意味所衡量物價相當於比較基期年度，說明了民眾購買力不變。

> **CPI＞100** →民眾購買力較基期年度下滑

> **CPI＜100** →民眾購買力較基期年度上漲

> **CPI＝100** →民眾購買力較基期年度不變

基本判讀2 **和上月相比，觀察短期內物價的波動程度**

　　CPI編製單位在公布最新的CPI數字時，會同時公布月增率。CPI月增率主要反應和上月相較的變動幅度，呈現的是短期的物價波動，也較能反應消費者對當下物價漲跌的感受。民眾所感受的物價漲跌也是立即性的，但由於月增率所統計的是短期（一個月）的區間，所以，常會反應季節性因素的干擾，比如七月份有颱風侵襲，蔬菜水果

物價大漲，就會讓七月份的物價指數明顯跟著大漲，但到八月份又回落下來。所以CPI月增率常會出現短線大幅起落的狀況。

　　若CPI較上月增加2%，表示目前的CPI較上月漲了2%，使得民眾購買力較上月減少2%；如果CPI較上月減少2%，則代表當月的CPI較上月下跌2%，民眾購買力較前月增加2%；當CPI較上月持平，意味著當月物價通當於上月物價，和上月相比，民眾購買力不變。

基本判讀3 〈 和去年同期相比，觀察物價長線變化趨勢

　　CPI公布的年增率能看出一年來的物價趨勢，也較能剔除短線季節性因素的干擾。比如說，夏季電費調漲，往往使夏季期間的物價較其他季節來得高。但若將今年夏季的物價與去年同期相比，由於都受到夏季電價調漲因素影響，所以如同其他季節與去年同期相比一樣，並不會有太大波動。再者，以年增率來看，年度整體物價相較之下，也因為皆涵蓋了年度，皆會發生的變動因素，所以也較不會出現短線大幅起落的狀況。而一般民眾通常對CPI月增率呈現的短線物價感受較深，CPI年增率較無法直接反應一般民眾當下感受。

　　若CPI較去年同期增加3%，表示今年同期物價較去年同期上漲3%，民眾購買力較去年同期減少3%；當CPI較去年同期減少3%，表示今年同期物價水準較去年同期下跌3%，民眾購買力較去年同期增加3%；當CPI較去年同期持平，表示今年同期物價較去年同期不變，民眾購買力較去年同期相較不變。

進階判讀

當CPI月增率連續走揚，通膨壓力便相對明顯；當CPI月增率連續走滑，通膨壓力便相對較小。除了觀察月增率外，同時比較月增率及年增率，可從兩者是否同步或乖離看出物價變化的趨勢。

進階判讀1 | 當CPI月增率連續上揚，意味通膨壓力較為明顯

當CPI月增率連續至少三個月呈現上揚，表示通膨壓力較為明顯，連續走揚時間愈久，通膨壓力愈大。在通膨壓力升高情況下，該國的央行通常會採取緊縮貨幣政策，比如說升息，使市場資金回流至金融體系，以防止景氣過熱。升息會使企業的借貸成本增加，相對地獲利空間降低，對股市產生負面影響。

此外，債券的投資收益率也會因通膨因素相對被削減，比如美國公債的債券投資年收益率為2%，但CPI年增率卻達1%，對投資人而言，實質收益率只有1%，CPI年增率愈高，投資人的實質收益率愈低，債市的表現也不盡理想。

不過，對匯市（貨幣）來說，影響則較不明顯。雖然通膨上升，意味持有該國貨幣的價值縮水，會降低國際資金流入該國貨幣的意願，貨幣可能走弱；但如果市場預期該國央行可望調升利率來控制通膨，卻反而可能因為較高利率吸引國際資金流入，使貨幣走強。正反影響相互交錯下，通膨上升對該國貨幣升貶的影響也變得較不明顯。

CPI月增率連續三個月以上 ↑ ➡ 通貨膨脹壓力愈大 ➡ 影響
- 股票市場表現較有負面影響
- 債券市場表現較有負面影響
- 對貨幣強弱影響不明顯

INFO CPI上漲多少視為「通貨膨脹」？

一般國家常用消費者物價指數（CPI）年增率來衡量通貨膨脹率，而「通貨膨脹」的定義乃指一般（非個別）物價的持續（非偶爾）上漲，而非看CPI絕對數字的高低來判定。

進階判讀2　當CPI月增率連續下滑，意味通膨壓力較低

當CPI月增率至少連續三個月都下滑，表示通膨壓力較低，下滑時間持續愈久，意味著通膨壓力也愈低。

當通膨壓力持續降低，經濟景氣成長腳步趨緩，央行甚至還可能以降息刺激景氣，藉由降息，使企業的借貸成本減少、提高投資意願，並引導民眾資金流向股市等投資市場。整體而言，對股市的成長較有正面助益。隨著通膨壓力逐步減輕，債券的投資收益率也將相對增加，比如說美國公債的債券投資年收益率為2%，CPI年增率0.5%的話，實質收益率為1.5%；但若CPI年增率1.5%的話，實質收益率便僅剩0.5%。因此CPI年增率愈低，投資人的實質收益率愈高，也較有利債市的表現。

在匯市方面，通膨下降會使持有該國貨幣的價值增加，同時也增加國際資金流入該國貨幣的意願，貨幣可能走強；但如果市場預期該國央行可能降息來刺激經濟景氣的回升，則可能因為較低的利率而降低國際資金流入的意願，造成貨幣走弱。通膨下滑對該國貨幣的影響就如同通貨膨脹時一樣都並不明顯。

CPI月增率連續
三個月以上

通貨膨脹
壓力愈小

影響
●股票市場表現較有正面影響
●債券市場表現較有正面影響
●對貨幣強弱影響不明顯

INFO　CPI連續下滑，小心「通貨緊縮」風險

當CPI連續下滑，雖然通膨壓力減緩，但就得留意通貨緊縮（Deflation）風險。根據IMF定義，CPI連續兩年下滑即可視為通貨緊縮；另有學者認為CPI連續兩季走跌即可視為通貨緊縮。

通貨緊縮意味物價連續下跌，對消費者而言似乎是好事，因為同樣一百元能夠買更多東西，但物價走跌也意味著市場購買需求下滑（價格因供需而決定），如果消費者期望物價持續下滑，就更會延遲消費行動，造成市場買氣持續縮減，企業獲利受到影響……形成惡性循環，不可不慎。

進階判讀3　同時觀察CPI月增率與年增率變化

　　CPI的增減主要反應目前物價與比較基期年度的物價增減，實務上，同時觀察CPI月增率與年增率的變動才能看出物價變動時的實際意義。

　　基本上，當月增率持續成長，但年增率仍持平或下滑，表示只是短線的物價上漲，近一年來的物價仍是持平甚至是下滑的。當月增率持續下滑，但年增率仍持平或上漲的，代表只是短線的物價下滑，近一年來的物價仍是持平甚至是上漲的。

　　當月增率持續成長，且年增率也同步上漲，說明物價上漲的趨勢相當確定。當月增率持續下滑，且年增率也同步下滑，顯示物價下滑的趨勢相當確定。

月增率	年增率	意義
持續成長	持平或下滑	短線物價上漲、近一年物價仍持平甚至下滑
持續下滑	持平或上漲	短線物價下滑、近一年物價仍持平甚至上漲
持續成長	同步上漲	物價上漲的趨勢相當確定
持續下滑	同步下滑	物價下滑的趨勢相當確定

　　有時CPI反應的物價變動與民眾的生活經驗有出入，這是因為消費者物價指數代表各城鎮、各種物品的平均價格變動情況，所以與一般民眾的生活感受多少會有出入。比如說，台北市某項商品漲價、但在高雄市是跌價的，所以兩相抵消，CPI沒有太大變化，如此對台北市民而言，便可能產生「與實際感受不符」的問題。

INFO　東西貴並不等於通貨膨脹

　　一般人常會混淆「東西貴」與「通貨膨脹」的概念，比如像歐、美、日的物價比較貴，就認為是物價高漲形成的通貨膨脹。其實，通貨膨脹是指一般物價水準普遍上漲的現象，與東西貴或便宜並沒有絕對的關連。像是日本一向以物價昂貴聞名，但其實日本是物價很平穩，沒有什麼通貨膨脹壓力的國家。

CPI搭配其他指標的判讀

　　CPI為觀察一國消費者具代表性商品與服務的物價總變動率，但因為某些商品或服務常受到季節、國際政局變化等短線因素影響，而出現短暫的大幅波動，如此無法反應出真實的物價漲跌趨勢，因此，CPI編製單位會視當地過去物價的表現特性，訂定出剔除波動特別劇烈的幾項商品或服務價格後的「核心CPI」，以觀察一國物價波動的另一面貌。

● 台灣CPI搭配台灣核心CPI

　　台灣核心消費者物價指數（Core CPI），是指扣除蔬果水產及能源等項目後，所計算出的物價指數，因為台灣的蔬果水產與能源價格，經常受到短期因素比如說氣候、節慶、國際政治因素等而產生較大的波動，因此主計總處便將蔬果水產與能源項目剔除，編製核心CPI，由核心CPI能看到更真實的物價變動趨勢。

判讀說明

判讀原則：留意剔除食品與能源等變動較大因素的「核心CPI」的增減與「CPI總指數」的增減幅度。

組合判斷：

漲跌分類	漲跌情境	判斷說明
同步上漲	↗ 台灣核心CPI上漲 ↗ 台灣CPI上漲	意味台灣物價上漲趨勢相當確定。
同步下跌	↘ 台灣核心CPI下跌 ↘ 台灣CPI下跌	意味台灣物價下滑趨勢相當確定。
漲跌互見	↗ 台灣核心CPI上漲 ↘ 台灣CPI下跌 ↘ 台灣核心CPI下跌 ↗ 台灣CPI上漲	意味短線波動較大的蔬果能源商品與其他商品價格走勢不同步，需留意後續兩者CPI的變化。

查詢台灣核心CPI：
與CPI的公布管道一致，均在同一份報告中一起公布。

● 美國CPI搭配美國核心CPI

美國勞動統計局在編製CPI時，也同時編製了扣除食品與能源項目後所計算的物價指數（All items less food and energy CPI，亦即核心CPI），由於美國的食品與能源等價格經常受到短期因素比如說氣候、國際政治因素等而產生較大的波動，因此美國勞動統計局便將食品與能源項目剔除，編製一項「不含食品與能源價格的CPI」，由此更能看到另一層面的物價變動趨勢。

判讀說明

判讀原則：留意剔除食品與能源等變動較大因素的「核心CPI」的增減與「CPI總指數」的增減幅度。

組合判斷：

漲跌分類	漲跌情境	判斷說明
同步上漲	↗ 美國核心CPI上漲	意味美國物價上漲趨勢相當確定。
	↗ 美國CPI上漲	
同步下跌	↘ 美國核心CPI下跌	意味美國物價下跌趨勢相當確定。
	↘ 美國CPI下跌	
漲跌互見	↗ 美國核心CPI上漲	意味短線波動較大的蔬果能源商品與其他商品價格走勢不同步，需留意後續兩者CPI的變化。
	↘ 美國CPI下跌	
	↘ 美國核心CPI下跌	
	↗ 美國CPI上漲	

查詢美國核心CPI：
與CPI的公布管道一致，均在同一份報告中一起公布。

INFO 每個國家的核心CPI剔除的項目不見得一樣

每個國家受到短線因素而波動較為劇烈的商品項目不盡相同，因此，各國政府在計算核心CPI時，所剔除的項目也會有些出入。除了前述的台灣與美國狀況之外，加拿大核心CPI主要剔除食物、能源以及間接稅對物價的影響；泰國核心CPI則剔除生鮮食品及能源價格的影響；而英國和紐西蘭核心CPI只剔除利息支出的影響。

CPI的日常活用

CPI最常被用來判斷一國的通貨膨脹壓力大小，以及預測政府未來的利率政策方向，此外，企業調薪、政府加稅時，也會參考CPI年增率趨勢，來決定調整的幅度與方向。

活用1　由CPI預測央行的利率政策

CPI能夠反應國內一般的物價平均水準，是一國央行判斷當下通貨膨脹狀況的主要參考指標。

當CPI月增率與年增率持續走揚，走揚幅度愈多、時間持續愈久時，該國通貨膨脹壓力愈大，央行透過緊縮貨幣政策，如調升利率，來控制通貨膨脹的可能性愈大。

相反地，若CPI月增率與年增率持續走滑，且降幅愈來愈大、下滑時間持續愈久，該國通貨膨脹壓力愈小，在經濟成長趨緩下，政府透過寬鬆貨幣政策，如調降利率，來刺激景氣的可能性愈大。

如果經濟成長表現穩定，當地政府便較有可能維持現有貨幣政策不變，比如維持現有的利率水準，以維持當下的經濟持續成長與溫和通膨的健康情勢。

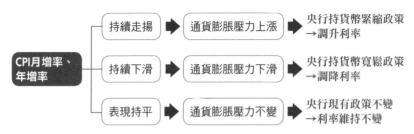

活用2 由CPI預期薪酬與稅賦的調整幅度

因為CPI是衡量一國通貨膨脹與民眾購買力變化的關鍵指標,因此,在公司機關調整薪資、政府調整賦稅如所得稅、贈與稅、土地增值稅、遺產稅等,都會觀察消費者物價指數的年增率變化,做為訂定決策前的參考指標。也就是從CPI年增率的增減幅度,推估當年度薪資的調幅。

例如,當某年CPI年增率為2%時,企業的薪資調幅需高於2%才算有實質加薪,若低於2%或剛好等於2%,經通膨相抵,會減少加薪幅度,或形同沒有加薪。

同樣地,政府對年度的稅賦調幅也會衡量CPI年增率,只有在調高稅賦2%以上,才會有實質增收的稅賦。

活用3 留意CPI漲跌幅度與市場預期間的落差

一國在每個月公布最新CPI與月增率、年增率等相關資料之前,通常各研究單位會事前預估,這些預估值也反應了市場對該國通貨膨脹的預期。

當CPI月增率增加幅度較市場預期為大時,表示短線的通貨膨脹壓力較大,月增率增加幅度愈大,增加時間持續得愈長,意味短線的通貨膨脹壓力愈大。這時民眾應留意長線通膨壓力是否也同步增加(如觀察CPI年增率),如果長線通膨壓力也增加,央行升息的可能性大增,資金存放在銀行反而可以獲得更好的收益。反之,亦然。

而CPI年增率看的是長線物價波動水準,若增加幅度比市場預期增幅還大時,表示長期的通膨壓力大,如前所述,央行極可能於短期內升息,這時資金存放在銀行可以獲得較佳的收益。反之,亦然。

勞資合約也參考CPI增幅
有的公民營企業的勞資合約中,會載明通貨膨脹發生時,薪資便會自動隨通貨膨脹或CPI的幅度來調整,但調整的時間通常是在通貨膨脹發生之後,有時薪資調升幅度也會比CPI年增率稍低。

生產者物價指數（PPI、WPI）

生產者物價指數（Producer Price Index, PPI），是從生產者也就是產品銷售者的角度，反應其出售商品或服務的價格變動，在一些國家則以躉售物價指數（Wholesale Price Index, WPI）來反應生產者角度的物價變動。理論上來說，從生產者出售商品角度所反應出的價格波動，最終會反應在消費者購買的商品與服務的物價波動上，因此，觀察生產者物價指數的漲跌，可用來預測未來消費品三至六個月物價的漲跌趨勢，可視為CPI的先行指標，同時生產者物價指數也是觀察一國通膨狀況的重要指標之一。

■基本資料

性質	□先行指標　□同期指標　■落後指標
製成國家／機構	●台灣：行政院主計總處 ●美國：勞工部勞動統計局（U.S. Bureau of Labor Statistics）
公布單位／公布日期	●台灣：行政院主計總處／每個月第5日（遇假日順延）公布躉售物價指數 ●美國：勞動統計局（U.S. Bureau of Labor Statistics）／每月第三個星期某天公布上月PPI
取得管道	●進入台灣行政院主計總處首頁www.dgbas.gov.tw，從【重要指標】專區，找到【消費者物價指數】，點入找到【躉售物價指數】即可瀏覽相關資訊。 ●進入美國勞工部勞工統計局首頁www.bls.gov，從【Economic Releases】點入，找到【INFLATION & PRICES】點入，即可查詢相關資訊。
重要性	高度　　適用對象　　所有人

INFO　生產者物價指數與CPI表現有時會有差異

理論上來說，從生產者角度反應的商品與服務的價格波動，最終都會反應到消費者在市場中所面對的產品與服務價格上，但實際上，有時候因為政府的補貼政策、銷售稅，以及銷售通路成本的因素，會使PPI與CPI表現有所不同。

生產者物價指數的製成概念與計算方式

　　從生產者角度觀察物價的變動，各國的觀察指標名稱與計算方式略有不同，但基本精神是一樣的。在美國稱為生產者物價指數（PPI），在台灣則有躉售物價指數（WPI）。它的編製概念，是由編製單位定期於各城鎮查詢生產者（廠商）各項抽樣商品出貨時的價格，最後匯總編製成當月的生產者物價指數。

● 台灣WPI與PPI的編製方式

　　台灣躉售物價指數（WPI）衡量企業間交易（不含同一公司的內部移轉）的所有商品價格的變動情形，主要統計了國內廠商內銷產品的出廠價格與進出口商品的物價，屬於從生產者的角度調查統計的指數，除了按基本分類編製之外，另外也按照產地來源分類，分為國產品以及進口品、出口品的物價。

　　台灣主計總處在編製WPI時，主要調查台灣各產業生產廠商出售商品的價格變動情形，目前主要依據民國105年台灣地區經濟生產結構及進出口結構，分查國產內銷品548項、進口品288項、出口品281項，合計1,117項。製成WPI時，會選定某一年作為比較基期（設為100），目前是以民國105年為基期，如以民國108年10月為例，WPI為100.67，意味自105年以來，WPI增加了0.67%；如與前一月份相比，月增率則為下滑1.59%；如與去年同期相比，則年增率為下滑6.21%。

　　除了WPI總指數，以及基本分類的各項指數之外，另編有依照加工階段、特殊分類等的分類指數。

台灣WPI主要四大分類指數

總指數
- 國產內銷品指數
- 進口品指數
- 出口品指數

基本分類指數
- 農林漁牧業產品指數
- 土石及礦產品指數
- 製造業產品指數
- 水電燃氣產品指數

加工階段別指數
- 原材料指數
- 中間產品指數
- 最終產品指數

特殊分類指數
- 內銷品指數
- 國產品指數

INFO　各國的生產者物價指數名稱或編製略有不同

各國的生產者物價指數名稱或旗下分類指數雖然不盡相同，但本質相同。用生產者物價指數（PPI）來觀察生產者物價變動的國家有美國、德國、泰國、馬來西亞、南韓；而在台灣則多觀察躉售物價指數（WPI）為主；加拿大編製工業銷售物價指數（IPPI）；英國編製製造業出物價指數（MOPI）；日本編製國內企業商品物價（DCGPI）；新加坡編製國內供應物價指數（DSPI）來觀察生產者出貨交易的物價變動情形。

美國PPI的編製方式

美國PPI主要由美國勞動調查局以每月一次的頻率，抽樣調查全美商品與服務生產者的產品出貨價格，每月所抽樣調查的商品報價單約十萬筆，受訪廠商在當月13日前將最新商品報價或交易價格資料郵寄給調查單位，最後再將調查結果編製成PPI。

過去PPI主要反應的是美國製造業、礦業的生產者產品售價漲跌，近年來逐漸增加調查範圍，包括營造業、貿易業、金融業、服務業。PPI主要依據產品的加工製成過程分類，包括終端需求品、依商品分類的半成品需求品、不同生產流程下的半成品需求品，這三大類的PPI指標，如下頁所示：

美國PPI三大指標

終端需求品（Final demand）PPI

子項目 ➡
- 終端需求服務（Final demand services）
- 終端需求商品（Final demand goods）
- 終端需求扣除食品、能源與貿易等（Final demand less foods, energy, and trade）

依商品分類的半成品需求品（Intermediate demand by commodity type）PPI

子項目 ➡
- 中間需求之加工商品（Processed goods for intermediate demand）
- 中間需求之未加工商品（Unprocessed goods for intermediate demand）
- 中間需求之服務（Services for intermediate demand）

不同生產流程下的半成品需求品（Intermediate demand by production flow）PPI

子項目 ➡
- 第4階段之半成品需求品（Stage 4 intermediate demand）
- 第3階段之半成品需求品（Stage 3 intermediate demand）
- 第2階段之半成品需求品（Stage 2 intermediate demand）
- 第1階段之半成品需求品（Stage 1 intermediate demand）

　　美國製成PPI時，同樣設定某一年度為比較基期，例如，目前是以2009年12月為比較基期（=100），以便於比較PPI的變化。此外，為了看出短期、長期的PPI趨勢，常會利用月增率、年增率數字來比較躉售物價的增減變化，以掌握生產者角度的物價變動情形。

INFO 美國的PPI就是終端需求品PPI（FD-PPI）

美國並沒有PPI總指數，通常金融市場或經濟學家是以終端需求品（final demand）PPI，或稱Producer price indexes for final demand，來觀察美國的通膨狀況。主要是因為終端需求品（final demand）PPI所統計的產品或服務，為即將直接銷售到零售市場的產品，價格比較貼近終端市場的消費價格。

WPI的判讀

　　台灣主要以WPI指標、美國是以PPI指標來觀察生產者出貨的價格漲跌變化。由於WPI、PPI的判讀方式相同，以下以WPI的判讀為例。做WPI判讀時，會先從最基本的指數增減來觀察，再進階至觀察增減幅度，並從月增率及年增率來看物價的短期、長期的變化趨勢。

基本判讀

　　以WPI數值與基期100來相比較，便可以比較出目前WPI與比較基期年度間的物價增減狀況，以看出通貨膨脹的情形。

基本判讀1　從WPI數值判斷通膨壓力大小

　　當WPI大於100，代表當期WPI較基期年度成長，表示生產者的最終製成品出貨價格，較

WPI＞100 → 與基期年度相較，通膨壓力增加
WPI＜100 → 與基期年度相較，通膨壓力減少
WPI＝100 → 與基期年度相較，通膨壓力持平

比較基期年度上漲，代表該國從基期年度至今，通膨壓力較為增加。

　　當WPI小於100，代表當期WPI較基期年度衰退，表示生產者的最終製成品出貨價格，較比較基期年度下跌，代表該國從基期年度至今，通膨壓力較為減少。

　　當WPI等於100，代表當期WPI較基期年度不變，表示生產者的最終製成品出貨價格，較比較基期年度不變，代表該國從基期年度至今，通膨壓力持平不變。

美國PPI以前叫做WPI

美國PPI在1978年以前稱為躉售物價指數（Wholesale Price Index, WPI）。主要指數的呈現方式也由過去的一個WPI總指數，轉變成以產品製造過程區分的三大PPI指數，但整個統計方式並無變動。之所以會更名，是因為無論是1978年以前的WPI或現在的PPI，在統計時並未統計批發市場（wholesale market）的產品價格變動，用躉售物價指數（Wholesale Price Index, WPI）的名稱容易造成混淆，因此，美國勞動統計局認為改成PPI比較不會有誤導大眾。

基本判讀2 (和上月相比，判斷短期WPI增減趨勢

　　WPI公布時，同時會公布月增率數字，透過月增率幅度，可以洞察短線WPI的變動趨勢。例如：

■當WPI較上月增加1%，也就表示生產者出貨的商品與服務的價格，較上月上漲1%，通膨壓力也隨之增加。

■當WPI較上月減少1%，表示生產者出貨的商品與服務的價格，較上月下跌1%，通膨壓力也隨之減少。

■當WPI較上月持平，代表生產者出貨的商品與服務的價格，較上月不變，通膨狀況維持平穩。

> **當月WPI ＞ 上月WPI** → 通貨膨脹壓力增加

> **當月WPI ＝ 上月WPI** → 通貨膨脹壓力持平

> **當月WPI ＜ 上月WPI** → 通貨膨脹壓力減少

基本判讀3 (和去年同期相比，判斷長期WPI增減趨勢

　　比較完上月的增減幅度後，觀察目前WPI較去年同期的增減幅度，以較長線角度掌握物價變動。例如：

■當WPI較去年同期增加3%，表示生產者出貨的商品與服務的價格，較去年同期上漲3%，通膨壓力也隨之增加。

■當WPI較去年同期減少3%，表示生產者出貨的商品與服務的價格，較去年同期下跌3%，通膨壓力也隨之減少。

■當WPI較去年同期持平，表示生產者出貨的商品與服務的價格，與去年同期相當，通膨狀況呈現持平。

> **當年WPI ＞ 去年WPI** → 通貨膨脹壓力增加

> **當年WPI ＝ 去年WPI** → 通貨膨脹壓力持平

> **當年WPI ＜ 去年WPI** → 通貨膨脹壓力減少

進階判讀

　　由於WPI的漲跌，最後終會反應到終端的消費者市場，因此，WPI可說是CPI的領先指標，通常會領先反應三至六個月，透過長期觀察WPI指數漲跌，並與過去的數值相比，從數值的增減幅度即可判斷未來三至六個月CPI的可能走向，以及市場是否開始面臨通貨膨脹的壓力。

進階判讀1　當WPI月增率連續上揚，表示未來三到六個月CPI走揚可能性增加

　　WPI反應的是上游廠商（生產者）購買製成商品的大宗物品或原物料的價格，當價格有所增減時，最終會反應在消費者所購買的商品或服務上。對一般民眾或投資者而言，當WPI月增率連續三個月以上呈現上揚時，表示未來三到六個月的CPI跟著走揚的機會大增，意味未來通膨壓力漸趨明顯，連續走揚時間愈久，未來通膨壓力也隨之增強。

　　一旦通膨壓力逐漸溫升，通常也表示該國央行會採取緊縮貨幣政策，例如升息，以防止景氣過熱，此時企業的借貸成本增加、獲利空間也相對降低，對股市而言較有負面影響。通膨壓力增加也會削減債券的投資收益率，不利債市的表現。

　　不過，匯市（貨幣）所受的影響較不明顯。因為通膨上升，意味持有該國貨幣的價值縮水，降低國際資金流入該國貨幣的意願，貨幣可能走弱；但如果市場預期該國央行可能調升利率來控制通膨，則可能因為較高利率而吸引國際資金流入，這時該國貨幣可能走強。正反影響相互交錯下，通膨上升的影響對貨幣的走勢較不明確。

　　另對廠商企業主而言，由於WPI反應廠商間出貨的價格水準，WPI上揚也表示未來將價格調漲部分轉嫁消費者、以維持一定的獲利水準的壓力較高，因此，產品的銷售量有可能受到價格壓力的衝擊，而如果不調漲價格，廠商本身則必須自行吸收，對未來的獲利展望也可會較受負面衝擊。

WPI月增率連續三個月以上走揚

未來三到六個月的CPI跟著增加的可能性大增，通貨膨脹壓力也愈大

 影響

● 股票市場表現較有負面影響
● 債券市場表現較有負面影響
● 對貨幣強弱影響不明顯

進階判讀2 當WPI月增率連續下滑，表示未來三到六個月CPI下滑可能性增加

當WPI月增率連續三個月以上都下滑，表示未來三至六個月CPI跟著下滑的機會增加，通膨壓力也可望逐漸減輕，連續下滑時間愈久，通膨壓力也會愈來愈低。

對一般民眾或投資者而言，當通膨壓力愈低，意味該國央行採取緊縮貨幣政策比如說升息，來防止景氣過熱的機會便不大，如果經濟景氣成長趨緩，央行甚至還可能祭出降息以刺激景氣，一旦企業的借貸成本減少，相對地獲利空間便增加，整體而言，對股市產生正面影響。

因為通膨壓力減輕下，債券投資收益受到通膨稀釋的部分較少，整體獲利空間相對較大，較有利債市的表現。

通膨壓力愈低，對匯市（貨幣）影響較不明顯。因為通膨下降，意味持有該國貨幣的價值增加，同時也增加國際資金流入該國貨幣的意願，貨幣可能走強；但如果市場預期該國央行可能降低利率來刺激經濟景氣的回升，則可能因為較低利率而降低國際資金流入的意願，該國貨幣可能走弱。因此，通膨壓力下滑的影響對該國貨幣的走勢較不明確。

另對廠商企業主而言，由於WPI反應廠商間出貨的價格水準，WPI下滑意味未來將價格轉嫁消費者的壓力較低，未來物價調漲的壓力也較低，產品的銷售量也較不會受到價格壓力的衝擊，對未來的獲利展望也較為樂觀。

| WPI月增率連續三個月以上下滑 | | 未來三到六個月CPI下滑的可能性大增，通貨膨脹壓力愈小 | 影響 | ●股票市場表現較有正面影響
●債券市場表現較有正面影響
●對貨幣強弱影響不明顯 |

進階判讀3　同時觀察**WPI月增率與年增率變化**

　　WPI月增率、年增率都表示了目前WPI的實際增減變化，反應的是現實生活中，短期一個月間、長期一年間的生產者物價變動情況。同時觀察短期和長期的生產者物價變動，才能看出物價變動的實際影響幅度。

　　當WPI月增率持續成長，但WPI年增率仍持平或下滑，表示只是短線的WPI上漲，近一年來的WPI仍是持平甚至是下滑的，因此，仍須觀察未來數月WPI是否持續走揚，以確定物價的變動趨勢是否出現變化。

　　當WPI月增率持續下滑，但WPI年增率仍持平或上漲的，代表只是短線的WPI下滑，近一年來的WPI仍是持平甚至是上漲的，因此，仍須觀察未來數月的WPI變動，以掌握物價的真實變動趨勢。

　　當WPI月增率持續成長，且WPI年增率也同步上漲，代表WPI上漲的趨勢相當確定，同時也意味未來三至六個月CPI跟著走揚的可能性增加，通膨的壓力隨之增溫。

　　當WPI月增率持續下滑，且WPI年增率也同步下滑，代表WPI下滑的趨勢相當確定，同時也意味未來三至六個月CPI跟著走弱的可能性增加，通膨壓力較為降低。

月增率	年增率	意義
持續成長	持平或下滑	短線WPI上漲，但近一年WPI仍持平甚至下滑，仍須觀察後續走勢。
持續下滑	持平或上漲	短線WPI下滑，近一年WPI仍持平甚至上漲，仍須觀察後續走勢。
持續成長	同步上漲	WPI上漲的趨勢相當確定，未來三至六個月CPI跟著走揚機率增加，通膨壓力增溫。
持續下滑	同步下滑	WPI下滑的趨勢相當確定，未來三至六個月CPI跟著走弱機率增加，通膨壓力減低。

WPI指數搭配其他指標的判讀

PPI或WPI是從「生產者」的角度來衡量一國廠商所產出的商品與資本設備等項目的出貨物價變化，在台灣，常與CPI搭配判讀，可以觀察當下與未來的物價變動趨勢；在美國，與核心PPI搭配判讀，可以觀察剔除短期波動較為劇烈的商品出貨價格變動，是否於其他產品出貨價格變動同步，較能全盤掌握生產者角度的產品價格趨勢。

● 台灣WPI指數搭配台灣CPI

WPI可說是CPI的領先指標，因此，常與CPI一同做比較，以判斷當下與未來可能的物價變化。

不過，價格變動有時會遞延反應，而且廠商也可能因為存貨尚未消化、原物料供應合約尚未到期或擔心調漲價格影響消費買氣等因素，使最後零售價格未必等幅度的反應原物料的漲跌；另外，生產者也會透過生產技術提升等方式，來因應原物料上調等因素所引發的售價調升的壓力，讓最後的商品售價表現較為平穩。

判讀說明

判讀原則：留意 WPI 和 CPI 的走勢是否同步。

組合判斷：

漲跌分類	漲跌情境	判斷說明
同步上漲	↗ 台灣WPI上揚 ↗ 台灣CPI上揚	如WPI與CPI皆同步走揚，表示當下物價與未來的物價走揚的趨勢較為確立，通膨壓力將增溫。
同步下跌	↘ 台灣WPI下跌 ↘ 台灣CPI下跌	WPI與CPI皆同步下滑，表示當下與未來的通膨壓力逐漸減輕。
漲跌互見	↗ 台灣WPI上漲 ↘ 台灣CPI下滑 ↘ 台灣WPI下跌 ↗ 台灣CPI上揚	當下的CPI與反應未來物價走向的WPI表現不同步，需持續留意後續變化，以確定物價趨勢是否出現變化。

查詢台灣CPI指數與WPI指數：
台灣主計總處每個月都會出版「物價統計月報」，內含各種物價指數的最新資料。查詢路徑如下：點入主計總處統計專區 www.stat.gov.tw，點入左側【物價指數】專區，點選【電子書】，即可查詢最新的「物價統計月報」。

INFO 當CPI與WPI出現一高一低時

當同一月份的CPI處於相對高點，而WPI卻處於相對低點時，是否意味當月的生產者（廠商）的利潤相對較高？而CPI處於相對低點，而WPI卻處於相對高點時，是否意味當月的生產者（廠商）相對沒有甚麼利潤？其實不一定，因為WPI主要調查生產者的出貨價格，CPI主要調查消費者購買商品時的零售價格，而商品從出廠到零售市場，還需經過複雜的批發階段，有時上游的原物料調整了，反應到最下游的消費市場，時間會有相當的遞延狀況，也因此當月CPI與WPI一高一低，並不能判斷說生產者的當月利潤變高或變低了。

● 美國PPI搭配美國核心PPI

　　與CPI類似，美國勞動統計局在編製PPI時，也同時編製了扣除食品、能源與貿易的「終端需求扣除食品、能源與貿易PPI（Final demand less foods, energy, and trade），即核心PPI）」，對於短期食品或能源產品出貨價格出現較大波動時，透過核心PPI更能反應生產者角度的產品價格趨勢，一起搭配判讀也較能掌握真實的生產者物價變化內容。

判讀說明

判讀原則：留意剔除食品與能源等變動較大因素的「核心 PPI」的增減與「PPI 總指數」的增減幅度與方向。

組合判斷：

漲跌分類		漲跌情境	判斷說明
同步上漲	↗	美國核心PPI上漲	表示短線美國PPI的上漲趨勢較為確定。
	↗	美國PPI上漲	
同步下跌	↘	美國核心PPI下跌	表示短線美國PPI的下跌趨勢較為確定。
	↘	美國PPI下跌	
漲跌互見	↗	美國核心PPI上漲	表示短線波動較大的食品能源產品與其他產品出貨價格走勢不同步，仍需留意後續兩者PPI的變化以確定趨勢。
	↘	美國PPI下跌	
	↘	美國核心PPI下跌	
	↗	美國PPI上漲	

查詢核心PPI：
與生產者物價指數的公布管道一致，均在同一份報告中一起公布。

225

WPI的日常活用

WPI最常被用來判斷一國的通貨膨脹壓力大小，以及預測政府未來的利率政策方向，同時企業的採購與出貨合約，也會參考生產者物價指數的數字，來決定調整的幅度與方向。

由WPI預測央行的利率政策

WPI是由生產者的角度來衡量一國廠商所產出的商品（進口品除外）與資本設備項目等的出貨物價變化。因此和消費者物價指數一樣，都是央行衡量一國通貨膨脹情況的重要指標，一國的通貨膨脹壓力大增或形成通貨緊縮，都會對一國的經濟發展造成影響，所以央行會透過貨幣政策來調節，此時可藉由觀察生產者物價指數來預測政府的利率政策。

當台灣的WPI月增率與年增率持續走揚，走揚幅度愈多、時間持續愈久，造成台灣通貨膨脹的壓力也愈強，為了控制通貨膨脹，央行採行貨幣緊縮政策如升息的可能性也愈大。若WPI月增率與年增率持續下滑，當下滑幅度愈大、時間愈長，通貨膨脹的壓力愈小，此時經濟成長愈趨緩，為了刺激景氣，央行即可能會採取降息的寬鬆貨幣政策。當經濟成長表現穩定，央行即有可能維持現有貨幣政策，如維持現有利率水準，以維持當下的經濟持續成長與溫和通膨的健康情勢。

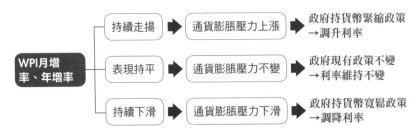

由WPI預期企業合約的調整幅度

　　WPI是從生產者角度衡量其出貨時商品物價漲跌變化的關鍵指標，所以，企業的採購或出貨合約的擬定或修改，通常會參考該國WPI的漲跌趨勢，做為決策前的參考依據。由於採購或出貨合約通常是以年度為基礎來簽定，因此，通常參考WPI的年增率數字為主。

　　例如，台灣某年WPI年增率為2%，企業採購單位或出貨訂價單位通常會以2%為參考基準，來與上游原物料廠商或下游收貨產廠商製定合約。若工作和採購、出貨有關，可以多加留意WPI的變化，或直接觀察與自己公司關聯性較高的產業的WPI子指標，預測與判斷採購或出貨合約的合理性與漲跌趨勢。

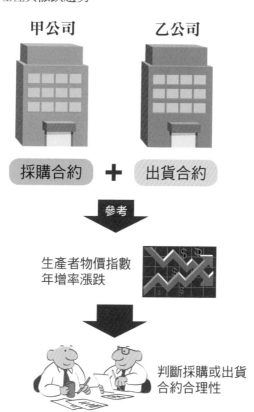

進口&出口物價指數

　　進口&出口物價指數（Import and Export Price Indexes）是衡量一國進口商品與出口商品價格的變動情形的觀察指標，除了可以觀察國內企業進口原料設備的生產成本的壓力變化、進口價格上揚可能導致的進口性通貨膨脹壓力增減，還可了解一國出口品的市場需求與價格競爭力強弱。由於物價通常落後反應經濟景氣的狀態，因此物價指數包含進出口物價指數，屬於落後的經濟指標。

　　進口商品價格上揚代表國內向國外進口原物料、設備等商品的物價走揚，使國內生產者生產成本壓力增加，可能連帶推動國內的物價水準，通膨壓力可能較高，且國內生產者將成本壓力轉嫁到國外買方的可能性也增加；進口商品價格下跌，表示國內的向國外進口原物料、設備等商品的物價下滑，國內生產者生產成本壓力下降，可能連帶地使國內的物價水準走滑，通膨壓力可能減輕，且國內生產者將成本壓力轉嫁到國外買方的可能性也降低。

　　出口商品價格上漲，通常反應海外市場對國內所出口商品的需求，代表海外市場對國內出口的商品需求愈高，但出口產品的價格競爭力變弱，未來出口量可能受到影響；出口商品價格下滑，表示海外市場對該國出口商品需求愈低，且亦意味出口產品的價格競爭力較強，未來出口量可能增溫。

■基本資料

性質	□先行指標　　□同期指標　　■落後指標
製成國家／機構	●台灣：行政院主計總處 ●美國：勞工部勞動統計局（U.S. Bureau of Labor Statistics）
公布單位／ 公布日期	●台灣：行政院主計總處／每個月5日（遇假日順延） ●美國：勞動統計局／每月第三個星期某天公布上月進出口物價指數。

取得管道	●進入台灣行政院主計總處首頁www.dgbas.gov.tw，從【重要指標】，找到【消費者物價指數】，點入找到CPI、WPI物價指數新聞稿與報告，便可同時看到【進口／出口物價指數】。 ●進入美國勞工部勞工統計局首頁www.bls.gov，從【Economic Releases】點入，找到【INFLATION & PRICES】點入，選擇【U.S. Import and Export Price Indexes】即可查詢相關資訊。
重要性	高度　　**適用對象**　　所有人

進口&出口物價指數的製成概念與計算方式

　　進口&出口物價指數的編製是由台灣行政院主計總處編製單位定期追蹤某段期間進口商品與出口商品的物價，最後匯總編製成當月的進口物價指數與出口物價指數。

● 進口&出口物價指數的編製方式

　　進口與出口物價指數的編制，是以每月一次的頻率，定期調查選定抽樣的進口商購買國外商品、或出口商出口商品時的成交價格，彙總成一進口&出口物價指數。同時以某一年度做為比較基期，並將該年的出口&進口物價指數設為100，目前的基期是民國105年，設為100。

　　行政院主計總處依據民國105年之進出口的商品結構，選取了代表性的商品，包含進口288項、出口281項，進行追蹤與查價，主要採取通訊調查或網路填報的方式，由選定的進出口商按月向主計總處填報。

　　美國的進口指數，除了總指數之外，還編制了燃料進口指數與非燃料進口指數，反應了美國對進口燃料的高度依賴；而出口則除了出口總指數之外，還編制了農產品出口與非農產品出口指數，反應了美國的出口農產品為相當重要的出口大宗項目。目前美國進出口指數是將2000年做為比較基期，設為100。

進口&出口物價指數的判讀

　　判讀進口物價指數與出口物價指數時，主要和上月、去年同期相比，比較判斷進口&出口物價指數的漲跌，以判斷通貨膨脹情況及海外市場對出口產品的需求程度，以及出口商品的價格競爭力。

基本判讀

　　分別將進口物價指數、出口物價指數和基期100、上月、去年的同期數字相比較，便能判斷該國通膨壓力的大小、生產者進口成本壓力大小，以及海外市場對出口商品的需求大小與價格競爭力高低。

基本判讀1　從進口物價數值增減，判斷通膨壓力大小

　　進口物價指數顯示了進口品的物價水準，和基期相比，從數字的增減便可以得知目前進口物價與基期年度相較的價格增減狀況，進而看出國內生產者進口成本的壓力大小，以及國內物價出現進口性通貨膨脹的可能性。

■ 當進口物價指數大於基期100，代表著國內向國外進口商品的價格，比基期年度來的高，意味生產者的進口成本壓力增加，生產的商品價格也可能隨之增加，導致進口性通貨膨脹的壓力增加。

■ 當進口物價指數等於基期100，表示國內向國外進口商品的價格，和基期年度相同，生產者進口成本壓力持平，生產的商品價格也可望持平，進口性通貨膨脹壓力也相對持平。

■ 當進口物價指數小於基期100，表示國內向國外進口商品的價格，比基期年度來的低，也就是說，生產者的進口成本壓力減少，生產的商品價格也可望走滑，而進口性通貨膨脹的壓力也可望減輕。

> **進口物價指數＞100** → 進口性通貨膨脹壓力較大

> **進口物價指數＝100** → 進口性通貨膨脹壓力持平

> **進口物價指數＜100** → 進口性通貨膨脹壓力較小

基本判讀2 從出口物價增減判斷出口商品需求與競爭力的消長

從出口物價指數數值和比較基期年度相較後的增減變化，可看出海外市場對出口商品的需求強弱，以及出口商品價格競爭力的高低。

■ 當出口物價指數大於基期100，表示國內的出口商品價格，比基期年度來的高，反應出國內對外出口商品的海外需求增加，由於海外的需求增加了，出口物價指數的價格才會上揚；但出口品價格走揚，也代表了價格競爭力相對較低，可能導致未來出口量的滑落。

■ 當出口物價指數等於基期100，代表國內的出口商品價格，相當於比較基期年度，顯示出海外市場對國內出口商品的需求不變；由於出口品價格持平，表示價格競爭力相對不變，未來出口量也可能持平。

■ 當出口物價指數小於基期100，表示國內的出口商品價格，低於比較基期年度，說明國內對外出口表現不佳，海外需求減少；由於出口品價格下滑，連帶地價格競爭力相對較高，未來出口量將可能增加。

> **出口物價指數＞100** → 出口商品的海外需求增加、未來出口量可能下滑

> **出口物價指數＝100** → 出口商品的海外需求不變、未來出口量可能持平

> **出口物價指數＜100** → 出口商品的海外需求減少、未來出口量可能增加

INFO 出口物價指數對出口導向的國家重要性高

出口物價指數顯示了海外市場對出口商品的需求，台灣是出口導向的國家，需靠出口賺取外匯，幫助整體經濟成長，因此，出口物價指數對台灣的重要性較高。但對出口占GDP比重較低的國家，比如像美國，重要性便不是那麼大。

基本判讀3　從進口物價幅度增減，判斷通膨壓力大小

　　將進口物價指數和上個月、去年同期的歷史數字相比，可看出實際漲跌幅度，從增減的幅度可一窺物價是否有通貨膨脹的壓力。

■ 當進口物價指數較前月成長2%，表示進口商品的價格較前月上漲2%，代表國內生產者進口成本壓力短期便增加了2%，未來有可能將生產成本的增加轉嫁到終端消費品市場或出口品市場，導致通膨壓力增溫。

■ 當進口物價指數較去年同期成長10%，表示進口商品的價格較去年同期上漲10%，而國內一年來的生產者進口成本壓力增加了10%，未來轉嫁成本壓力到終端消費品的可能性更為增加，民眾所感受的通膨壓力也將愈大。

■ 當進口物價指數較前月衰退2%，透露出進口商品的價格較前月下滑2%，表示生產者短期內的進口成本下滑了2%，通膨壓力可望降低。

■ 當進口物價指數較去年同期衰退10%，意味著近一年來生產者進口成本壓力減少10%，因成本下降，消費品和出口品的價格沒有上漲空間，民眾感受到的通膨壓力也逐漸減低。

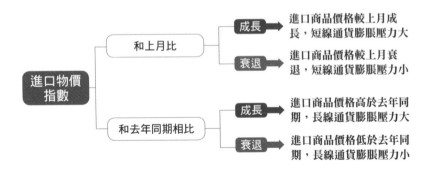

基本判讀4　從出口物價幅度增減，判斷國外市場需求大小

　　將出口物價指數和上個月、去年同期歷史數字相比，可觀察海外市場對國內的出口商品需求強弱與價格競爭力高低。

■ 當出口物價指數較前月成長2%，表示出口商品的價格較前月上漲2%，代表了短線內海外對國內出口品的需求增溫，另一方面也表示短線出口品價格競爭力減弱。

■ 當出口物價指數較去年同期成長10%，說明出口商品的價格較去年同期上漲10%，顯示出過去一年來，海外市場對國內出口商品的需求增加，台灣的外銷成績良好，但也意味長線的出口品價格競爭力較弱，未來出口量可能會受到影響。

■ 當出口物價指數較前月衰退2%，表示出口商品的價格較前月下滑2%，表示短線海外對出口品的需求降溫，但同時也意味短線的出口品價格競爭力增加。

■ 當出口物價指數較去年同期衰退10%，說明出口商品的價格較去年同期下滑10%，代表過去一年來，海外市場對國內出口商品的需求下滑，台灣的外銷表現可能較不理想，但同時也意味著，長線出口品價格競爭力較強，未來出口量可望增加。

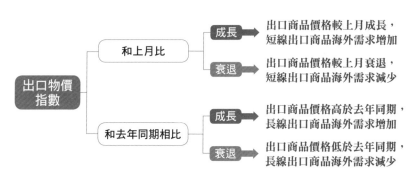

進階判讀

　　要確定進口與出口物價指數呈現上漲或下跌**趨勢**，得觀察至少連續三個月以上均呈現上漲或下跌走勢，才能確定。一旦**趨勢**成立，較能判定進口物價對當地通膨的影響，以及出口物價所反應的海外市場需求以及價格競爭力的大小。

進階判讀1　**當進口物價指數月增率連續上揚，意味通膨壓力較高**

　　當進口物價指數月增率連續三個月以上呈現上揚時，表示國內廠商進口成本壓力持續增加，未來將成本轉嫁給消費者的可能愈高，進口商品物價將會上漲，形成了進口性通膨，當連續走揚時間愈久、幅度愈大，進口性通膨壓力愈大。

　　進口物價連續走揚、進口性通膨壓力愈大，央行通常會採取緊縮貨幣政策，比如說升息以降低通膨的壓力，一升息，企業借貸成本增加、獲利空間逐漸遭到壓縮，較不利股市表現。在進口性通膨壓力愈大環境下，債券的投資收益率相對被削減，債市的表現也不盡理想。

　　進口性通膨壓力愈大，對匯市（貨幣）影響較不明顯。因為通膨上漲，表示該國貨幣的價值縮水，降低國際資金流入該國貨幣的意願，貨幣可能走弱；但如果市場預期該國央行可能調升利率來控制通膨，則可能因為較高利率而吸引國際資金流入，這時貨幣可能走強。正反影響相互交錯下，通膨上升的影響對該國貨幣的走勢較不明確。

進階判讀2　**當進口物價指數月增率連續下滑，意味通膨壓力較低**

　　當進口物價指數月增率連續三個月以上呈現下滑，代表國內廠商進口成本壓力下滑，未來轉嫁成本到消費者身上的可能也明顯減輕，進口商品物價也將下跌，因此，較不容易形成進口性通膨，連續下滑時間愈久，進口性通膨壓力愈低。

在進口成本下滑、進口性通膨壓力愈低情況下，央行不需升息調節通膨，如果經濟景氣成長逐漸趨緩，央行利用降息來刺激景氣的可能性增強，一旦降息，企業的借貸成本降低、獲利空間逐步增加，整體而言，對股市較有正面激勵作用。對債券市場而言，在降息環境下，債券的投資收益率相對增加，有利債市表現。

不過，對匯市（貨幣）影響較不明顯。因為通膨壓力減輕，表示該國貨幣的價值增加，同時也增加國際資金流入該國貨幣的意願，貨幣可能走強；但如果市場預期該國央行可能降低利率來刺激經濟景氣的回升，則可能因為較低利率而降低國際資金流入的意願，這時貨幣可能走弱。正反影響相互交錯下，通膨下滑的影響對該國貨幣的走勢較不明確。

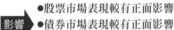

進階判讀3 當出口物價指數月增率連續上揚，對GDP貢獻度增加

當出口物價指數月增率連續三個月以上呈現上漲時，表示海外市場對國內出口商品的需求增溫，外銷廠商的業績可望轉好，外匯收入增加，而出口為GDP的重要組成項目之一，出口增加對一國的GDP貢獻度亦會增加，對整體經濟成長較為有利。但如果出口物價漲幅太大，可能導致價格競爭力下滑，需留意未來出口量是否受到影響。

進階判讀4 當出口物價指數月增率連續下滑，出口市場明顯縮小

當出口物價指數月增率連續三個月下滑時，表示海外市場對國內出口商品的需求持續減少，外銷廠商的業績不盡理想，外匯收入減少，由於出口為GDP的重要組成項目之一，出口下滑對一國的GDP貢獻度將會減少，對整體經濟成長較為不利。同樣地，出口物價跌幅太大，可能讓價格競爭力大增，未來的出口量也有可能逐漸增溫。

進口&出口物價指數搭配其他指標的判讀

對台灣而言，進口、出口物價因為牽涉到本國貨幣與外國貨幣的兌換匯價，因此，在進出口物價指數的計算上，分為本國貨幣（台幣）計價與外國貨幣（通常是美元）計價。

台幣計價的進出口物價指數，主要觀察將匯率波動計算在內的進出口物價變動，對台灣進口商或民眾而言，真實生活中不可能將匯率因素排除在外，所以通常還是以台幣計價的進出口物價指數為主要參考指標；而美元計價的進出口物價指數，則主要觀察剔除匯率波動下的進出口物價變動，比較能真實反應進口品的原始價格漲跌，與出口品到國外市場的最終價格漲跌。

● 進口物價指數搭配按美元計價進口物價指數

如果台幣計價與美元計價的進口物價指數都上漲，意味無論是進口原始價格或是剔除匯率因素後的進口物價均走揚，整體來看對國內的通膨壓力相對較為增加。反之，則意味對國內通膨壓力相對較為和緩。如兩者呈現不同步走勢，則意味當月匯率波動對進口物價干擾較大。

判讀說明

判讀原則：留意「進口物價指數」與「按美元計價進口物價指數」是否同步上漲或下跌。

組合判斷：

漲跌分類	漲跌情境	判斷說明
同步上漲	↗ 按美元計價進口物價指數上漲 ↗ 進口物價指數上漲	意味台灣的通膨壓力可能增加
同步下跌	↘ 按美元計價進口物價指數下跌 ↘ 進口物價指數下跌	意味台灣的通膨壓力可能減少
漲跌互見	↗ 按美元計價進口物價指數上漲 ↘ 進口物價指數下跌 ↘ 按美元計價進口物價指數下跌 ↗ 進口物價指數上漲	意味匯率波動對當月的進口物價影響較大，剔除匯率波動下的進口物價與台幣計價呈現不同步走勢。

查詢按美元計價進口物價指數：
從台灣主計總處的「物價統計月報」便可查詢：從主計總處統計專區 www.stat.gov.tw，點入左側【物價指數】專區，點選【電子書】即可查到。

● 出口物價指數搭配按美元計價出口物價指數

　　如果台幣計價與美元計價的出口物價指數都上漲，意味無論是出口最終價格或是剔除匯率因素後的出口物價均走揚，整體來看都意味著海外需求增加的趨勢。反之，則意味著海外需求減少的趨勢。如兩者呈現走勢不同步的情況，則表示當月匯率波動對出口物價干擾較大。

判讀說明

判讀原則：留意「出口物價指數」與「按美元計價出口物價指數」是否同步上漲或下跌。

組合判斷：

漲跌分類	漲跌情境	判斷說明
同步上漲	↗ 按美元計價出口物價指數上漲 ↗ 出口物價指數上漲	意味台灣的出口商品在海外的需求增加，出口對台灣GDP的貢獻可能增加。
同步下跌	↘ 按美元計價出口物價指數下跌 ↘ 出口物價指數下跌	意味台灣的出口商品在海外的需求減少，出口對台灣GDP的貢獻可能減少。
漲跌互見	↗ 按美元計價出口物價指數上漲 ↘ 出口物價指數下跌 ↘ 按美元計價出口物價指數下跌 ↗ 出口物價指數上漲	意味匯率波動對當月的出口物價影響較大，剔除匯率波動下的出口物價與台幣計價呈現不同步走勢。

查詢按美元計價出口物價指數：
從台灣主計總處的「物價統計月報」便可查詢：從主計總處統計專區 www.stat.gov.tw，點入左側【物價指數】專區，點選【電子書】即可查到。

由於美元是目前國際間的通用貨幣，國際間進出口物價多還是以美元報價，因此美國目前編製的進出口物價指數，只有以美元計價的指數。

進口&出口物價指數的日常活用

進口物價指數與通膨密切相關,由此可預測台灣的利率走向;出口物價指數反應海外市場對出口品的需求,也可藉此判斷台灣出口的動能變化。

活用1 由進口物價指數預測央行的利率政策

進口物價指數的上漲與下跌,與一國的通膨壓力息息相關,因此,進口物價指數的漲跌趨勢,通常也是央行判斷當下通貨膨脹狀況的參考指標。

當進口物價指數月增率與年增率持續走揚,走揚幅度愈多、時間持續愈久,表示台灣通貨膨脹壓力愈大,為了抑制通貨膨脹,回穩物價,台灣央行透過緊縮貨幣政策(如調升利率)來控制通貨膨脹的可能性愈大,若利率走升,對台灣股市的投資較為不利,因企業的借貸成本增加,獲利空間相對縮減,對台股的投資可較為觀望。相反地,若進口物價指數月增率、年增率持續走跌時,通貨膨脹的壓力會隨著持續走跌的時間、幅度而變小,央行極可能會透過降息的方式來刺激景氣,因企業獲利空間提升,台股極有上漲空間。

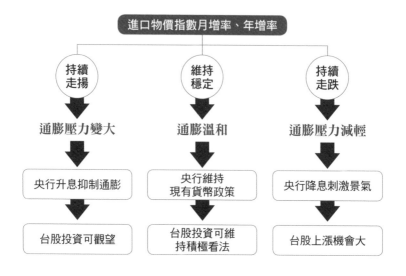

如果經濟成長表現穩定，台灣央行便較有可能維持現有貨幣政策不變，比如說利率水準維持不變，以維持當下的經濟持續成長與溫和通膨的健康情勢。對台灣股市的投資仍為有利，投資人對台股仍可維持積極看法。

活用2 由出口物價指數預測出口動能

通常市場需求增加會推升物價，出口物價指數走揚也意味海外市場對台灣出口商品的需求增加，對以出口導向為主的台灣經濟而言，有相當正面的幫助。對投資者而言，對台灣股市的投資便可相對樂觀，特別是受惠出口成長的企業股票，可特別留意。但由於出口價格增加同時也意味著價格競爭力的滑落，所以需持續留意出口量是否受到價格的影響。

反之，市場需求減少會使物價走跌，出口物價指數下滑也意味海外市場對台灣出口商品的需求減少，對以出口導向為主的台灣經濟而言，則有相對負面的影響。對台灣投資者而言，對台灣股市的投資便可相對保守，特別是因出口衰退受拖累較深的企業股票，需特別避開。如前所述，出口價格下滑同時也意味著價格競爭力的提升，仍需留意後續出口量是否回溫。

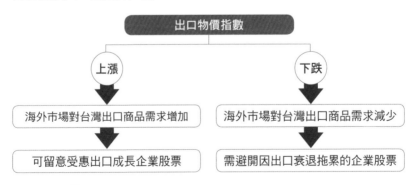

 台灣出口占GDP比重高

台灣出口商品占GDP比重高達六、七成，可見出口對台灣經濟的重要性。

國際金融指標

　　整個世界就是一個封閉的經濟體，各國因為氣候、地形、技術、經濟變遷等因素，某些商品或勞務生產豐富，但某些產品則相對匱乏，於是與他國交換產品、資源的「國際貿易」活動便逐漸成形、且愈來愈繁榮，許多國際金融指標也隨之出爐。觀察一國的重要國際金融指標，也等同從國際化角度分析一國的經濟發展內容，也因此，掌握重要的國際金融相關指標，在全球化趨勢下愈形重要。

本篇教你

- ✅ 四個國際金融相關重要指標的構成概念與重要意涵
- ✅ 四個國際金融相關重要指標的觀察竅門與搭配應用
- ✅ 如何利用國際金融相關指標掌握一國經貿動向？
- ✅ 如何活用國際金融相關指標來提高投資贏率？

什麼是國際金融指標？

　　國際金融相關指標是反應一國國際貿易、金融環境的相關指標，這類指標在今日世界各國經濟高度相依、全球化金融環境下，顯得格外重要。比如說，對某些國家而言，出口衰退，整個國家經濟便跟著一蹶不振；對一些國家而言，進口衰退，整個國家內需也強勁不起來，從以下四個重要的國際金融相關指標中，可檢視一國在外匯存底、國際收支、貿易餘額、貨幣供給額等方面的表現，以推斷一國經濟的國際金融方面的整體實力。

認識國際金融相關指標

外匯存底

外匯存底是指一國全體持有外匯的總金額，主要反應一國對外輸出與對內進口的收支狀況，外匯存底愈多，則意味該國出口商品、勞務所賺取的外匯較多，意味出口動能暢旺。

參見P251

國際收支

國際收支是指一國在一段期間內的所有對外經貿交易記錄，因收入與支出兩者的差額而出現「餘額、順差」或「赤字、逆差」狀況，對一國匯價強弱有相當的影響力。

參見P258

貿易餘額

貿易餘額是指一國對外的貿易出口與進口的淨額，主要反應一國的進出口貿易狀況，對於經濟成長主要靠進出口貿易的國家而言，觀察貿易餘額表現格外重要。

參見P265

貨幣供給額

貨幣供給額是指市場中企業與個人持有的各種不同貨幣的加總金額，反應了一國民眾與企業的貨幣購買力與流動資金的豐沛程度。

參見P271

INFO 台灣中央銀行公布重要金融指標

從中央銀行首頁www.cbc.gov.tw可以查到許多重要的金融指標：從【重要指標】專區，就可看到外匯存底、貨幣總計數M2年增率、重貼現率、金融業隔夜拆款利率等。

外匯存底

外匯存底（Foreign Reserve）又稱外匯準備金，是指一國全體持有外匯，也就是持有外國貨幣的總金額。外匯存底的多寡，主要反應一國對外輸出（對外國人賺取得到的外匯）與對內進口（對外國人支付的外匯）的收支狀況，外匯存底愈多，意味該國出口商品、勞務等所賺取的外匯，遠較進口所付出的外匯要多得多。

通常一個國家的外匯存底愈高，代表該國國民向外賺到的外匯愈多，但從另一個角度來看，則是國內資源大量輸出，相對來看，留在國內使用的資源便相對少了。

■基本資料

性質	□先行指標　■同期指標　□落後指標
製成國家／機構	●台灣：中央銀行外匯局 ●各國中央銀行
公布單位／公布日期	台灣中央銀行外匯局／每月5日公布上月數字。
取得管道	●進入台灣中央銀行首頁www.cbc.gov.tw，從【重要指標】專區下，點入【外匯存底】即可查詢數字；或從【最新消息】，點入【新聞稿】，找到【外匯存底】相關新聞公布，點入即可查詢。 ●其他國家外匯存底資料，可從各國中央銀行網站中查詢。
重要性	高度
適用對象	關心台灣總體經濟與貿易狀態者

外匯存底依法由中央銀行保管，是屬於全體國民所共有，中央銀行並無使用權，只是替全民保管、管理孳息。

外匯存底的製成概念與計算方式

外匯是指外國貨幣與有價證券，外匯存底的概念則來自外匯收入與外匯支出一增一減後的餘額，外匯存底愈多，代表著外匯收入遠多於外匯支出，所以創造出外匯存底。

● 外匯存底的製成概念

外匯是指外國的貨幣或是可以兌換成貨幣的有價證券，包括國外的現金、存款、支票、匯票、公債、公司債、股票等，都可以算是外匯項目。因為外匯不能直接在國內使用，所以民眾拿到外匯，或是企業賺到外匯，都需透過銀行結匯後才可換成新台幣使用，而外匯指定銀行會將多餘的外匯賣給中央銀行換取台幣，而中央銀行買到的外匯，就累積成為外匯存底。

同樣地，新台幣不能在國際間流通，所以民眾要出國旅遊，或是企業要向國外進口設備、原物料的話，也是需要先將台幣向外幣指定銀行兌換成外幣後，使用外匯來支付，而外匯指定銀行如外幣準備不足的話，便會向中央銀行以台幣購買外幣，賣出外幣後中央銀行的外匯便會減少，央行的外匯存底主要就是用來支應這些匯兌需求。支付外幣的需求愈多，外匯存底消耗得愈多。而中央銀行有責任要保留一定額度的外匯存底，支應國內民眾換取、企業進出口兌匯，同時央行也需要有足夠外匯存底，才能在市場中透過賣出或買進外幣，來穩定台幣兌外幣的匯價。

● 外匯存底的計算方法

外匯存底是一國國民對外輸出所賺取的外匯淨額，由中央銀行統一管理保管。在台灣，是中央銀行定期加總中央、地方政府所持有的可兌換外幣與黃金、中央銀行資產負債表上的國外資金，以及所有國內金融機構（包括銀行、證券商等）資產負債表中的國外資產淨額。

當月中央&地方政府持有的可兌換外幣與黃金
當月中央銀行資產負債表中的國外資金
＋ 當月所有金融機構資產負債表中的國外資產淨額

當月的外匯存底

外匯存底的判讀

　　觀察外匯存底時，初步先和上月相比得出增減，以便判斷一國出口賺取外匯的動能狀況。另由於外資占台灣外匯存底比重約占一半之多，觀察外匯存底增減，也能進階判讀外資對台灣的進出動向。

基本判讀

　　外匯存底的增減顯示了一國對外出口動能的強弱，因此，初步的判讀方法是和上月相比，觀察金額是增還是減，以嗅出未來出口的增溫或降溫趨勢。

基本判讀1（當外匯存底較上月增加時

　　當外匯存底較上月增加，表示該國國民與企業當月對外賺取了更多的外匯，出口動能增溫或持續暢旺的可能性較高，對以出口導向為主的經濟體而言，例如台灣，也表示由出口帶動的經濟成長較值得期待。

 當期外匯存底 > 前期外匯存底 → 出口動能較為暢旺 →
● 對出口導向的國家如台灣而言，是正面訊息。
● 意味由出口帶動的經濟成長較值得期待。

基本判讀2（當外匯存底較前月減少時

　　當外匯存底較上月減少，代表該國國民與企業當月對外賺取的外匯變少了，出口動能可能開始降溫，對以出口導向為主的經濟體而言，比如台灣，也意味因出口動能減緩、經濟成長表現受到負面影響的可能性增加。

當期外匯存底 < 前期外匯存底 → 出口動能減緩 →
● 對出口導向的國家如台灣而言，是負面訊息。
● 意味出口動能減緩可能拖累整體經濟表現。

INFO 外匯存底規模需多少才恰當？

外匯存底主要為應付進口所需，由於各國經濟規模差異甚大，最恰當的外匯存底規模也無絕對定論。以IMF會員國為例，通常以能夠應付三到六個月的進口所需總額則屬正常的外匯存底水準。

進階判讀

由於台灣的外匯存底中，有一半來自外資投資台灣股市、債券的流入金額，因此，外匯存底金額的增減，相當程度反應了外資投入台灣金融市場的動向。

進階判讀1 〔 當外匯存底增加主要是因外資淨流入所致時

外資持有的外幣需要換成台幣才能投資台灣股債市，所以外資投資愈多，外匯存底便增加愈多，因此，當外匯存底增加，主要是因外資淨流入金額大增所致時，其中意味著外資大舉進軍台灣股債市，通常對台灣股債市而言，是較為正面的訊息，後續上演資金行情的可能性大增，股債市轉強的可能性亦大增。

外匯存底增加
➡ 外資大舉投注資金在台灣股債市
➡ 對台灣股債市影響較正面

進階判讀2 〔 當外匯存底減少主要是因外資淨流出所致時

當外匯存底減少，主要是因外資淨流出金額大增所致，則意味外資開始撤出台灣股債市，通常對台灣股債市而言，是較為負面的訊息，由於沒有資金行情支撐，股債市轉而較為弱勢的可能性亦大增。

外匯存底減少
➡ 外資大舉撤出台灣股債市
➡ 對台灣股債市影響較負面

INFO 外資占台灣外匯存底比重高

根據台灣中央銀行資料，截至2019年10月底止，台灣外匯存底為4724.76億美元，續創歷史新高，而外資持有國內股票及債券（如按當日市價計算）連同其新台幣存款餘額共計4168億美元，約當外匯存底的88%。

外匯存底搭配其他指標的判讀

　　外匯存底相當程度地反應了一國的進出口收支狀況，台灣的外匯存底有一半以上來自於外資投入台灣投資市場的累計金額，因此，搭配中央銀行統計的「出進口外匯收支統計」數字，更能掌握台灣進出口外匯的消長狀況。

判讀說明

判讀原則：留意外匯存底是否與「出進口外匯差額」同步增減。

組合判斷：

漲跌分類	漲跌情境	判斷說明
同步上漲	↗ 出進口外匯差額增加 ↗ 外匯存底增加	兩項指標同步增加，意味「出口所得外匯收入」與外匯存底表現同步增加，意味出口動能暢旺趨勢較為確立。
同步下跌	↘ 出進口外匯差額減少 ↘ 外匯存底減少	兩項指標同步減少，意味「出口所得外匯收入」與外匯存底表現同步減少，意味出口動能減緩趨勢較為確立。
漲跌互見	↗ 出進口外匯差額增加 ↘ 外匯存底減少 ↘ 出進口外匯差額減少 ↗ 外匯存底增加	兩項指標表現不同步，意味可能是其他原因如外資動向導致不同步表現，需持續觀察後續發展以確定出口動能的表現趨勢。

查詢台灣「出進口外匯收支」：
進入台灣中央銀行首頁 www.cbc.gov.tw，從上方【外匯資訊】，點入【出進口外匯收支統計】即可查詢相關資訊。

 台灣外匯存底的歷史資料

　　從台灣中央銀行首頁www.cbc.gov.tw，【重要指標】專區下，點入【外匯存底】即可查詢歷史數字。

外匯存底的日常活用

外匯存底愈高，中央銀行可管理運作的空間就愈大，透過觀察外匯存底高低，可以判斷一國央行的「財力」與國家倒帳的機率高低；此外，台灣外匯存底有半數來自外資進出投資台灣金融市場的金額，由外匯存底的增減，也可當做投資台灣股市的觀察指標之一。

活用1 ｜ 外匯存底高，意味國家倒帳機率較低

過去民眾總是認為國家不會倒，所以投資公債或將錢存到國屬行庫就百分百安全無虞。但2010年之後曾陸續爆發歐洲與美國的債信危機，特別是歐洲一些國家因為債台高築而瀕臨「倒閉」，這些國家發行的公債可能變成壁紙，國屬銀行倒閉後存款也提領無門。

對於外匯存底較高的國家而言，國家倒帳的機率相對較低，原因主要在於，央行能夠將大額的外匯存底存放在安全、世界級的大銀行收取利息，或是購買各種安全性的有價證券，透過這些操作，以換得較佳的利息或操作收益。這些收益將用來支付國營金融機構或郵局的利息支出。

換言之，民眾將存款存放在國營銀行或郵局所領到的利息，就是中央銀行操作外匯存底換來的收益所支付的。外匯存底愈高，可以操作的空間與收取的利息收入就愈高，倒帳的機率就較低了。

因此，對台灣民眾而言，如要將閒錢投資在一國的公債或存入一國的國營銀行賺外匯利息，選擇外匯存底愈高的國家，倒帳機率相對會比較低，可以較為積極的布局。

外匯
存底高

有更多錢放在國外銀
行生利息、投資有價
證券賺取更多收益

可有更多錢支
付給民眾當利
息收入

倒帳
機率低

活用2 由外匯存底判斷外資的投資動向

　　台灣的外匯存底有一半以上來自於外資投入台灣金融市場的金額，因此，外匯存底的增減，與外資進出動向有高度關聯。

　　當外匯存底持續增加，增加金額愈多、增加累積的月份愈長，意味外資淨流入台灣金融市場的趨勢更加確立，台灣股市的買盤可望持續，對台灣股市投資人而言，可以較正面期待台股的資金行情。

　　當外匯存底持續減少，減少的金額愈多、減少持續的月份愈久，意味外資淨流出台灣金融市場的趨勢更加確立，台灣股市的買盤可能逐漸退散，對台灣股市投資人而言，則需要以較觀望的態度面對台股的表現。

INFO 匯率升貶對外匯存底金額增減影響大

2019年10月底台灣的外匯存底為4724.76億美元，創下歷史新高，一方面是因為非美外幣對美元升值，使央行持有的非美元資產外匯折成美元後，金額增加所致，一方面則是因為外匯存底投資運用有收益入帳的關係。

國際收支（BOP）

　　國際收支（Balance Of Payments, BOP）是指一國在一段期間內的所有對外經貿交易記錄，透過記錄，可觀察一國的對外經濟活動的金額進出狀況。

　　當國際收入大於國際支出時，便產生「國際收支餘額」，又稱「國際收支順差」；當國際收入小於國際支出時，「國際收支餘額」便為負值，此現象又稱「國際收支逆差」或「國際收支赤字」。國際收支餘額愈高，該國對外經貿活動出口較進口更為暢旺，也意味出口賺得的外匯愈多，對整體GDP成長較有助益；國際收支餘額愈低甚或出現負值，該國對外經貿活動以進口為主，也意味出口賺得的外匯較少，對整體GDP成長助益較低。以下主要以台灣的國際收支為例，說明相關細節。

■基本資料

性質	□先行指標　□同期指標　■落後指標
製成國家／機構	●台灣：中央銀行外匯局 ●美國：商務部經濟分析局（BEA）
公布單位／公布日期	●台中央銀行經濟研究處／每2、5、8、11月20日公布前季數字。 ●美國商務部／每3、6、9、12月15日左右公布前季數字。
取得管道	●台灣：進入台灣中央銀行首頁www.cbc.gov.tw，從上方【統計與出版品】點入【統計】，點選【國際收支與國際投資部位】，點選【國際收支】，即可查詢相關資訊。 ●美國：進入商務部官網www.bea.gov，點入上方【BEA Data】，點入【International Trade & Investment】，選擇【International Transactions】即可找到相關資訊；或直接點選www.bea.gov/data/economic-accounts/international查閱【International Transactions (Balance of Payments)】即可。
重要性	高度　　　適用對象　關心台灣與美國總體經濟與貿易狀態者

　　「國際收支」雖時效落後但很重要
　　「國際收支」為一季公布一次的指標，在時效性來看是屬於落後指標，但由於其記錄了一國所有對外經貿交易活動，充分展現一國經濟活動力道，因此是相當重要的參考指標。

國際收支的製成概念與計算方式

國際收支是指一國民眾對國外進行的各項經濟交易活動的記錄。透過收入與支出一增一減的統計方式做計算，若差額為正數，即稱為餘額；差額為負數，稱為赤字。

● 國際收支的製成概念

國際收支統計資料主要來自於中央銀行外匯局所提供的「匯出、入匯款」統計資料為主，其次則以政府其他單位，以及民間企業提供的進出口匯出入款項資料，配合抽樣調查與其他的估計方法所獲的資料為輔。

根據中央銀行經濟研究處的資料顯示，國際收支的統計共分為以下四項，包含「經常帳」、「資本帳」、「金融帳」與「準備資產」，各項定義載記如下：

國際收支項目	定義
經常帳	一國居民與非居民之間涉及經濟的所有交易（不含金融交易），包括對外商品貿易、服務貿易、所得與經常移轉。
資本帳	包括資本移轉及非生產性、非金融性資產的取得與處分。
金融帳	記載一經濟體系對外的金融資產與負債的交易，根據投資功能則可細分為直接投資、證券投資、衍生性金融商品與其他投資。
準備資產	中央銀行所控管隨時可動用的國外資產

● 國際收支的計算方法

主要計算方式將經常帳、資本帳、金融帳與準備資產的餘額加總所得，即是國際收支餘額。

國際收支餘額計算公式

「經常帳」收入－「經常帳」支出＝「經常帳」餘額 Ⓐ
「資本帳」收入－「資本帳」支出＝「資本帳」餘額 Ⓑ
「金融帳」收入－「金融帳」支出＝「金融帳」餘額 Ⓒ
「準備資產」餘額 Ⓓ
Ⓐ＋Ⓑ＋Ⓒ＋Ⓓ＝國際收支餘額

國際收支的判讀

　　初步判讀國際收支時，先檢查國際收支呈現順差還是逆差，再比較和前一季數字的增減，觀察該國的對外貿易情形。若要進一步觀察，則留意國際收支構成項目中的主要要項「經常帳」的數字增減，由於經常帳是國際收支的最主要項目，因此其增減變化都表現出一國對外經貿活動，也因為重要的地位，直接影響了該國的貨幣匯價，因此，觀察經常帳更能掌握該國貨幣匯價表現趨勢。

基本判讀

　　從國際收支呈現順差或逆差，和前一季金額相比的金額是增加或減少，反應了該國對外經貿的冷熱，受外匯收入增減影響，也將影響該國貨幣的強弱。

基本判讀1　當國際收支出現順差時

　　當國際收支出現餘額，表示該國對外的經貿活動出現順差，對外貿易暢旺，由於外匯收入大於支出，受外匯收入大增的影響下，兌換當地貨幣的需求也隨之增加，該國貨幣也將面臨升值壓力。

當季國際收入 ＞ 當季國際支出 ▶ 國際收支順差 ▶
- 對外經貿活動暢旺。
- 外匯收入增加影響下，當地國民持外幣兌換本地貨幣的需求大增，使當地貨幣有升值壓力。

基本判讀2　當國際收支出現逆差時

　　當國際收支出現了赤字，表示該國對外的貿易處於逆差，外匯支出遠大於外匯收入，此現象說明了該國對外經貿活動出口放緩、進口增加之外，由於外匯收入減少，連帶地兌換當地貨幣的需求減弱，將使得該國貨幣貶值壓力增加。

當季國際收入 ＜ 當季國際支出 ▶ 國際收支逆差 ▶
- 對外經貿活動出口較為放緩、進口部分較為暢旺。
- 外匯收入減少影響下，當地國民持外幣兌換本地貨幣的需求大減，使當地貨幣有貶值壓力。

基本判讀3　當國際收支較前季增加時

　　一國經貿結構若以出口導向為主（如台灣）或仰賴進口甚鉅（如美國），並不會在短期內發生太大變化，因此，許多國家的國際收支順差或逆差的狀況，常會持續很長一段時間，也就是數個季度、甚至數年都呈現國際收支順差或是國際收支逆差，這時，就要觀察國際收支較前季的增加或減少幅度，來觀察該國國民對外的經貿活動狀態。

　　當一國國際收支較前季增加，即表示該國對外的經貿活動中，外匯收入與支出的差額較前一季增加，也就是國際收支餘額增加或國際收支赤字縮減。由於該國對外經貿活動出口較進口暢旺程度勝過前一季，也表示該國貨幣升值壓力較前一季增加，因為外匯收入較前季大增，兌換為當地貨幣的需求亦較前季大增，推動當地貨幣升值的機率較為增加。

基本判讀4　當國際收支較前季減少時

　　當一國國際收支持續呈現順差或逆差時，就要觀察國際收支是較前季減少或增加。當國際收支較前季減少，表示該國國民對外的經貿活動中，外匯收入與支出的差額較前一季減少，亦即國際收支餘額減少或國際收支赤字擴大，此除了意味該國對外經貿活動出口部分較進口部分暢旺程度不如前一季，也意味該國貨幣貶值壓力增加，因為外

匯收入較前季減少，兌換為當地貨幣的需求亦較前季減少，推動當地貨幣貶值的機率更為增加。

進階判讀

　　經常帳是國際收支當中的最主要項目，記載著一國居民與國外來自於各項經濟貿易活動的所有交易金額（不含金融交易），包括對外商品貿易、服務勞務交易、投資所得與經常移轉等所創造出的資金流出與流入狀態，因為其占國際收支比例最大，因此，觀察經常帳的增減，是直擊一國對外經貿活動的重點項目。

進階判讀1 (當國際收支增加主要是因經常帳增加所致時

　　當國際收支增加主要是來自於經常帳增加所致時，通常表示一國對外的商品、勞務的出口貿易較進口更為暢旺，因出口所得到的外匯收入更多、兌換本國貨幣需求愈高，使得本國貨幣升值壓力更大。

進階判讀2 (當國際收支減少主要是因經常帳減少所致時

　　當國際收支減少主要是來自於經常帳減少所致時，通常代表了一國進口商品、勞務的對外貿易較出口更為熱絡，因靠出口賺取的外匯收入較少，相對地兌換本國貨幣需求也跟著減少，本國貨幣貶值壓力會增強。

INFO 國際收支vs浮動匯率制度

如果一國的匯率制度採用由市場供需所主導的「浮動匯率制度」，則國際收支或經常帳收支狀況就會直接影響一國的匯率強弱；若一國採行的是「固定匯率制度」，由於中央銀行會對匯率進行干預，所以國際收支或經常帳收支對一國的匯價影響就沒有那麼直接。台灣目前雖然是採取「浮動匯率制度」，但如果台幣兌外幣匯價波動過於劇烈，為了避免過度影響進出口貿易變動，央行也會適時地進場干預。

INFO 美中貿易戰衝擊全球貿易版圖

美中貿易戰自2018年起持續打打停停，不但全球經濟因此成長放緩，貿易版圖也出現大洗牌。貿易戰對台灣經濟會有哪些負面衝擊、誰又會是最大受益者？可以留意財政部不定期發布的專題分析（財政部官網www.mof.gov.tw >財政及貿易統計>分析與研究>專題分析）。另外，持續觀察台灣的進出口金額變化、出口依存度（出口占GDP比重）、以及對美中、東協等國的出口動能消長，仍相當重要。

國際收支搭配其他指標的判讀

　　國際收支每季公布一次，時效性來看比較落後，而每月公布一次的「貿易餘額」（Trade Balance），又稱「進出口貿易出入超」，是一國出口與進口總值的差額，較能即時反應一國進出口貿易狀況，亦是國際收支中的主要項目，由貿易餘額搭配國際收支判讀，較能預測當季的國際收支狀況，並掌握進出口貿易變化。當出口大於進口金額，又稱貿易出超（貿易餘額、貿易順差），當出口小於進口金額，則稱貿易入超（貿易赤字、貿易逆差）。

判讀說明

判讀原則：留意國際收支是否與貿易餘額同步增減。

組合判斷：

漲跌分類		漲跌情境	判斷說明
同步上漲	↗	貿易餘額出超增加或入超縮減	貿易餘額增加，當季國際收支增加的可能性增加。
	↗	國際收支餘額增加或赤字縮減	
同步下跌	↘	貿易餘額出超減少或入超擴大	貿易餘額減少，當季國際收支減少的可能性增加。
	↘	國際收支餘額減少或赤字擴大	
漲跌互見	↘	貿易餘額出超減少或入超擴大	貿易餘額與當季國際收支表現不同步，意味可能是其他原因導致不同步表現，需持續觀察後續發展。
	↗	國際收支餘額增加或赤字縮減	
	↗	貿易餘額出超增加或入超縮減	
	↘	國際收支餘額減少或赤字擴大	

查詢台灣每月的「進出口貿易出入超」：
從台灣財政部官網 www.mof.gov.tw 點入【財政及貿易統計】，找到【進出口統計】點入，找到【新聞稿】或【電子書】，點入即可查閱最新的【海關進出口貿易初步統計】。

國際收支的日常活用

國際收支反應了一國對外經貿活動的資金流進與流出狀況，與當地貨幣匯價走勢息息相關，一般民眾可透過觀察國際收支狀況，判斷是否該持有該國貨幣或投資該國貨幣計價的資產。

活用1〈 國際收支餘額愈高，當地貨幣升值壓力愈大

台灣一向是出口導向的經濟體，國際收支也多呈現順差，當國際收支餘額愈高，即當季外匯收入遠大於外匯支出，民眾或企業持外幣換本國貨幣的需求大增，在需求推動下，台幣升值壓力大增。

面對國際收支餘額愈高，台幣兌外幣將相對強勢，一般民眾可較積極持有台幣或以台幣計價的資產。但當貨幣過度升值將導致台灣產品價格增加時，相對地出口價格競爭力便下滑，將衝擊出口市場的成長，央行可能會適度進場干預，維持台幣兌外幣的穩定性。

台灣進出口貿易商，則需留意國際收支對台幣強弱的影響，以及台幣走強走弱對進出口市場的衝擊。當國際收支餘額愈高，未來當地貨幣升值壓力愈大，本國商品相對變貴了，將不利出口競爭力，出口量將減少，同時進口品變便宜了，進口量將增加，一增一減下，使得國際收支餘額相對減少，當地貨幣升值壓力減緩，這時又將有利於出口、不利於進口，形成一彼此影響的循環。

活用2〈 國際收支赤字愈高，當地貨幣貶值壓力愈大

當台灣出現國際收支赤字，即意味當季或當年度的外匯收入遠小於外匯支出，民眾或企業持外幣換本國貨幣的需求大減，在需求減少下，台幣貶值壓力相對增大。台幣將相對弱勢，對於持有台幣或以台幣計價的資產，則應較為保守或觀望。本國產品價格下滑，出口價格競爭力便大增，有利出口市場成長。

對進出口貿易商來說，由於國際收支呈現逆差，可以預期未來當地貨幣升值壓力愈小、甚至可能貶值，使本國商品相對變便宜了，將有利出口競爭力，出口量預料可望增加，同時進口品變貴了，進口量將減少，一增一減下，會使得國際收支餘額相對增加，當地貨幣升值壓力增加，這時又將形成不利於出口、有利進口的交互循環。

貿易餘額（Trade Balance）

貿易餘額（Trade Balance）是指一國在一段期間內，通常是以一個月為記錄單位，對外的貿易出口與進口的淨額。當貿易餘額為正數時，表示出口貿易金額大於進口貿易金額，常稱為「貿易順差」或「貿易出超」；當貿易餘額為負數時，意味出口貿易金額小於進口貿易金額，常稱為「貿易逆差」或「貿易入超」。

觀察貿易餘額的增減，可以了解一國的進出口貿易狀況，對於經濟成長主要靠進出口貿易的國家而言，觀察其貿易餘額的表現以觀察其景氣好壞，便格外重要，而台灣就是一個進出口貿易對經濟成長貢獻度相當高的國家。以下主要以台灣的貿易餘額為例，說明相關細節。

■基本資料

性質	□先行指標　■同期指標　□落後指標
製成國家／機構	台灣：財政部統計處
公布單位／公布日期	台灣財政部統計處／每月8日左右公布上月數字。
取得管道	●台灣：從財政部官網www.mof.gov.tw點入【財政及貿易統計】，找到【進出口統計】點入，找到【新聞稿】或【電子書】，點入即可查閱最新的進出口與出入超資料。 ●美國：從商務部普查局首頁www.census.gov，找到【U.S. CENSUS BUREAU ECONOMIC INDICATORS】專區，點入【Advance U.S. International Trade in Goods】，即可查詢相關資訊。
重要性	高度
適用對象	關心台灣總體經濟與貿易狀態者

貿易餘額對「內需小國」格外重要
貿易餘額數字對於內需市場較小、主要仰賴國際貿易甚多的國家如台灣、新加坡等國而言，因為出口占GDP比重較高，內需對GDP的貢獻相對較低，因此，出口貿易是否持續暢旺，便顯得格外重要。

貿易餘額的製成概念與計算方式

任何商品進出口時，都須經過當地海關完成報關程序，而貿易餘額的製成與計算，主要便是從海關的報關數字統計而來，再將當月總出口金額減去總進口金額，便得到「貿易餘額」數字。

● 貿易餘額的製成概念

貿易餘額主要由一國各地海關的進出口商品數字統計加總而來，統計報表細分如下：

■出口主要貨品：電子產品、光學器材、機械、農產品等
■進口主要貨品：礦產品、原油、電子產品等
■主要出口國家地區：中國、香港、美國、日本等
■主要進口國家地區：中國、香港、美國、日本等

● 貿易餘額的計算方法

將一國於一段期間內的所有出口總值減掉所有進口總值，得到的總金額數值便是貿易餘額。隨著一國對外貿易的發展，而有著不同的情況，當對外出口暢旺熱絡時，貿易餘額即為正數，一旦對外出口不理想，使得進口大於出口，則貿易餘額為負數。

計算公式

貿易餘額＝出口總值－進口總值

 INFO 台灣一直都是出超國

台灣進出口貿易自民國60年財政部開始進行統計以來，除了民國63年、64年兩個年度為入超之外，其餘年度都是呈現貿易出超，是標準的貿易出超國。

貿易餘額的判讀

觀察貿易餘額，除了從出超、入超來觀察進出口動向之外，接著，再將貿易餘額和上月和去年同期相較，判斷一國貿易的表現好壞，並推估對整體景氣的影響。

基本判讀

當貿易餘額為出超或入超時，分別代表了不同的貿易現況。若對外出超表示，國內外銷廠商出口成績大好，賺取較多的外匯；若對外入超表示，進口貿易金額大於出口貿易金額，進口活動雖暢旺，但出口較為疲弱。

基本判讀1　當貿易餘額出現出超時

當月貿易餘額出現出超時，表示該國出口貿易金額大於進口貿易金額，即出口活動暢旺盛於進口活動，對於出口占經濟成長貢獻度甚高的台灣而言，有利於整體經濟景氣的成長，對台灣地區的投資如台股的投資，可以著重出口類股的投資機會。

當月貿易出口 ＞ 當月貿易進口 ➡ 貿易出超 ➡
- 出口活動暢旺
- 可留意出口類股投資機會

基本判讀2　當貿易餘額出現入超時

當月貿易餘額出現入超時，表示該國出口貿易金額小於進口貿易金額，即進口活動暢旺盛於出口活動，對於仰賴出口甚高的台灣而言，較不利於整體經濟景氣的成長，但進口活動暢旺，通常表示進口機械設備、國外消費品等的需求較多，因此也表示內需市場更趨活絡的可能性增加，對台灣地區的投資如台股的投資，可以著重內需類股或進口類股的投資機會。

當月貿易出口 ＜ 當月貿易進口 ➡ 貿易入超 ➡
- 進口活動暢旺
- 雖較為不利台灣整體景氣發展，但可以留意進口類股與內需類股投資機會。

進階判讀

　　和前月或去年同期相比，可以掌握一國的貿易表現前後期的變化，進一步判斷對整體景氣的影響程度。

進階判讀1 （ 當貿易餘額的出口或進口較去年同期增加時

　　當「貿易餘額」出口較「去年同期」增加時，意味當月出口總值較去年同期成長，出口活動將持續暢旺，出口相關類股的投資機會可以更加留意；當「貿易餘額」進口較「去年同期」增加時，意味當月進口總值較去年同期成長，進口活動將持續暢旺，可多留意進口相關類股的投資機會。

進階判讀2 （ 當貿易餘額的出口或進口較去年同期減少時

　　當「貿易餘額」出口較「去年同期」減少時，意味當月出口總值較去年同期衰退，出口活動將呈現放緩，對於出口相關類股的投資機會應更加觀望；當「貿易餘額」進口較「去年同期」減少時，意味當月進口總值較去年同期衰退，進口活動將呈現明顯放緩，這時對於進口相關類股的投資機會更應特別保守觀望。

進階判讀3 （ 當貿易餘額的出口或進口較前期連續增加時

　　從貿易餘額連續數月的表現，可看出進出口貿易趨勢。當貿易餘額出口連續三個月以上較「前一月」增加時，表示出口總值成長趨勢更為確立，連續成長的時間歷經愈久，成長的趨勢愈加明確，此時，出口相關類股的投資機會更加值得留意；當「貿易餘額」進口連續三個月以上較「前一月」增加時，意味進口總值連續成長趨勢更為確立，連續成長的時間歷經愈久，成長的趨勢愈加明確，此時，可更加留意進口相關類股的投資機會。

進階判讀4 （ 當貿易餘額的出口或進口較前期連續減少時

　　當「貿易餘額」出口連續三個月以上較「前一月」減少時，表示出口連續衰退趨勢更為確立，連續衰退的時間愈久，衰退的趨勢愈加明確，此時，對於出口相關類股的投資機會更應保守因應；當「貿易餘額」進口連續三個月以上較「前一月」減少時，意味進口總值衰退趨勢更為確立，連續衰退的時間歷經愈久，衰退的趨勢愈加明確，此時對於進口相關類股的投資機會更應保守以對。

貿易餘額搭配其他指標的判讀

為觀察台灣進出口貿易狀況，台灣財政部另亦編製貿易指數，是另一項觀察台灣進出口貿易榮枯的指標，搭配貿易餘額一同判讀，如果兩者表現同步，意味進出口貿易表現趨勢更加確立。

● 貿易餘額搭配貿易指數

貿易指數（Indexes of Exports and Imports）是由台灣財政部編製的反應進出口貿易榮枯的經濟指標，編製指數時主要採用基期年度的出口與進口通關時總值為主要權重，故可看出進出口貿易冷熱。

判讀說明

判讀原則：留意「貿易餘額」是否與「貿易指數」表現同步。

組合判斷：

漲跌分類		漲跌情境	判斷說明
同步上漲	↗	貿易指數中出口指數上漲、或進口指數上漲	出口成長趨勢更為確立，或進口成長趨勢更為確立。
	↗	貿易餘額中出口金額增加、或進口金額增加	
同步下跌	↘	貿易指數中出口指數下滑、或進口指數下滑	出口衰退趨勢更為確立，或進口衰退趨勢更為確立。
	↘	貿易餘額中出口金額減少、或進口金額減少	
漲跌互見	↗	貿易指數中出口指數上漲、或進口指數上漲	出口成長或衰退趨勢較不明確，或進口成長或衰退趨勢較不明確，需留意後續發展。
	↘	貿易餘額中出口金額減少、或進口金額減少	
	↘	貿易指數中出口指數下滑、或進口指數下滑	
	↗	貿易餘額中出口金額增加、或進口金額增加	

查詢台灣貿易指數：

從台灣財政部官網 www.mof.gov.tw 點入【財政及貿易統計】，找到【進出口統計】點入，找到【電子書】，點入找到【貿易指數】即可查閱。

貿易餘額的日常活用

　　財政部公布的貿易餘額新聞稿中，除了進出口貿易總金額的增減之外，也會揭露主要產品的出口、進口成長狀況，以及出口、進口到主要國家地區的成長數字，對台灣的投資人而言，從這些數字當中，可以找尋值得留意的投資標的。

活用1　從貿易出口產品別表現找尋投資機會

　　當一國出口產品成長幅度高，亦指國外對該產品需求高，出口商或生產商的訂單暢旺，出口商或生產商的獲利機會較大，企業愈賺錢，股票走揚的機會愈高，對台灣投資人而言，可以留意出口成長幅度大的產品的產業投資機會。

　　例如，若台灣今年的出口產品金額成長幅度最大的為「資訊與通信產品」，較上月和去年同期皆成長，表示國外市場對資訊與通信產品的需求大增，這類商品的生產者與出口商的獲利可期，相關股價也有上漲機會，可多留意。

活用2　從貿易出口國家別表現找尋投資機會

　　從貿易餘額的新聞稿中可看出一國對外進出口的情況。一國若是以出口為導向的經濟體，對某一國家的出口依賴程度愈深，則那個國家的經濟強弱對台灣的影響也愈大。當A國的主要出口國B國是經濟高度成長的國家，且出口貿易持續高度成長，那麼A國將受B國景氣持續暢旺的推動而受惠，所以，此情境下，對A國的相關投資可更樂觀期待。

　　以2019年1月至10月止，台灣出口到中國與香港的占比約39.7%，而出口到東協六國的占比約16.3%，出口到美國占比為14.0%，由出口到各國占比的消長，以及觀察各出口值與前一年度同期是增長或衰退，可以判斷台灣與哪些國家的貿易往來較為密切，相關的投資也較可期待。

貨幣供給額

　　貨幣供給額（Money Supply）是指市場中企業與個人持有的各種不同貨幣性資產的加總總金額，台灣中央銀行稱其為貨幣總計數（Monetary Aggregates）。

　　貨幣供給額因為包含了民眾與企業手中的鈔票，以及存放在銀行等金融機構隨時可提領出來使用的支票存款、活期存款等貨幣，其總額大小反應了一國民眾與企業的貨幣購買力，以及該國金融市場中流動資金的豐沛程度，不但影響企業借貸難易度，投資市場中有無資金行情可期，貨幣供給額也是相當重要的觀察指標。

■基本資料

性質	■先行指標　□同期指標　□落後指標
製成國家／機構	台灣：中央銀行
公布單位／公布日期	台灣中央銀行／每月25日左右公布上月數字。
取得管道	台灣：進入中央銀行首頁www.cbc.gov.tw，從【重要指標】中點入【貨幣總計數M2年增率】，即可查詢相關資訊；或從【統計與出版品】依序點選【統計】>【金融統計】>【金融統計月報】，即可查詢相關資訊。
重要性	高度
適用對象	關心台灣總體經濟與金融市場狀態者

INFO　貨幣供給額的增減主要由央行控制主導

貨幣供給額的增減主要由央行透過調整存款準備率或重貼現率來控制，當央行調低存款準備率（銀行吸收存款時依規定需繳交至央行的準備金比率）或重貼現率（銀行向央行融通借款的利率）時，市場的貨幣供給額會增加；當央行調高存款準備率或重貼現率時，市場的貨幣供給額會減少。

貨幣供給額的製成概念與計算方式

貨幣供給額是指一國流通在外的貨幣總數量，反應一國資金的供應狀況。流通在外的貨幣形式相當多元，除了現金，還有支票、存款、儲金等，貨幣供給額依據貨幣分類的不同，分為M1A、M2B、M2。

● 貨幣供給額的製成概念與計算方法

貨幣供給額是將個人與企業手中的現金、各金融機構的貨幣市場共同基金以及以任何形式如支票、定存、活存等存放在金融機構的貨幣，加總所得便是當期「貨幣供給額」。

貨幣供給額可分為狹義貨幣供給額M1A、M1B，以及廣義的貨幣供給額M2，計算方式與代表意義如下：

❶狹義貨幣供給額，計算範圍較有限

◆ M1A

M1A是範圍最狹隘的貨幣供給額指標，代表民眾與企業手中隨時可使用的現金與活存金額多寡，此部分也是民間流動性最強的資金部分，亦代表整個社會間的資金週轉能力。

計算公式

通貨淨額（社會大眾手中持有的通貨，也就是現金）
＋ 支票存款與活期存款（企業及個人與非營利團體存在銀行等金融機構）
───────────────────────
M1A

◆ M1B

M1B為較M1A稍微廣義一些的貨幣供給額指標，除了M1A之外，另外加上金融機構裡的活期儲蓄存款，一般民眾的存款多會放在活儲，也因此，政府多視M1B為民間金融交易活絡度的主要指標。

計算公式

M1A
活期儲蓄存款（目前只有個人及非營利團體可以在銀行等金融機構開立儲
＋ 蓄存款帳戶）
───────────────────────
M1B

❷ 廣義貨幣供給額，計算範圍最廣

◆ M2

　　M2為最廣義、涵蓋範圍最廣的貨幣供給額指標，代表整個社會貨幣的流動性與充裕程度。央行針對M2年增率設定目標區，透過貨幣供給的操作，將M2年增率控制在一定區間（如2.5%至6.5%間），以持續掌控社會游資狀況，避免市場貨幣供給過多或過於緊俏，對經濟發展造成不好的影響。

計算公式

M2 = M1B ＋準貨幣（包括定存、定儲存款、外匯存款，郵政儲金，附買回交易餘額，兼營信託業務之銀行所發行之貨幣市場共同基金等，但不含銀行承做結構型商品所收本金)

INFO 央行的貨幣政策

台灣央行的M2目標區間
過往中央銀行每年底皆會訂定次年度的M2成長目標區（2019年目標區間為2.5%～6.5%內）。2019年10月底央行表示，未來擬將M2年成長目標區調整為2至3年的中期監控區域（monitor range）、不再逐年設定M2成長目標區，主要是因為全球金融危機後，M2與物價間的相關性減弱，應可容許M2在中長期參考區間內有較大的波動。

什麼叫「準貨幣」？
根據中央銀行官網所載，「準貨幣」是指可以無條件、立即兌換等值狹義貨幣如現金的貨幣性資產，比如像定期性存款、外匯存款、郵政儲金……等，但其流動性較狹義貨幣為低，多以儲蓄或價值儲藏為目的。不過近年來，部分準貨幣資產與狹義貨幣間之分界已日漸模糊。

貨幣供給額的判讀

　　M1B的構成中，活期資金比重大，例如活期儲蓄存款，代表在市場上即時可供流通的活期資金，主要可做為交易的媒介，會直接影響經濟活動變化。M2是由M1B再加上定期存款、定期儲蓄存款、郵局轉存款等組成，由於流動性較低，較強調儲存功能，間接影響經濟。觀察M1B年增率的增減了解流通在外的活期資金是否寬縮或緊俏，以掌握投資市場的資金是否充裕，而M2年增率由於代表著整個市場活期與定存等流動性資金的充沛程度，分別代表不同的影響層面，因此觀察M1B和M2可以清楚掌握景氣動向。

基本判讀

　　做基本判讀時，首先從狹義的貨幣供給額年增率增減開始，且通常以觀察涵蓋範圍較廣的M1B為主。

基本判讀1　**當M1B年增率呈現正成長時**

　　當月的M1B年增率呈現正成長，意味當月的市場資金較去年同期更為寬鬆，市場游資充沛有利企業以較低利率借貸，企業借貸成本低，同時也意味獲利空間相對較大，企業投資意願也相對增加，對整體景氣而言有正面幫助。

| M1B年增率正成長 | ➡ | 市場資金較為充沛 | ➡ | 有利企業借貸與投資意願 | ➡ | ●企業獲利空間相對增加
●對整體景氣有正面幫助 |

基本判讀2　**當M1B年增率呈現負成長時**

　　當月的M1B年增率呈現負成長，意味當月的市場資金較去年同期更為緊俏，市場游資較少、企業必須以較高利率借貸，企業借貸成本較高，同時也意味獲利空間相對較小，企業投資意願也相對滑落，對整體景氣而言較為不利。

| M1B年增率負成長 | ➡ | 市場資金較為緊俏 | ➡ | 不利企業借貸與投資意願 | ➡ | ●企業獲利空間相對縮減
●對整體景氣較為不利 |

進階判讀

　　廣義的貨幣供給額M2代表整個市場的流動性資金的充沛狀況，央行為控制在外流通貨幣不會過多造成通貨膨脹壓力，或是過少影響經濟景氣表現，因此，會視當下的經濟環境，設定M2年增率的目標區間，並在每一次的「中央銀行理監事聯席會議」中討論是否調整目標區間，並對外公布。觀察M2年增率是否超過央行設定的目標區間，可以進一步判斷市場資金狀況，以及央行可能的貨幣政策與利率調整方向。

進階判讀1　當M2年增率高於央行設定之年增率目標區間

　　如果當月M2年增率呈現正成長，意味市場游資充沛，投資活動熱絡，對景氣有正面幫助。但如果年增率高出央行設定的目標區，景氣可能過熱導致通貨膨脹壓力增加，這時央行為了穩定物價，避免景氣過熱，將可能採取緊縮貨幣政策，透過調升利率，使市場貨幣供給減少，這時企業借貸成本增加、獲利空間相對便縮減了，企業投資意願也較減低，較不利股票市場的投資氣氛。

M2年增率正成長高於央行目標區間 ➡ 市場資金過於充沛，投資活動過於熱絡 ➡ 景氣可能過熱、通膨壓力增加

- 央行可能調升利率使貨幣供給減少，穩定物價
- 企業借貸成本增加，獲利空間縮減，較不利股市投資氣氛。

進階判讀2　當M2年增率低於央行設定之年增率目標區間

　　當月M2年增率呈現低度成長，成長幅度低於央行設定的目標區，甚至呈現負成長時，代表了市場游資較為不足，投資活動可能轉而放緩，對景氣發展較為不利。這時央行為了提振景氣，將可能採取寬鬆貨幣政策，透過調降利率，使市場貨幣供給增加，這時企業借貸成本降低、獲利空間相對便增加了，企業投資意願也較為增加，對股票市場的投資氣氛較為有利。

M2年增率正成長低於央行目標區間或是負成長 ➡ 市場資金過於緊俏不足，投資活動轉趨放緩 ➡ 企業借貸不易，投資意願下滑，景氣可能降溫

- 央行可能調降利率使貨幣供給增加，以刺激景氣。
- 企業借貸成本減少，獲利空間相對增加，對股市投資氣氛與整體景氣較為有利。

267

貨幣供給額搭配其他指標的判讀

活期性存款是M1A的構成項目之一，同時也是較廣義的貨幣供給額指標M1B與M2的構成項目之一，搭配貨幣供給額一同判讀，如果兩者表現同步，意味市場游資充沛趨勢更加確立。

● 貨幣供給額搭配活期性存款年增率

觀察活期性存款年增率，可以判斷流動性最高的活期性存款較去年同期的增減幅度與狀況，與貨幣供給額一起判讀，同步增長則意味市場游資充裕，且是隨時準備投入股市或其他投資管道的資金呈現成長態勢，有利投資氣氛與整體景氣；同步衰退則意味市場游資較為不足，投入股市或其他投資管道的資金較為缺乏，較不利於景氣推升發展；如兩者表現不同步，則意味其他種類的貨幣供給增減不同步，需留意後續發展。

判讀說明

判讀原則：留意貨幣供給額年增率是否與活期性存款年增率表現同步。

組合判斷：

漲跌分類	漲跌情境	判斷說明
同步上漲	↗ 活期性存款年增率成長	市場游資充沛趨勢更為確立。
	↗ 貨幣供給額年增率成長	
同步下跌	↘ 活期性存款年增率衰退	市場游資不足趨勢更為確立。
	↘ 貨幣供給額年增率衰退	
漲跌互見	↗ 活期性存款年增率成長	不同項目的貨幣供給額成長出現不同步，需留意後續發展。
	↘ 貨幣供給額年增率衰退	
	↘ 活期性存款年增率衰退	
	↗ 貨幣供給額年增率成長	

查詢台灣活期性存款年增率：
到中央銀行首頁 www.cbc.gov.tw，從上方【統計與出版品】點入【統計】，點選【金融統計】，依序點選【重要金融指標】，即可查詢金額與年增率資訊。

貨幣供給額的日常活用

　　對台灣股票投資人而言，貨幣供給額M1B應是相當熟悉的觀察指標，因為M1B活期資金的比重大，向來與股市資金連動密切，M1B增加，表示市場上的游資充沛，許多資金正尋找更好的投資管道，股市資金行情可期。

從貨幣供給的黃金交叉找尋投資機會

　　由於M1B活期資金比重大，包含流動性強的現金、活存、活儲，是影響股市漲跌的觀察指標。可與M2搭配判讀，以解讀市場中流動資金的動能強弱。

　　當M1B、M2年增率持續上揚，且M1B年增率增加幅度大於M2年增率時，便出現股市資金行情的黃金交叉。因為M1B增加幅度大於M2，表示M2當中的定存等準貨幣減少了、定存解約變多了，資金轉而移往隨時可動用的M1B的活存當中，這也暗指市場中將定存解約，等著要投入股市的人與資金變多了，通常股市之後的資金行情相當可期。

　　因此，當M1B年增率超越M2年增率，出現資金面的黃金交叉時，此時對台股的投資可以轉為積極，以掌握後續的資金行情。

M1B與M2呈現黃金交叉，表示未來資金行情可期

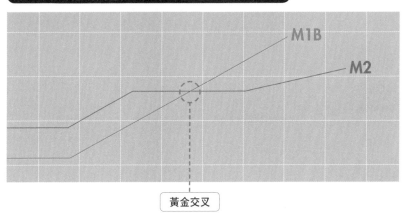

M1B

M2

黃金交叉

其他金融指標

　　除了前面幾篇重要經濟指標之外，其實市場中還有為數不少的金融指標，不但時常出現在報章媒體上，其參考價值更是我們不能輕忽的。透過觀察這些指標，能幫助我們掌握經濟動向、了解景氣現況，以及明瞭市場投資者的群眾心理狀態，讓我們清楚目前自己正站在金融版圖的哪個區塊，方能無憂無懼地面對市場起伏與各種投資變數。

本篇教你

- ✅ 「利率、匯率」雙率如何影響一國經濟強弱？觀察竅門為何？

- ✅ 觀察能源、原物料價格的波動趨勢為何重要？觀察竅門為何？

- ✅ 群眾心理指標－VIX波動率指數反應了市場的哪些面向？觀察竅門為何？

- ✅ 如何透過上述指標的活用，做出最佳投資決策？

其他重要金融指標包含哪些？

　　目前經濟指標或金融指標數量種類可說是五花八門、琳瑯滿目，此篇章特別納入影響經濟發展甚鉅的「雙率」——利率與匯率，與直接衝擊物價的能源價格、原物料價格，以及能一窺投資群眾心理狀態的VIX指數（又稱恐慌指數），透過觀測這些指標，幫助投資人更精準掌握當下的經濟環境與變遷，做出更正確的投資決策。

認識其他重要金融指標

利率

利率反應一國借放款利息的高低，不但影響消費者與企業的消費或投資意願，也左右了國際資金的流動，更是中央銀行調控市場資金寬鬆程度的政策工具之一。

參見P281

匯率

匯率反應一國的經濟實力、民眾的國際購買力，更影響進出口貿易的價格競爭力與榮枯，同時也是中央銀行掌控物價與經濟成長的政策工具之一。

參見P289

能源價格

能源價格高低，將直接影響民眾的可支配所得高低，以及商品的成本高低，不但影響整體物價走勢，更衝擊經濟的成長幅度。

參見P296

原物料價格

原物料是所有民生物品、資訊用品、營造產業等商品的上游原料，其價格直接影響到下游的終端商品價格，因此，原物料走勢常與經濟成長走向呈高度正相關。

參見P303

VIX波動率指數

VIX波動率指數主要反應美國S&P500指數未來30天的預期波動幅度，當市場愈悲觀恐慌時，VIX常會同步攀高；當市場愈樂觀時，VIX則同步跌落，是直接反應美股投資者心理狀態與恐慌程度的重要指標。

參見P309

INFO 金融新知何處找？

財經網站的金融專區有不少資訊可以參考，像是鉅亨網金融專區www.cnyes.com/chn/finance/；MoneyDJ理財網金融專區www.moneydj.com/r/rMain.djhtm。

利率

　　利率，簡單來說，就是衡量借放款利息高低的指標，有由中央銀行主導的各種利率（如美國聯邦基準利率、台灣的重貼現率、擔保放款融通利率、短期融通利率），也有由商業銀行決定的各種利率（如一個月期存款牌告利率、一年期存款牌告利率、基準放款利率）。

　　央行會透過貨幣政策，也就是調整「政策利率（又稱關鍵利率）」，透過升息、降息或維持利率不動，來平穩金融交易、控制通膨與物價，進一步促進經濟成長，所以，此章節我們將討論焦點放在台灣與美國兩地的央行「政策利率」。

性質	□先行指標 □同期指標 ■落後指標
製成國家／機構	●台灣：中央銀行 ●美國：聯準會
公布單位／公布日期	●台灣：每年3、6、9、12月底左右召開中央銀行理監事聯席會議，會後公布利率決議。 ●美國：每年1、3、4、6、7、9、10、12月召開FOMC會議，會後公布利率決議。
取得管道	●進入台灣中央銀行首頁www.cbc.gov.tw，從上方【貨幣政策與支付系統】專區中，點入【利率及準備率】即可查詢相關資訊。 ●其他國家利率資料，可從各國中央銀行網站中查詢。
重要性	高度　　　　適用對象　關心一國經濟與利率走向者

利率的製成概念與計算方式

「利率」是中央銀行執行貨幣政策的工具之一，透過控制政策利率的高低，來引導金融市場上的銀行利率往上升或往下降。台灣央行會定期召開理監事會議（美國央行則是召開聯邦公開市場理事會FOMC），透過理監事專家們討論後的投票表決，來決定當下的利率走向。一國央行的利率決策，不但反應了過去一段期間的國內外金融環境，也可用來預測未來的經濟走向，也就是政府希望主導經濟往哪個方向走。

當經濟景氣過熱時，央行常會調高政策利率，讓市場利率受到牽引而上調。因為在利率走升、借貸成本增加之際，民眾會傾向將錢放在銀行滋生利息，企業也會因為借貸成本增加而減少資本投資，而逐漸引導資金會回到銀行體系中。透過使在外流通的資金變少，市場資金趨於緊俏，變能對過熱的景氣狀況產生踩煞車的效用。

相反的，當經濟景氣不佳時，央行便會決定調降政策利率，從銀行體系釋出更多的資金到市場中，企業借貸成本降低，有助於提升其投資意願，使得在外流通的資金變多，市場資金寬鬆，對經濟形成激勵的效果。

INFO 各個國家主要的「政策利率」名稱稍有不同

媒體報導某國家央行決定升、降息，其實，各國的利率名稱都不盡相同，例如：

國家	機構	政策利率名稱
美國	聯邦準備理事會（FED）	聯邦基金利率（Federal Funds Rate）
日本	中央銀行（BoJ）	貼現率（Discount Rate）
歐洲	中央銀行（ECB）	再融資利率（Refi Rate）
英國	中央銀行（BoE）	再回購利率（Repo Rate）
加拿大	中央銀行（BoC）	隔夜拆款利率（O/N）
澳洲	中央銀行（RBA）	關鍵利率（Cash Rate Target）
紐西蘭	中央銀行（RBNZ）	官定現金利率（Official Cash Rate）
台灣	中央銀行（CBC）	重貼現率（Rediscount）
中國	中央銀行（PBC）	金融機構一年期基準貸款利率（1Yr Lending）

利率的判讀

　　利率的高低，反應了一國金融市場的借貸成本高低，進一步影響民眾、企業主、投資者的資金流向，也左右了貨幣的強弱趨勢。

基本判讀

　　利率既然是中央銀行影響一國經濟發展的貨幣政策工具，透過利率的調升或調降，可判斷出當下的經濟景氣狀況。

基本判讀1　利率調升，意味當地景氣狀況佳

　　央行確定當下的經濟景氣已經夠熱絡，或是有過熱的可能，才會決定升息。

　　一旦央行決定升息，將對經濟造成多重影響：

● **降低消費**：民眾把錢存放在銀行，可以獲得更多利息，因此會減少消費，把錢存起來。

● **降低投資**：對企業主而言，因為向銀行借錢投資的成本變貴，所以公司在借貸投資上會更為謹慎。

● **降低股市熱錢**：對股票投資者而言，因為借錢買股票的成本變貴了，所以炒作股票的熱錢會減少。

● **減緩通膨壓力**：對民眾而言，因為傾向減少消費，物價也可能隨之降低（至少東西不會再變貴），有助於政府控制通膨。

　　綜合以上，央行一定是確定當下的經濟景氣夠熱絡了，或是有過熱的可能，才會決定升息。

275

基本判讀2 利率調降，意味當地景氣狀況差

央行確定當下的經濟景氣需要點刺激、需要積極提振，才會決定降息。一旦央行決定降息，同樣的也將對經濟造成多重影響：

- **增加消費**：民眾把錢存放在銀行，無法獲得較多利息，因此會傾向多消費，儲蓄的意願降低。
- **增加投資**：對企業主而言，因為向銀行借錢投資的成本變便宜，所以公司借貸投資的意願會提升。
- **增加股市資金流**：對股票投資者而言，因為借錢買股票的成本變便宜了，所以，借錢投資股票的資金會增加，股市可望更為熱絡。
- **有助通膨回溫**：對民眾而言，因為傾向增加消費，物價也可能隨之增加，有助於通膨回溫。

基本判讀3 利率連續調升，意味當地景氣狀況相當熱絡

如果央行調升一次利率後，仍不足讓當地經濟降溫到期望中穩定、不過熱的狀態，則會連續祭出升息，如果升息幅度愈大，或升息的頻率愈高，則意味當下的經濟仍過熱需要降溫。

基本判讀4 利率連續調降，意味當地景氣狀況相當低迷

如果央行調降一次利率後，仍不足以有效提振當地經濟到期望中的穩定狀態，則會連續祭出降息，如果降息幅度愈大，或降息的頻率愈高，則意味當下的經濟狀況的確很糟，需要提振。

INFO 哪裡可查閱各國的關鍵利率、以及政策利率走向？

①善用財經網站
像是從鉅亨網www.cnyes.com首頁，依序點入【全球市場】→【全球央行】，就可查到全球主要國家的利率現況；或是直接輸入www.cnyes.com/CentralBank/index.htm。

②美國聯邦基金利率歷史資料
從美國聯準會首頁（www.federalreserve.gov），進入【Monetary Policy】專區，點入【Policy Tools】，即可查詢歷年相關資料；或是直接輸入www.federalreserve.gov/monetarypolicy/policytools.htm。

進階判讀

利率的升降，也會左右當地貨幣的強弱。

進階判讀1 (利率調升，意味當地貨幣將走強

當央行決定調升利率，銀行的借貸利率也會跟著調升，市場資金更願意將錢放在銀行生利息，國際資金也會湧入高利息國家的金融體系以賺取利息，使當地貨幣因而走強。

進階判讀2 (利率調降，意味當地貨幣將走弱

當央行決定調降利率，銀行的借貸利率也會跟著調降，市場資金將錢放在銀行生利息的意願跟著降低，國際資金也會慢慢離開調降利率的國家金融體系，使當地貨幣因而走弱。

INFO 什麼是「重貼現率」？

「貼現率」是當民眾拿手中的非即期支票向銀行預支現金時，所需支付給銀行的利息利率。而銀行拿到這些支票後，再去跟央行兌現，所需支付給央行的利息利率，則稱為「重貼現率」。一旦央行決定要調高或調低「重貼現率」，銀行的「貼現率」也會跟著調整，央行便依此來控制市場利率的高低，進一步左右市場資金寬鬆或緊縮，來影響經濟走向。

	給現金			給現金	
中央銀行	←	基層銀行		←	一般大眾
	持非即期支票至央行兌現，需支付利息（重貼現率）			持非即期支票至銀行兌現，需支付利息（貼現率）	

● 當央行調高 ⬆ 重貼現率，銀行也會調高 ⬆ 貼現率，才不致虧本。

● 當央行調降 ⬇ 重貼現率，銀行也必須調降 ⬇ 貼現率。

277

利率搭配其他指標的判讀

　　中央銀行引導市場利率高低的政策利率工具，通常有好幾種，以台灣為例，中央銀行的政策利率主要有重貼現率、擔保放款融通利率、短期融通利率；以美國為例，主要的政策利率則為美國聯邦基金利率（Fed. Funds Rate）與貼現率（Discount Rate）。透過同時觀察這些利率的升跌，可以掌握當地的景氣狀態。

判讀說明

判讀原則：留意主要的政策利率是否同步調升或調降。

組合判斷：

漲跌分類	漲跌情境	判斷說明
同步上漲	所有政策利率都同步調升	意味央行對當地景氣狀況相當樂觀。
同步下跌	所有政策利率都同步調降	意味央行對當地景氣狀況相當悲觀。
漲跌互見	部分政策利率調降	意味央行對當地景氣狀況仍有所保留，遂透過階段性的調升或調降利率，來影響經濟，避免太快太急的升降息會對經濟造成傷害。
	部分政策利率調升	

INFO 台灣的政策利率水準

根據台灣中央銀行2019年9月19日發布的新聞資料顯示，在考量國內通膨和緩，今明兩年產出缺口仍呈微幅負值、國際景氣仍緩且具高度不確定性…等因素之下，決議維持政策利率不變，重貼現率、擔保放款融通利率及短期融通利率分別維持年息1.375%、1.75%及3.625%。查詢最新的央行政策利率，可以依序查詢：中央銀行首頁www.cbc.gov.tw >【主題服務】>【主動公開政府資訊】>【中央銀行理監事聯席會議決議】。

利率的日常活用

觀察一國利率的升降，也是進行投資時相當重要的課題。

活用1〈 從升降息趨勢判斷美元強弱勢

美元是國際間最通用的貨幣，因此，聯準會（FED）決定升息或降息，不但會影響美元走勢，更會衝擊其他國家貨幣的強弱。

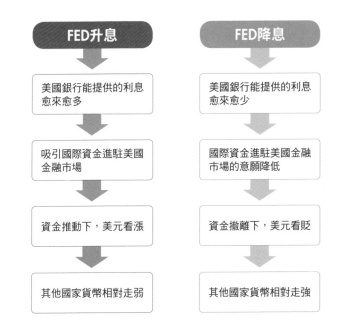

FED升息	FED降息
美國銀行能提供的利息愈來愈多	美國銀行能提供的利息愈來愈少
吸引國際資金進駐美國金融市場	國際資金進駐美國金融市場的意願降低
資金推動下，美元看漲	資金撤離下，美元看貶
其他國家貨幣相對走弱	其他國家貨幣相對走強

活用2 從升降息趨勢判斷股市投資趨勢

因為央行會透過升降息來調整市場資金的寬鬆程度，對股市投資來講，也會造成極大的影響，所以升降息也正透露著股市的投資走向。

央行升息		央行降息	
看好經濟長線成長趨勢，但怕經濟過熱，利用升息來降溫	經濟短線應會降溫	看壞經濟長線的發展趨勢，利用降息來刺激經濟	因為錢存放銀行裡可賺取的利息愈來愈少
經濟成長對股市而言是利多	短線不利於投資信心	經濟情勢緩慢增溫，但相關數據不會馬上好轉	資金緩慢移出，轉往股市或其他收益較高的投資工具
股市長線看漲	股市短線會震盪	股市短線投資信心仍疲弱	股市有上漲機會
應以長線角度布局股市	留意短線震盪風險，也可趁短線股市拉回時逢低布局	靜待景氣回春的股市投資機會	可慢慢少量逢低布局

美國透過降息提振經濟
受到貿易戰火衝擊，美國經濟成長趨緩，2019年10月底聯準會再度宣布降息（2019年總計已降息三次），將聯邦資金利率目標區間降到1.5%至1.75%，以求替美國經濟注入強心針；FOMC會後聲明亦表示，依舊看好經濟前景，未來進一步降息的門檻將拉高，且暗示除非通貨膨脹「顯著」升溫，否則短期內不會升息。

匯率

　　匯率，即本國貨幣跟其他國家貨幣交換時的兌換價格。匯率的高低是由市場供需來決定，而且每天每刻都有不同的報價。

　　除了市場對貨幣的供需會決定匯價之外，其實央行也是調控一國匯率的主管機關。央行會因為市場的成熟度、穩定度與政策，而對匯率會有不同鬆緊程度的調控。

■基本資料

性質	□先行指標 ■同期指標 □落後指標
製成國家／機構	市場供需決定每日的匯價變動
公布單位／公布日期	●中央銀行／各大銀行每日公布即時匯率資料 ●各大財經媒體也有公布各項貨幣的匯率資料
取得管道	從中央銀行首頁（www.cbc.gov.tw）→【外匯資訊】→【新臺幣對美元銀行間成交之收盤匯率】，即可取得每日銀行間成交之收盤匯率數字。
重要性	高度　　適用對象　　關心一國經濟走向者

INFO　查詢其他國家貨幣兌美元之匯價

從銀行能查詢到的匯價，主要是台幣對其他國家貨幣的匯價，如果要比較其他國家貨幣兌美元的狀況，則可以從中央銀行首頁www.cbc.gov.tw →【統計與出版品】→【統計】→【我國與主要貿易對手通貨對美元之匯率】，便可查到主要貿易對手國的貨幣兌美元的強弱表現。

匯率的製成概念與計算方式

目前多數國家的「匯率」，都是採用由市場決定的浮動匯率制度，或是適度干預的「機動匯率制度」，也可稱做「管理式的浮動匯率制度」。

● 採行「自由浮動匯率」的國家：

● 採行「管理式的浮動匯率制度」的國家（以台灣為例）：

台灣的匯率歷史

民國52年10月至62年1月間，台灣採行固定匯率，當時美元兌新臺幣固定為1美元等於NT$40。之後在「出口擴張」經濟的帶動下，台灣年度貿易餘額高達2億美元以上，央行遂決定在民國62年2月將新台幣做一次式升值，兌美元匯率由NT$40調整為NT$38。後來又歷經第一次石油危機等衝擊，央行決定在民國67年7月10日，先讓新台幣升值到NT$36，緊接著在次日7月11日，宣布放棄固定匯率制度，改採「機動匯率制度」至今。

匯率的判讀

　　匯率的高低，直接反應一國經濟體質的強弱，也反應了當地民眾的國際購買力、與企業的價格競爭力。

基本判讀

　　匯率的強弱，最直接反應一個國家的經濟體質。

基本判讀1　匯率愈強，意味當地經濟體質愈佳

　　當一國經濟底子愈好，國際資金流入布局、投資的意願愈高，投資者持有當地資產的動作也愈積極，當地匯價也可望持續強勢。

基本判讀2　匯率愈弱，意味當地經濟體質愈弱

　　當一國經濟底子愈不佳，國際資金流入布局、投資的意願也愈低，投資者持有當地資產的動作也愈消極，甚至紛紛撤離該市場，於是當地匯價持續走弱。

　　不過，對於非採行「自由浮動匯率」制度的國家，常見的是當地中央銀行刻意將匯率壓弱，主要理由無非是希望透過匯率走貶來促進出口產業、提振當地經濟，或是為了避免投資客的熱錢流入炒作，所以刻意壓低當地匯價。

基本判讀3　匯率愈強，意味當地民眾國際購買力愈強

　　匯率反應了一國貨幣相對於他國貨幣的兌換價格，所以，當一國貨幣相對走強，能換到的外幣也相對較多，意味當地民眾赴該國消費的購買力也愈高。舉例來說，台幣兌歐元如走強，一萬元台幣能換到更多的歐元，通常台灣民眾去歐洲旅遊的意願也更高。

基本判讀4　匯率愈弱，意味當地民眾國際購買力愈弱

　　同樣的，當一國貨幣相對走弱，能換到的外幣也相對較少，意味當地民眾赴該國消費的購買力也愈弱。舉例來說，台幣兌歐元如走弱，一萬元台幣能換到更少的歐元，通常台灣民眾去歐洲旅遊的意願也會較低。

283

進階判讀

進階判讀1 **匯率愈強，代表該國相對於貿易對手國的競爭力愈低**

匯率的強弱反應了一國對外的貿易往來的價格競爭力。當一國匯率相對較強，其生產的商品出口價格也會較高，意味其價格競爭力較低，貿易銷售量應也會受到影響而較差。

進階判讀2 **匯率愈弱，代表該國相對於貿易對手國的競爭力愈強**

同樣的，當一國匯率相對較弱，其生產的商品出口價格也會較低，意味其價格競爭力較高，貿易銷售量應也會較好。

INFO 匯率的強弱是相對的概念

台幣和各國貨幣的升貶比較
台幣對各國貨幣的升貶並非一致。舉例來說，截至2019年12月2日為止，近一年美元兌台幣貶值0.80%，而歐元兌台幣則貶值3.19%，台幣兌日圓則貶值3.35%。

利用匯率的相對概念製成的美元指數
美元是世界上通用範圍最廣的外幣，加上美國是全球最大經濟體，所以美元的走勢直接影響世界經濟與資金走向。掌握美元的強弱，可觀察「美元指數」，其為衡量美元在國際外匯市場中匯率變化的一項綜合指標，主要透過美元對六個主要國際貨幣如歐元、日圓、英鎊、加幣、瑞典克朗和瑞士法郎的匯率計算而得。

遇上政經動盪，央行不得不干預匯價
當遇上政治動盪導致當地貨幣兌美元嚴重貶值，常使當地央行不得不出來干預匯價。舉例來說，2019年第四季智利社會持續動盪，約一個多月的時間當地披索兌美元已貶值15%，智利央行只得宣布在即期市場上出售百億美元來干預匯價，希望能止住披索的貶勢。

匯率搭配其他指標的判讀

因台幣兌不同國家貨幣可能有升有貶，到底台幣目前對主要外幣的強弱狀況如何？從「新台幣有效匯率指數」可一探究竟。

「新台幣有效匯率指數」是以與台灣有密切貿易關係的17個國家貨幣為「一籃子貨幣」，且依雙方貿易比重高低為權重而編製的加權平均匯率指數，該指數愈高／愈低，意味當下的台幣水準高於／低於基準年當年的匯價水準，匯價相對該年度較為強勢／弱勢，也可以比較台幣與其他主要貨幣的相對強弱勢（價格競爭力高／低），但並不意味當下台幣價值是絕對被高估或過於被低估的。

舉例來說，根據台北外匯市場發展基金會數據顯示，2019年11月新台幣名目有效匯率指數（NEER）為114.19、新台幣實質有效匯率指數(REER)則為96.36；而2019年10月BIS（國際清算銀行）的新台幣名目有效匯率指數(NEER)為116.6、新台幣實質有效匯率指數（REER）則為106.1，整體來看，顯示台幣較其他外幣相對強勢。

判讀說明

判讀原則：留意主要的政策利率是否同步調升或調降。

組合判斷：

漲跌分類		漲跌情境	判斷說明
同步上漲	↗	美元兌台幣匯價走弱（台幣走強）	台幣相對於美元走強，且對其他主要貿易國匯價也相對走強，台幣強勢態勢相當明確。
	↗	台幣有效匯率指數上漲	
同步下跌	↘	美元兌台幣匯價走強（台幣走弱）	台幣相對於美元走弱，且對其他主要貿易國匯價也相對走弱，台幣弱勢態勢相當明確。
	↘	台幣有效匯率指數下跌	

INFO 名目與實質有效匯率指數的差別

名目有效匯率（Nominal Effective Exchange Rate，NEER）是將本國貨幣對一籃子外幣的名目匯率予以綜合加權；而實質有效匯率（Real effective exchange rate index，簡稱REER）」則是透過物價或生產成本指數等，將名目匯率排除物價變動影響之後，再予以綜合加權所得的指數。

漲跌分類	漲跌情境	判斷說明
漲跌互見	↗ 美元兌台幣匯價走弱（台幣走強）	台幣相對於美元走勢，與對其他主要貿易國匯價走勢稍見分歧，可進一步觀察台幣兌其他貨幣的走勢。
	↘ 台幣有效匯率指數下跌	
	↘ 美元兌台幣匯價走強（台幣走弱）	
	↗ 台幣有效匯率指數上漲	

查詢台幣有效匯率指數：

● 從台北外匯市場發展基金會首頁 www.tpefx.com.tw 點入【服務項目】，選擇【新台幣有效匯率指數】即可下載相關資訊。

● 直接點入國際清算銀行的統計網頁 www.bis.org/statistics/eer.htm，其中【Chinese Taipei】欄位就是台幣的有效匯率指數資料。

column
專欄

人民幣、港幣的匯率制度

中國匯率改革持續

2015年8月11日中國啟動匯率改革，人民幣中間價從最高的6.05持續走弱，並在2019年8月8日正式破7，匯價持續在貿易戰的忽戰忽和中震盪起伏，2019年11月人民幣匯價一度回到「6字頭」，但因美中貿易戰遲未達成協議，人民幣兌美元貶值壓力仍大，中國人民銀行強調將堅守幣值穩定目標，人民幣匯率由市場供需決定，中國不會把匯率工具化，也絕不加入競爭性貶值之列，預料人民幣匯率更具彈性、雙向浮動的走勢將成常態。

港幣的「聯繫匯率制度」

1983年香港政府開始實施港幣與美元的聯繫匯率制度，長期以來，始終將港幣維持在兌美元7.75元至7.85元間，穩定的匯率也使香港成為國際貿易與金融中心。但2019年香港爆發「反送中」衝突持續，港股續跌，同時港幣脫鉤壓力也加大，香港的「聯繫匯率制度」備受挑戰，後續發展仍需留意觀察。

匯率的日常活用

活用1 〈 從匯率高低判斷外資動向與股市走勢

　　一國匯率的強弱勢，顯現外資流入當地市場的冷熱程度。當外資流入一國資金愈來愈熱絡，便會推升當地貨幣走強，同時也會推升當地資產如股市、債市的價格走揚。以2019年11月6日為例，美元指數大漲一度突破98，顯現當下樂觀的美中貿易協議進展，以及較市場預期更為強勁的美國經濟數據，增添美元上漲動能，也推動資金流向美國資產。

活用2 〈 從匯率高低找尋受惠產業投資機會

　　匯率強弱對進出口貿易商影響最大。比如，台幣走強、美元走弱，主要賺取美元的出口商獲利便會縮水，不利出口商，但對賺取台幣的進口商而言，則會因為匯差收益而受惠。反之，當台幣走弱、美元走強，主要賺取美元的出口商便有匯兌收益、獲利增加，而對賺取台幣的進口商而言，則會因為匯損而受害。

　　掌握以上原則，則可在台幣走強或走弱時，伺機布局相對受惠產業，且避開相對受損的產業。

一國匯價的強弱，對當地經濟發展來說有利有弊，但如果匯率過度波動的話，絕對是弊多於利，因為匯率過度波動，會使企業貿易的匯率避險難以操作，外資投資也會較為怯步。

287

能源價格

　　原油、天然氣、煤礦等，都算是能源的範疇。能源價格的高低，不但影響我們的日常生活，更衝擊到國家的經濟表現，本節主要以影響我們最深的油價為例，探討油價的高低對我們的影響。觀察油價的高低，常見的三大指標如下：

■北海布蘭特原油（Brent Crude）
■西德州輕原油（West Texas Intermediate, WTI）
■阿拉伯灣杜拜原油（Dubai）

　　其中以最能反應全球原油供需變化的「布蘭特原油價格」，為最重要的參考指標。

■基本資料

性質	□先行指標 ■同期指標 □落後指標
製成國家／機構	市場供需決定每日的油價變動
公布單位／公布日期	各大國際媒體都有油價的即時報價
取得管道	許多財經媒體都可查到最新的能源價格，比如像： ●彭博Bloomberg（www.bloomberg.com/energy） ●路透社（www.reuters.com/markets/commodities） ●鉅亨網能源專區（www.cnyes.com/futures/energy.aspx）
重要性	高度　　**適用對象**　關心一國經濟、物價走向者

INFO 台灣的油價計價方式

台灣的油源幾乎全都是從國外進口，油價的漲跌也直接反映國際油價，目前，中油的指標油價參考指標為杜拜油價與布蘭特油價的均價，分別以70%及30%權重來計算（70 % Dubai + 30% Brent），取小數二位後四捨五入。報價可至中油公司首頁（new.cpc.com.tw）右上方的【指標原油價格及匯率】查詢。

■三大原油價格指數比一比

名稱	說明	意義
北海布蘭特原油 Brent Crude	在歐洲北海生產、在西歐提煉,並在倫敦國際原油交易所交易的原油。主要適合提煉汽油、柴用與噴射燃油。品質較西德州輕原油差一些,普遍來說,油價也比西德州輕原油要低一些。 從中東、非洲輸往西方的原油,多會依照布蘭特原油來訂價,而俄羅斯、奈及利亞或是中東、亞洲等地區的原油生產商,也會以此做為主要參考指標。	反應全球原油的供需狀態,以及各地地緣政治風險變數,也是最常被用來觀察全球原油供需的價格指標。
西德州輕原油 West Texas Intermediate, WTI	加拿大以及墨西哥灣進口到美國中西部與海灣區沿岸的原油,一般來說可精煉出較高比例的汽油,品質較佳,報價也較高。	反應美國的原油供需狀態。
阿拉伯灣杜拜原油 Dubai	主要以中東的杜拜與安曼兩原油產地的均價,計算出該指標價格。不少亞洲地區(包含台灣)均有輸入中東地區原油,所以,油價也需參考中東地區的原油現貨價格。	反應中東地區的原油供需狀態。

能源價格的製成概念與計算方式

能源價格的漲跌，跟其他物價一樣，主要由市場供需來決定。以油價為例，當市場供給大於需求，油價便會下跌，供給愈大、需求愈少，油價的跌勢愈凶；當市場供給小於需求，油價便會上漲，供給愈少、需求愈多，油價的漲勢愈凶。

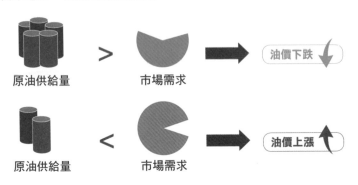

值得注意的是，中東仍是世界最為重要的原油供給產區，但也是政局情勢最不穩定的區域，所以一旦中東地區石油產出因為戰爭或政治因素減量，都會對國際油價造成相當程度的影響。

國際油價波動，除了受市場供需影響，更因地緣政治與重要政經事件如美中貿易戰進程而定。以西德州原油為例，2019年初從最低點約46.54美元一路漲至4月24日的65.84美元，創下當年度最高點後回跌，之後油價大約都維持在50至60美元區間震盪。

能源價格的判讀

　　能源價格，特別是油價，因為直接影響了許多產業、商品的價格，所以油價的高低會影響物價、股市，甚至整體經濟的表現。

基本判讀

　　油價的起落，最直接影響物價的漲跌。以台灣的消費者物價指數為例，光是油料費與水電燃氣便占了整體指數的7.22％（民國104年3月），油價高低對全民而言，是最有感的經濟指標之一。而物價高低又與股市表現常呈正相關，因此，也可以從油價高低來判斷股市走勢。

基本判讀1　**油價飆升，物價也將跟著飆升**

　　油價飆升，民眾開車、交通費，以及貨品的生產、運輸成本也會增加，終端商品的價格必須跟著調升，不但使整體物價水準揚升，也會直接侵蝕民眾的購買力。

基本判讀2　**油價下降，物價也將跟著下降**

　　油價走滑，民眾開車、交通費，以及貨品的生產、運輸成本也會減少，終端商品的價格會跟著下降，不但使整體物價水準滑落，也會增加民眾的購買力。

INFO　油價對經濟的影響

油價太高或太低，對經濟都不好。油價太低，不利出口導向國的經濟發展，對原油出口國如沙烏地阿拉伯、俄羅斯經濟也不利，但重度仰賴原油進口國家如印度、南非則將受惠。

基本判讀3 油價飆升，對股市負面衝擊較大

油價飆升常會驅使物價走揚，而物價走揚會造成通膨壓力，也會讓消費者跟企業減少能源支出，不利於經濟發展，對股市的投資也會造成負面衝擊。

基本判讀4 油價下滑，對股市正面影響較大

油價下滑則會使物價走跌，當物價走跌時，消費者跟企業因為省下了能源開支，而增加其他物品的購買力，有利於經濟發展，對股市的投資也有正面幫助。

進階判讀

油價的起落對一國整體經濟的走向當然有直接的影響，而且油價起落幅度愈大，衝擊也愈大。

進階判讀1 油價持續飆升，對整體經濟負面衝擊愈大

油價如果持續飆升，或是升幅相當明顯，對於經濟來說弊多於利，受損程度也愈大。因為能源成本上揚，消費者與企業的能源支出便會增加，對於其他項目的採購意願隨之減少，消費市場將會受到負面衝擊，經濟成長也會受阻。而且油價上揚增加了通膨壓力，對經濟來說並非好事。

進階判讀2 油價持續下滑，對整體經濟正面影響愈大

油價如果持續下跌，或是跌幅度極為明顯，對於經濟來說利多於弊，受惠程度也愈大。因為能源成本下降，消費者與企業的能源支出便可減少，對於其他項目的採購意願可望增加，消費市場可望更為繁榮，促進經濟成長。而且油價下滑減輕了通膨壓力，對經濟來說也是好事。

中東地區戰爭對石油價格的影響，由史上著名的石油危機可窺一二。1973年以阿戰爭爆發，中東石油輸出國組織（OPEC）國家決定禁運石油出口，造成油價飆漲四倍。1990年波灣戰爭爆發之後，油價也飆漲一倍以上。

能源價格搭配其他指標的判讀

如前所述，西德州輕原油因為油品品質較佳，通常價格會較布蘭特原油貴一些。一旦兩項價格指數同步上揚，意味全球油品供需的確出現供不應求；但兩項價格指數同步下滑，則意味全球油品供需供過於求。

但有時這兩大價格指標卻會出現價差的逆轉（也就是西德州輕原油價格＜布蘭特原油價格）的現象，這通常是因為市場供需出現了問題，特別是地緣政治因素進來干擾所致。因為中東、非洲等原油生產商，主要以布蘭特原油為參考價格，所以，一旦中東、非洲等地發生了戰爭影響油品出口，也會直接反應在布蘭特原油價格上，使價格飆高超越了西德州輕原油價格。

判讀說明

判讀原則：留意兩大原油價格指標是否同步上揚或下滑。

組合判斷：

漲跌分類		漲跌情境	判斷說明
同步上漲	↗	西德州輕原油價格上漲	意味全球原油供需的確是供不應求的狀況。
	↗	布蘭特原油價格上漲	
同步下跌	↘	西德州輕原油價格下跌	意味全球原油供需的確是供過於求的狀況。
	↘	布蘭特原油價格下跌	
漲跌互見	↗	西德州輕原油價格上漲	美國原油需求供不應求、其他全球各地原油需求則是供過於求。
	↘	布蘭特原油價格下跌	
	↘	西德州輕原油價格下跌	美國原油需求供過於求、其他全球各地原油需求則是供不應求。
	↗	布蘭特原油價格上漲	

查詢西德州輕原油價格與布蘭特原油價格：
鉅亨網能源專區（www.cnyes.com/futures/energy.aspx）

INFO 美國頁岩油的重要性

在美國頁岩油產量成長、且沙烏地阿拉伯石油設施遇襲之下，2019年美國曾短暫取代沙烏地阿拉伯、成為世界最大石油出口國，整體原油供應豐沛也帶來較低的油價、刺激石油消費。不過，美國頁岩油產業仍有許多新挑戰，比如油井產能逐漸受限，油價較低也使中小型頁岩油生產商打算縮減產量，後續發展仍待觀察。

能源價格的日常活用

活用1 留意因油價上漲／下跌而受惠的產業

①**油價上漲**：油價如果長期處於高檔，對節能、綠能產業如太陽能、LED、風力、水力等產業來說，因為相關議題熱炒，將是最為受惠的產業。但對用油最兇的海運業、航空業來說，則是最直接受害的產業。另外，因為油價上揚讓民眾的可支配所得減少，所以消費相關的零售、汽車、旅遊業也會受影響而衰退。

②**油價下滑**：油價如果長期處於低檔，對再生能源產業來說，肯定是首受其害。但對用油最兇的海運業、航空業來說，則是最直接受惠的產業。另外，因為油價下滑讓民眾的可支配所得增加了，所以消費相關的零售、汽車、旅遊業也會受惠不少。

對投資者而言，可以掌握油價的上漲或下跌趨勢，尋找受惠產業布局，同時盡早避開受害產業。

活用2 尋找因油價上漲／下跌而受惠的市場

從國家的角度來分析，油價上漲或下跌，各國受惠或受害程度也不一。簡單來說，油價上漲，不利油品輸入國（如台灣、中國、印度、韓國、日本、美國），有利油品輸出國（如俄羅斯、中東、非洲如委內瑞拉等產油國）。

因為對油品輸入國而言，油價變貴了，除了不利於財政與經常帳的平衡，因為民眾的可支配所得降低，也不利於當地的消費與經濟成長；而對油品輸出國而言，油價飆升增加油品輸出的獲利空間，有利於當地的財政與經常帳平衡。相反的，油價下滑，則有利油品輸入國，不利油品輸出國。

對投資者而言，可以掌握油價的上漲或下跌趨勢，尋找受惠國家來布局，同時盡早避開受害的國家市場。

原物料價格

原物料泛指能源（石油、天然氣）、礦產（如煤礦、鐵礦）、基本金屬（如黃金、銀、銅、白金）、農產品／軟性商品（小麥、稻米、糖、咖啡、可可、棉花）等，是生產各種工業產品、資訊產品、營造建築、消費產品等各種商品、民生物品所必備的上游原物料，因此，各項原物料價格的波動，不但反應了終端市場的需求冷熱，也與整體經濟景氣的走勢呈現相當程度的正相關。

不過，要觀察種類如此繁多的原物料價格走勢，實在不是件簡單的事，此篇章將介紹最常見、應用最為廣泛的 CRB（Commodity Research Bureau Futures Price Index）原物料指數，協助讀者掌握原物料價格趨勢。

■基本資料

性質	■先行指標 □同期指標 □落後指標
製成國家／機構	美國 Thomson Reuters
公布單位／公布日期	各大國際媒體都有提供每日即時報價
取得管道	許多財經媒體都可查到最新的原物料價格，比如像： ●彭博Bloomberg商品專區（www.bloomberg.com/markets/commodities） ●路透社（www.reuters.com/markets/commodities） ●鉅亨網國際期貨專區（www.cnyes.com/futures/index.htm）
重要性	高度　**適用對象** 關心全球經濟走向者

INFO CRB常被視為預測物價或通膨的領先指標

觀察通貨膨脹的指標，常見的即是CPI（消費者物價指數）或PPI（生產者物價指數），但由於這兩個數據每個月才公布一次前一個月的物價，所以就時效與實用度來說，是較為落後的指標。而CRB指數只要有開市就有價格，甚至每15秒鐘便更新一次，而且反應的是產品上游的原物料價格，理當會領先生產者物價指數與消費者物價指數。所以，CRB可說是相當領先、即時的預測物價與通膨的指標。

原物料價格的製成概念與計算方式

　　要觀察種類如此繁多的原物料價格走勢，不是一件簡單的事，因此，美國商品研究局在1957年推出CRB商品期貨價格指數，最初始時主要涵蓋了能源、金屬、農產、畜產、軟性商品等28種商品原物料，今日涵蓋範圍則縮小到19項商品原物料，透過記錄一籃子的商品期貨合約價格，經過適度的權重加權計算後，成為今日最為重要的國際原物料商品價格波動參考指標。

　　CRB指數編製初期，權重最大的以農產品為主，但隨著時代的演變與變遷，各大產業在全球經濟發展所占的重要性也逐漸改變，為了能正確反映商品價格的影響力與趨勢，CRB指數歷經多次的調整，近年能源的價格對CRB指數的影響愈來愈重要。

　　CRB指數經過幾次的更名，目前稱為Thomson Reuters／CoreCommodity CRB® Index。CRB的權重比例詳情如下：

CRB商品成分總數	19大類
能源Energy	占比約39%
農產品Agriculture	占比約34%
金屬Metals	占比約20%
家畜Livestock	占比約7%

資料日期：2019年12月

CRB指數中，光是西德州原油的權重就超過二成，也因此，CRB指數與油價走勢經常是緊密連動的。

原物料價格的判讀

CRB指數因為反應了許多商品的上游原料價格,因此跟物價連動密切,也與經濟景氣緊密相關。

基本判讀

CRB的價格波動,意味商品的製作原料價格跟著波動,終端商品的價格也會跟著起伏,對通膨與景氣也會有直接的衝擊。

基本判讀1 CRB走升,意味全球通膨壓力增加

CRB價格走升,意味製作商品的原料價格成本增加,終端商品的價格勢必會反應此漲勢,物價也會隨之走揚,全球的通膨壓力也會增加。

基本判讀2 CRB走跌,意味全球通膨壓力減少

CRB價格下跌,意味製作商品的原料價格成本減少,終端商品的價格也會反應此跌勢,物價也會隨之下滑,全球的通膨壓力也會跟著降低。

基本判讀3 CRB走升,意味全球景氣愈趨熱絡

CRB價格走升,意味終端商品需求暢旺、訂單滿載,拉抬上游的原物料價格走揚。

基本判讀4 CRB走跌,意味全球景氣愈趨冷淡

CRB價格走跌,意味終端商品需求較為清淡、訂單減少,也使上游的原物料價格下滑。

INFO CRB指數震盪起伏反應市場信心

2019年受到美中貿易戰拖累全球經濟、全球貿易局勢不確定的壓力下,CRB指數多在167至189間上下起伏,震盪幅度超過10%,當市場傳出貿易戰協商有轉機時,CRB指數多呈現反彈;但如美中貿易談判傳出可能破局,則CRB又應聲走弱。

進階判讀

CRB指數的相對高點與低點，通常也是判讀投資進場或出場時機點的極佳參考指標。

進階判讀1 由CRB的「至高點」找投資的出場時點

CRB指數不但是預測物價、通膨的領先指標，也可說是判斷景氣走勢的領先指標。一旦CRB位處相當高水準，甚至逼近多年來或歷史新高，投資者最好保守以對，盡早離開股票市場。

舉例來說，受到美中貿易戰對經濟成長放緩疑慮的衝擊，CRB指數自2018年4、5月間的高點震盪走弱，期間美中貿易戰如傳出協商樂觀消息，CRB指數多會反彈走揚，對已持有相關原物料投資者，可以尋求較高點出出場、靜觀後續發展。

近年CRB走勢圖

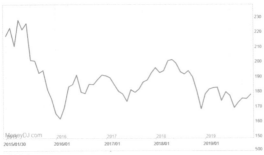

資料來源：MoneyDJ.com

進階判讀2 由CRB的「至低點」找投資的進場時點

同樣的，一旦CRB位處相當低水位，甚至直逼多年來或歷史的新低價，而且似乎築底已完成，投資者可以開始積極伺機進場布局全球股市，或是加碼布局，以掌握全球景氣未來的回春行情。

以CRB近期的低點落在2019年8月為例，如看好貿易戰後續協商進度者，或許會想逢低進場原物料相關投資，並在貿易戰談判傳出佳音時、CRB相對強勢時獲利出場，但因為貿易戰發展實在太難預測，一般投資人採取靜觀其變策略會較安全。

原物料價格搭配其他指標的判讀

Thomson Reuters除了編制CRB指數之外，同時也編制了連續商品指數（Thomson Reuters Continuous Commodity Total Return Index, CCI），這項商品原物料指數是由17種商品組合而成，但主要按相同的權重平均來計算，較能反應除了能源之外，其他原物料價格的走勢，可同步與CRB一起判讀做參考。

判讀說明

判讀原則：留意 CRB 與 CCI 指數是否同步上漲或下滑。

組合判斷：

漲跌分類	漲跌情境	判斷說明
同步上漲	↗ CRB指數上漲 ↗ CCI指數上漲	意味主要原物料價格上揚的趨勢相當確立。
同步下跌	↘ CRB指數下跌 ↘ CCI指數下跌	意味主要原物料價格下滑的趨勢相當確立。
漲跌互見	↗ CRB指數上漲 ↘ CCI指數下跌 ↘ CRB指數下跌 ↗ CCI指數上漲	意味能源價格與其他原物料價格的走勢可能出現分歧，需持續留意後續走勢。

查詢CCI指數：
路透社商品專區 www.reuters.com/markets/commodities

INFO 其他原物料指數

除了CRB指數之外，還有一些國際級金融資訊公司也編製了各種原物料指數，如MSCI的世界能源指數、世界原物料指數；或是高盛證券集團編製的高盛商品指數、能源指數、基本金屬指數以及貴金屬指數。這些原物料相關指數都可以一起研究參考。

原物料價格的日常活用

　　CRB指數反應原物料的價格走勢，當然也反應了原物料產業的投資機會。

從CRB走勢偵測出原物料產業的布局機會

　　過去歷史經驗顯示，原物料價格常與原物料產業股價或原物料基金的價格走勢同步表現。換言之，當原物料價格走揚時，可以伺機布局原物料相關的投資，比如原物料基金；而當原物料價格下滑時，則應該盡早出脫或避開原物料相關的投資。

　　不過，原物料產業的景氣循環相當明顯，價格不會永遠位處高位，或是永遠居於谷底，投資者如能掌握低買高賣的時機，通常能有不錯的獲利機會。但同樣的，如果價格走勢判斷錯誤，也很容易賠上原有資本，所以投資相關的研究、比較是有心想從中獲利的投資人必須做的功課。

INFO 原物料投資波動較大，保守者勿碰

民眾投資原物料概念產品，通常是透過原物料基金（如礦業基金）、或涵蓋原物料產地的拉美基金、東歐基金（或新興歐洲）來投入，或者是布局黃金與原油的相關ETF，但因為原物料涵蓋商品範圍太廣（農產品、能源、金屬等），影響這些商品價格的因素相當紛雜，價格也常大幅起落，若非積極型、或是經驗豐富的資深投資人，建議最好先不要碰這類投資。

VIX波動率指數

常被稱為「群眾心理指標」或「恐慌指數」的VIX波動率指數，全名為「芝加哥選擇權交易所波動率指數」（Chicago Board Options Exchange Volatility Index, CBOE Volatility Index），主要用來反映美國S&P500指數期貨未來30天後，市場所預期之波動程度，目前已被市場廣泛用來當做反應投資者情緒、群眾投資心理，以及市場波動程度的風向球，因而有前述的兩種別稱。

■基本資料

性質	□先行指標 ■同期指標 □落後指標
製成國家／機構	芝加哥選擇權交易所
公布單位／公布日期	只要開市便有報價
取得管道	●芝加哥選擇權交易所VIX專區www.cboe.com/vix ●VIX走勢圖 www.cboe.com/products/vix-index-volatility
重要性	高度　　　適用對象　　關心投資市場群眾心理與波動程度者

INFO 何處可下載VIX的歷史數值資料？

進入芝加哥選擇權交易所VIX專區www.cboe.com/vix，往下找到【Historical Data】點入，即可下載歷史資料。

VIX波動率指數的製成概念與計算方式

　　1993年編制至今的VIX波動率指數是芝加哥選擇權交易所（CBOE）於當年所推出，是以S&P100選擇權價格來推算出市場參與者對未來30天的美股波動度的預估。

　　2003年9月22日，芝加哥選擇權交易所與高盛證券（Goldman Sachs）合作，推出新的VIX指數。不同於過往，新的VIX採用S&P500指數選擇權一連串不同的履約價格，分別計算其隱含波動率，之後加以加權平均，透過更廣泛的標的物計算，提供市場一個更能反應大盤波動程度的參考指標。

　　因為指數選擇權的價格，正能反映市場參與者對未來市場波動程度的預期，所以，芝加哥選擇權交易所（CBOE）便透過S&P500指數選擇權的價格波動，編制成能反映未來市場波動預期的參考指標。

INFO **VIX指數的編制方式**

在芝加哥選擇權交易所VIX專區中的「Cboe Volatility Index® (VIX® Index®) FAQs」網頁，有許多關於VIX編制方式的說明，有興趣的讀者可參考。點入路徑【www.cboe.com/vix】→【FAQs】。

VIX波動率指數的判讀

　　VIX指數是美國S&P500股價指數的同期指標，雖不一定能提早準確的預測股市走向，但因為相當程度的反映當時的市場投資氣氛，可以協助讀者釐清市場是否過度樂觀隱藏危機，或是過度恐慌隱藏投資機會。

基本判讀

　　VIX指數的判讀相當簡單，VIX指數的高低，直接反應美股市場群眾心理所感受的恐慌程度。

基本判讀1　**VIX指數愈高，當下市場恐慌程度愈高**

　　VIX 指數愈高，表示市場投資者預期未來股市的波動程度愈劇烈，當下心中的不理性恐慌也愈高昂，不安程度愈高。

基本判讀2　**VIX指數愈低，當下市場恐慌程度愈低**

　　VIX 指數愈低，表示市場投資者預期未來股市的波動程度應會愈平穩，當下心中的不理性恐慌程度也愈低，甚至感覺相當樂觀。

進階判讀

　　因為VIX指數正反應股市投資者的恐慌程度，股價走勢也直接反應投資者看好或看壞市場的心理，可藉由VIX指數高低來研判當下股價的便宜或昂貴程度。

進階判讀1　**VIX指數愈高，股價水平相對愈低**

　　VIX 指數愈高，表示市場已開始出現恐慌性賣壓，股價呈現相對低水位，短期內有機會出現超賣後的反彈行情，對長線投資者而言，是逢低買進、補便宜貨的時機。

進階判讀2　**VIX指數愈低，股價水平相對愈高**

　　VIX 指數愈低，表示市場相當歡欣鼓舞，恐慌程度低，股價也位處相對高水位，短期內可能有逢高出脫的賣壓出現，對短線投資者而言，應留意此賣出訊號。

INFO S&P500股價指數與VIX指數走勢呈現負相關

根據芝加哥選擇權交易所的研究，S&P500股價指數與VIX指數如以每日收盤狀況來看，呈現高度的負相關。以2000年1月1日至2012年9月28日這段期間為例，S&P500股價指數指數收紅日共計1,692日，而VIX指數下跌天數共計1,390日，換言之，兩指數間呈現負相關的比率達82.15%；另一角度來看，S&P500股價指數收黑日共計1,514日，而VIX指數上漲天數共計1,187日，換言之，兩指數間呈現負相關的比率達78.40%，兩者負相關比率都在八成左右。

■S&P500股價指數與VIX指數的漲跌表現

S&P500指數收紅天數	VIX Index下跌天數	兩指數呈現負相關天數占整體交易日比重
1,692	1,390	82.15%
S&P500指數收黑天數	**VIX Index上漲天數**	**兩指數呈現負相關天數占整體交易日比重**
1,514	1,187	78.40%

資料來源：Bloomberg、CBOE官網；資料日期：2000/1/1-2012/9/28

近五年S&P500指數與VIX指數走勢圖

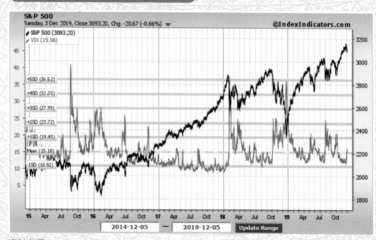

資料來源：indexindicators.com

VIX波動率指數搭配其他波動率指數的判讀

除了市場能見度最高的VIX指數之外，芝加哥選擇權交易所（CBOE）還依據不同指數或投資標的編制了許多波動率指數（Volatility Indexes），如以下這幾種：

編制依據	波動率指數
追蹤那斯達克指數	CBOE NASDAQ Volatility Index
追蹤道瓊工業指數	CBOE DJIA Volatility Index
羅素2000指數	CBOE Russell 2000 Volatility Index
追蹤新興市場ETF	CBOE Emerging Markets ETF Volatility Index
追蹤中國ETF	CBOE China ETF Volatility Index
追蹤個股股價，如蘋果電腦	CBOE Equity VIX® on Apple

對於投資範疇較廣泛、不只限於美股的投資者，也可將上列這些波動率指數做為判斷市場是否過度恐慌或過度樂觀的參考。

而美股投資者，如果同步比較VIX指數與其他美股指數的波動率指數，如CBOE NASDAQ Volatility Index、CBOE DJIA Volatility Index、CBOE Russell 2000 Volatility Index的漲跌情況，更能確定整體美股的走勢與市場氣氛。

判讀說明

判讀原則：留意 VIX 指數和其他波動率指數是否同步上漲或下滑。

組合判斷：

漲跌分類	漲跌情境	判斷説明
同步上漲	↗ VIX指數上漲 ↗ 追蹤其他美股指數的波動率指數同步上漲	意味美國股市整體投資氣氛相當恐慌。
同步下跌	↘ VIX指數下跌 ↘ 追蹤其他美股指數的波動率指數同步下跌	意味美國股市整體投資氣氛相當樂觀。
漲跌互見	↗ VIX指數上漲 ↘ 追蹤其他美股指數的波動率指數同步下跌 ↘ VIX指數下跌 ↗ 追蹤其他美股指數的波動率指數同步上漲	意味美國股市整體投資氣氛稍見不一致，可能是不同產業有不同多空消息所致，需持續留意後續發展才能確定投資氣氛與股市走向。

查詢CBOE所編制的其他波動率指數（Volatility Indexes）：
直接進入 www.cboe.com/products/vix-index-volatility 即可查詢。

VIX波動率指數的日常活用

　　VIX指數與美國S&P500股價指數的走勢幾乎是同步漲跌，雖然無法從VIX指數的上升或下跌預知S&P500股價指數的未來走勢，但至少可以透過VIX指數來判斷美國S&P500股價指數當下的股價水平，掌握其股價是在相對高點（昂貴）或相對低點（便宜）的位階。

活用1　從VIX指數的相對高低點，判斷投資美股的進出場時機點

　　由下圖可以觀察到，當VIX指數突然暴衝大漲，超過或接近20讀值時，而S&P500股價指數也處於跌勢時，意味指數可能距離底部不遠（見下圖○處），對於積極型的投資人，或打算短線進出美股投資者而言，可能會是不錯的逢低進場時點。

　　不過，當VIX跌至相對低點，比如趨近12讀值或以下時，如開始有向上翻升的跡象，同時S&P500股價指數也位處多頭階段，則意味著股市距離觸頂應不遠（見下圖○處），指數很有可能反轉向下，投資者則需留意高檔獲利了結的訊號似已出現。

近五年S&P500指數與VIX指數走勢圖

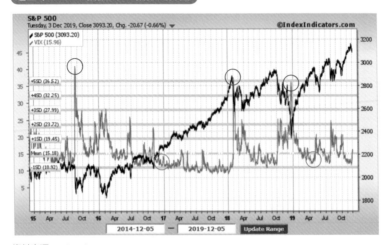

資料來源：indexindicators.com

column

專欄

VIX指數&經濟政策不確定性EPU指數

VIX指數走勢反應投資人對美股的投資信心，2018年美中貿易戰開打以來，VIX指數表現也高度反應市場對貿易戰發展的樂觀或悲觀程度。另外，觀察「美國經濟政策不確定性指數」（EPU，US Economic Policy Uncertainty Index），也可了解貿易戰對市場的信心衝擊。簡言之，EPU指數上揚，意味經濟政策發展不確定性提高，對經濟成長率或就業市場較不利，股市也常會出現大幅波動。（觀察指數可直接輸入www.policyuncertainty.com）

我需要觀察哪些經濟指標？

經濟指標主要是反應經濟活動的結果，經濟活動愈趨複雜，相對應的各種經濟指標也就愈繁複。面對眾多的經濟指標，哪些指標是最需要我們持續去觀察呢？本篇章提供入門者觀察經濟指標的步驟，從了解最需要觀察的經濟指標開始，讓經濟指標可以活用在日常生活，看清楚經濟活動的真實面貌，掌握正確的決策方向，做出好的投資、理財計畫。

本篇教你

- ✓ 觀察經濟指標的四大步驟
- ✓ 投資人最需要觀察的經濟指標
- ✓ 一般民眾最需要觀察的經濟指標
- ✓ 受薪階級最需要觀察的經濟指標
- ✓ 經營者／企業主最需要觀察的經濟指標

活用經濟指標的步驟

　　活用經濟指標其實不難。首先，了解自己的目的及需求，依照自己所需，找出適合的經濟指標做觀察。因此，必須先釐清自己是屬於哪類族群，再對應出相關的經濟指標，便能開啟自己活用最重要經濟指標的第一步。

四大步驟開始活用經濟指標

　　只要依照以下的步驟，熟悉指標、了解觀察的訣竅，經濟指標便能真正地有助於自身，活用在生活上、投資上做出適當的因應。

❶設定出我最需要觀察的經濟指標

　　觀察經濟指標前，先認清自己的需求、目的，才能找出最適合觀察的指標。你可依自己的身分，如一般民眾、投資人、上班族、企業主等，對應出所需的指標類型，例如投資人需要觀察景氣相關的指標。接下來，初學者可從該類型中找出一到三個最重要的經濟指標。如果自己的時間與專業程度允許的話，可以找出三到五個，做為自己觀察經濟指標的第一步。之後再循序漸進增加更多的經濟指標持續觀察。

❷整理經濟指標公布的單位、時間、管道

　　根據本書的資料或透過網路搜尋，整理出自己的經濟指標觀察清單，並將公布單位、公布時間、獲取資料的來源─公布管道，整理妥善，以方便定期蒐集資料、持續觀察與追蹤。

■製訂我的經濟指標觀察清單

	經濟指標	公布單位	公布時間	公布管道	備註
1	台灣GDP 年增率	行政院 主計總處	2、5、8、11月 15-20日間	行政院主計總處網站： www.dgbas.gov.tw/	
2					
3					
4					
5					

❸定期觀察、勤作筆記

　　觀察經濟指標的時間愈長，收穫愈多，除了透過編製單位所公布的指標報告與趨勢圖，觀察經濟指標的起落變化之外，也可以鞭策自己定期在指標公布時，詳讀財經媒體的解讀分析，進一步了解市場如何看待此次指數漲跌背後的意涵，將重點做筆記記錄下來，如此收穫會更豐富。

■定期觀察台灣景氣燈號與分數的起落變化

以投資台股的投資人為例，景氣對策燈號是持續觀察台灣景氣的經濟指標之一。觀察時，可從景氣對策的燈號與分數變化著手。投資人可蒐集、記錄並持續觀察景氣燈號與分數的變化，同時可留意媒體與市場如何解讀最新的燈號與分數。

		103年 (2014)											104年 (2015)			
		2月	3月	4月	5月	6月	7月	8月	9月	10月	11月	12月	1月 燈號	1月 %	2月 燈號	2月 %
綜合判斷	燈號	○	○	○	○	○	○	○	○	○	○	○	○		○	
	分數	25	25	29	24	26	27	29	27	24	25	22	23		24	
貨幣總計數M1B		○	○	○	○	○	○	○	○	○	○	○	○	6.1	○	5.8
股價指數		○	○	○	○	○	○	○	○	○	○	○	○	8.3	○	11.9
工業生產指數		○	○	○	○	○	○	○	○	○	○	○	○	5.6,	○	5.7
非農業部門就業人數		●	●	○	○	○	○	○	○	○	○	○	○	1.1	○	1.0
海關出口值		○	○	○	○	○	○	○	○	○	○	○	○	4.9,	○	0.3
機械及電機設備進口值		●	○	●	○	○	○	○	○	○	○	○	○	4.0	○	17.9
製造業銷售量指數		○	○	○	○	○	○	○	○	○	○	○	○	6.1,	○	1.5,
商業營業額		●	●	●	○	●	●	●	○	○	○	●	▼	-2.2,	○	1.5
製造業營業氣候測驗點		●	○	○	○	○	○	○	○	○	○	○	○	99.2,	○	98.0

> 定期觀察可以看見景氣的變化，依此可以看出景氣的趨勢變化與動向。

資料來源：中華民國行政院國家發展委員會網站

❹從日常生活發掘經濟指標的影響力

　　觀察經濟指標的變化都只是為了輔助決策，最重要的是能活用在生活上。一旦養成定期觀察經濟指標漲跌的習慣，並時時研讀市場專家對經濟指標的分析，且於每次指標公布後，驗證金融市場、物價、利率、投資環境等的變化是否如市場或專家所預期，如符合預期便加以記錄，如不符預期便進一步探索原因，如此反覆學習，更能鍛鍊出活用經濟指標的實力。

投資人需觀察的經濟指標

　　目前存在於金融市場的投資標的眾多，影響投資標的價格起伏變化，影響投資人投資勝率的因素更多，由於涵蓋景氣現況、因投資標的不同，因此，投資人需要觀察的經濟指標，比起一般民眾、上班族、或是企業主來說，範圍相對較廣。

投資人必須觀察的景氣指標

　　一般來說，景氣指標是所有人都必須觀察的經濟指標，投資人當然也不例外，因為景氣好壞對於所有投資標的來說，都有相當關鍵的影響力，景氣愈好，對股市、地產或貨幣都有相當正面的助益，反之，則是較為負面的衝擊。

● 先觀察整體景氣好壞

主要投資商品	你需要知道	所需觀察的經濟指標	聰明運用
股票或股票型基金	★這個國家景氣好不好？ ★未來經濟趨勢如何變化？ ★企業獲利前景看不看好？	景氣指標	當景氣指標朝正向發展，表示景氣愈佳、企業愈賺錢，股票走揚的機率愈大，可留意投資機會。反之，股票走低機會愈大。
債券或債券型基金	★這個國家景氣好不好？ ★資金流向趨勢如何變化？ ★利率政策走向？	景氣指標	當景氣愈佳，反映在景氣指標上的數值也愈正向，資金往股市流，這時流入債市的資金較少，債市表現不佳，反之，債市較有表現機會。
房地產	★這個國家景氣好不好？ ★未來房市發展趨勢如何變化？ ★房地產買氣如何？	景氣指標	當景氣指標愈正向，景氣愈好，代表民眾消費力與購買力大增，買房意願也高，房地產較有表現機會。反之，房地產較無表現機會。
外匯、外幣	★這個國家景氣好不好？ ★國際資金流向趨勢如何變化？ ★貨幣前景看不看好？	景氣指標	景氣愈好，反映在景氣指標的情況也愈好。國際資金會流往景氣熱絡的市場，對當地貨幣的推升有相當的助益。反之，當地的貨幣會相對看貶。

投資人必須觀察的其他指標

　　除了景氣指標，投資者因為所投標的的不同，必要觀察的經濟指標也有所差異，以股票來說，影響企業獲利愈大的經濟指標，如製造業、消費、就業、所得等，重要性則愈高；債券價格因為與利率高度相關，也因此利率、物價等相關指標格外重要；地產投資想當然爾，要密切留意房地產相關指標；外匯或外幣投資，則需留意國際金融指標的變化。

● 再依不同投資標的觀察相關指標變化

主要投資商品	你需要知道	所需觀察的經濟指標	聰明運用
股票或股票型基金	★股票或基金的買點到了嗎？ ★應該出脫手中的股票或基金嗎？	●製造業指標 ●消費指標 ●就業與所得指標	指標發展愈正向，製造業訂單、出貨愈暢旺、消費市場愈繁榮、就業人數愈多、民眾所得增加愈多，股票市場表現將愈好。反之，股票市場表現較差。
債券或債券型基金	★可以購買債券或債券基金嗎？ ★應該出脫債券或債券基金了嗎？ ★影響債券價格的通膨狀況與利率走向趨勢如何？	●利率 ●物價指數	利率愈走揚，債券價格愈下跌，不利債券市場的表現；物價愈走揚，通膨壓力愈大，政府調升利率抑制通膨可能性愈高，愈不利債市表現。反之，較有利債券表現。
房地產	★最佳買點到了嗎？ ★最佳賣點到了嗎？ ★應該如何聰明規劃房貸？	房地產指標	房地產市場交投愈熱絡，意味房市投資獲利機會增加。反之，意味房市投資獲利機會減少。
外匯、外幣	★這個國家的國際收支狀況如何？ ★國際貿易趨勢如何？ ★貨幣的強弱勢變化	國際金融指標	國際收支、貿易餘額持續順差，外匯存底較高，意味一國賺取愈多外幣、回兌當地貨幣需求愈大，當地貨幣愈有升值空間，愈值得持有。反之，當地貨幣貶值機會較大，較不建議持有。

一般民眾需觀察的經濟指標

　　一般民眾對經濟指標「比較有感覺」的時候，通常是民眾的收入或支出可能起了相當變化之際，這時關乎荷包輕重的指標格外受關注。和民眾生活面極為相關的指標可從收入面、支出面來看。

一般民眾必須觀察的經濟指標

　　景氣指標當然也是一般民眾必觀察的經濟指標之一，因為景氣愈佳，民眾就業機會愈好，收入愈高愈穩定，生活感受也會更好，直接影響到民眾的收入面。

　　至於民眾的支出面會有何變化？則主要需觀察物價指標、還有影響居家住屋價格的地產指標，以及衝擊民眾借貸成本高低的利率方向變化，都是建議一般民眾需要持續去留意的經濟指標。

● 從收入面與支出面觀察

觀察層面	你需要知道	所需觀察的經濟指標	運用與判讀
收入面	★景氣好不好？ ★就業市場是否繁榮？	景氣指標	景氣愈佳、企業愈賺錢、企業增加雇員與調薪的機率愈高，民眾所得增加機會愈大。反之，民眾所得減少機會增加。
支出面	★規劃家庭收支方向 ★物價會變貴嗎？	物價指標	物價愈走揚，民眾購買力愈減少，同樣一份薪水可以買到的東西變少了，資金運用上更需斤斤計較。反之，物價走滑如成趨勢，現金購買力持續增加，持有現金比購物更划算。
	★現在是購屋的好時點嗎？ ★現在是賣房的好時機嗎？	房地產指標	地產市場愈繁榮，地產售價愈走升，對買屋者而言購屋成本增加了，對賣屋者而言，可以賣得更好的價錢。反之，有利買屋者以較低價買屋，但不利賣屋者售屋。
	★房貸划算嗎？ ★錢適合放在銀行定存賺利息嗎？	利率方向	景氣愈佳，央行調升利率控制通膨機率愈高，利率調升增加民眾貸款成本。反之，利率調降則民眾貸款成本同步下降。

受薪階級需觀察的經濟指標

　　景氣指標對上班族而言，仍然是最為重要的經濟指標之一，因為景氣好壞直接影響就業市場的榮枯、薪資調漲的可能、升遷的機會大小。另外就業市場指標則可直接窺探一國的就業市場好壞；物價指標方面，則可讓上班族探知薪資增減的合理性。

受薪階級必須觀察的經濟指標

　　就業環境變化、薪資變化、升遷機會等，想必是上班族最為關切的經濟議題，透過一些關鍵經濟指標的觀察，能夠第一時間掌握這些變化的趨勢變動。

● 從就業機會與薪資面觀察

觀察層面	你需要知道	所需觀察的經濟指標	運用與判讀
就業機會	★現在是換工作的時機點嗎？ ★現在是談加薪的好時機嗎？	景氣指標	景氣愈佳、企業愈賺錢、企業增加雇員與調薪的機率愈高，上班族找工作、跳槽、升遷加薪的機會便愈高，可以多多留意、把握機會。反之，上班族找工作、跳槽、升遷加薪的機會便愈少，建議多觀望學習、多充實自己，等待下一波機會的到來。
	★現在是換工作的好時機嗎？ ★現在可以和老闆談加薪嗎？	就業市場指標	就業市場愈繁榮，失業率愈低，代表企業增加雇員與調薪的機率愈高，上班族成功轉換工作與調薪的機率愈高。反之，應該多觀望、學習，靜待時機來臨。
薪資面	我的薪水趕得上物價增幅嗎？	物價指標	薪水的調整幅度通常至少要反應物價上揚的水準，換言之，當物價持續走揚，基本薪資也該同步、至少等比例的調升才合理。反之，當物價走滑，基本薪資調升的空間與機會也相對有限。上班族應多留意物價指標以判斷自己薪資的合理水準。

經營者需觀察的經濟指標

企業主或經營者最關心的，莫過於會影響自己企業營運成長、獲利空間的指標了，我們可以從企業營運成長角度與避險需求的角度來看看，對經營者與企業主而言，最重要的經濟指標為何。

■從營運成長與避險角度看經濟指標

觀察層面	你需要知道	所需觀察的經濟指標
營運成長角度	★整體大環境未來發展趨勢？	景氣指標
	★可以增加相關投資嗎？	製造業指標
	★消費者購物意願高嗎？	消費指標
避險角度	★台幣強弱如何？ ★外幣強弱如何？	國際金融指標

經營者必須觀察的經濟指標

　　景氣指標同樣的也是經營者、企業主必觀察的經濟指標之一，只要景氣指標轉佳、整體景氣好轉，企業獲利的機會大增，反之，要在不景氣下求生存，則需要更多的努力與運氣。

　　至於直接反應一國製造業榮枯的經濟指標，對製造業相關企業而言便顯得格外重要；而消費指標則反應一國消費市場熱絡與否，對消費相關企業的獲利展望也直接相關。

　　至於避險角度，一些國際金融指標可判讀一國貨幣的強弱趨勢，對企業主與經營者而言，可以透過持續觀察，做為企業貨幣避險的判斷參考。

運用與判讀

當景氣指標愈趨向正向發展時，代表一國景氣愈佳、企業營運愈有利，獲利機會愈高，業績的成長性也愈佳，企業主可更積極地增加投資、擴充生產、以搶得商機。反之，企業業績成長性較有限，企業主對機械設備等投資需稍做觀望，以減少損失。

製造業指標愈走揚，發展愈正面，愈有利於企業的營運成長，特別是直接相關的製造業相關企業，企業主可更積極增加硬軟體投資，搶得先機。反之，企業營運成長較為不利，企業主對相關投資最好稍做觀望，以降低不景氣的負面衝擊。

消費指標愈走揚，發展愈正面，代表消費市場需求暢旺、買氣旺盛，愈有利於企業的營運成長，特別是直接相關的消費產業相關企業，企業主可更積極增加硬軟體投資，搶得先機。反之，企業營運成長較為不利，企業主對相關投資最好稍做觀望，以降低不景氣的負面衝擊。

對於原料需要由國外進口，或者產品需要外銷出口的企業主而言，應持續觀察國際金融指標，進一步判斷當地與國外貨幣的強弱，以降低匯率波動對自己獲利的負面衝擊，甚至增加企業的匯兌收益機會。如本國貨幣看貶、外國貨幣看升，則有利出口企業主、不利進口企業主，後者在匯率避險上需要更為積極；如果本國貨幣看升、外國貨幣看貶，則不利出口企業主、有利進口企業主，前者在匯率避險上需要更為積極。

國家圖書館出版品預行編目(CIP)資料

圖解第一次看懂經濟指標就上手（全面更新版）/ 李明黎著. -- 修訂三版. -- 臺北市：易博士文化，城邦文化出版：家庭傳媒城邦分公司發行, 2020.02
面；　公分 -- Easy money系列72
ISBN 978-986-480-105-3(平裝)
1.經濟指標
550.19

108023316

Easy money系列 (72)

圖解第一次看懂經濟指標就上手（全面更新版）

作　　　　者／李明黎
總　編　輯／蕭麗媛
業　務　經　理／羅越華
企　劃　提　案／魏珮丞、蕭麗媛
企　劃　執　行／魏珮丞、邱靖容、黃婉玉
企　劃　監　製／蕭麗媛
視　覺　總　監／陳栩椿

發　行　人／何飛鵬
出　　　版／易博士文化
　　　　　　城邦文化事業股份有限公司
　　　　　　台北市中山區民生東路二段141號8樓
　　　　　　電話：(02) 2500-7008　傳真：(02) 2502-7676
　　　　　　E-mail：ct_easybooks@hmg.com.tw
發　　　行／英屬蓋曼群島商家庭傳媒股份有限公司城邦分公司
　　　　　　台北市中山區民生東路二段141號11樓
　　　　　　書虫客服服務專線：(02) 2500-7718、2500-7719
　　　　　　服務時間：週一至週五上午09:30-12:00；下午13:30-17:00
　　　　　　24小時傳真服務：(02) 2500-1990、2500-1991
　　　　　　讀者服務信箱：service@readingclub.com.tw
　　　　　　劃撥帳號：19863813
　　　　　　戶名：書虫股份有限公司
香港發行所／城邦（香港）出版集團有限公司
　　　　　　香港灣仔駱克道193號東超商業中心1樓
　　　　　　電話：(852) 2508-6231　傳真：(852) 2578-9337
　　　　　　電子信箱：hkcite@biznetvigator.com
馬新發行所／城邦（馬新）出版集團【Cite (M) Sdn. Bhd.】
　　　　　　41, Jalan Radin Anum, Bandar Baru Sri Petaling,
　　　　　　57000 Kuala Lumpur, Malaysia.
　　　　　　電話：(603) 9057-8822　傳真：(603) 9057-6622
　　　　　　E-mail：cite@cite.com.my

美　術　編　輯／陳姿秀、簡至成
封　面　構　成／簡至成
製　版　印　刷／卡樂彩色製版印刷有限公司

■ 2020年 02 月 04 日修訂三版 1 刷
■ 2023年 08 月 10 日修訂三版 5.5 刷
ISBN 978-986-480-105-3

定價400元　HK＄133

城邦讀書花園
www.cite.com.tw